苏霍姆林斯基

（1918—1970）

苏霍姆林斯基教育理论体系
王天一 著
第二版

做人的故事

育人三部曲

苏霍姆林斯基评传

苏霍姆林斯基教育学说

汉译世界教育经典丛书
育人三部曲
[苏] 苏霍姆林斯基 著
毕淑芝 等 译

汉译世界教育经典丛书
做人的故事
[苏] 苏霍姆林斯基 著
诸惠芳 肖甦 高文 译

汉译世界教育经典丛书
苏霍姆林斯基
教育智慧格言
肖甦 主编译

◆ 本书是“苏霍姆林斯基育人系列名著”中的一种，为苏霍姆林斯基的代表作之一。它是苏霍姆林斯基对自己三十多年教育教学工作中的经验得失所做的总结、提炼。作者以温暖如春风的写作风格，以谈心的方式分享自己作为一线教育工作者的实践经验，深入浅出地分析孩子教育过程中的棘手问题，语重心长地向中小学教师提出了一百条建议。这一百条建议围绕着育人这一核心展开，涉及教育的方方面面，从作者本人深切的体验和来自实践的生动的事例中生发出作者对育人问题的真知灼见，用言简意赅的文字鲜明地道出了育人的真谛。本书是我国教育工作者尤其是中小学教师的一本耳熟能详的教育参考书，甚至成为很多教师的案头书。

苏霍姆林斯基育人系列名著

给教师的一百条建议

［苏］苏霍姆林斯基　著
诸惠芳　译

中国教育出版传媒集团
人民教育出版社
·北京·

图书在版编目（CIP）数据

给教师的一百条建议 /（苏）苏霍姆林斯基著；诸惠芳译．—北京：人民教育出版社，2023. 11（2024.8 重印）

（苏霍姆林斯基育人系列名著）

ISBN 978-7-107-37608-5

Ⅰ. ①给… Ⅱ. ①苏… ②诸… Ⅲ. ①苏霍姆林斯基—教育思想 Ⅳ. ①G40-095.12

中国国家版本馆CIP数据核字（2023）第222365号

给教师的一百条建议

出版发行 人民教育出版社
（北京市海淀区中关村南大街 17 号院 1 号楼 邮编：100081）
网 址 http://www.pep.com.cn
经 销 全国新华书店
印 刷 北京中科印刷有限公司
版 次 2023 年 11 月第 1 版
印 次 2024 年 8 月第 2 次印刷
开 本 787 毫米 ×1 092 毫米 1/16
印 张 29.25
字 数 325 千字
定 价 85.00 元

“苏霍姆林斯基育人系列名著”出版说明

苏霍姆林斯基是享有国际盛誉的著名教育家，是对当代中国基础教育影响最大的外国教育家。他的教育著作被称为“活的教育学”和“学校教育的百科全书”，在世界各国特别是我国的中小学教师中产生了非常广泛和深远的影响。

长期以来，人民教育出版社一直非常重视传播苏霍姆林斯基教育思想和相关研究成果。早在20世纪50年代，我社编辑出版的《教育译报》杂志就刊登了苏霍姆林斯基关于劳动教育的文章。改革开放以来，我社编辑出版的外国教育史教材中都设有专章评介苏霍姆林斯基的教育思想和事迹。1992年，我社出版了王天一教授撰著的《苏霍姆林斯基教育理论体系》（2003年修订再版）。1998年，出版了苏霍姆林斯基的《育人三部曲》和《做人的故事》（2015年将这两部著作纳入“汉译世界教育经典丛书”再版）。2014年，出版了肖甦教授主编译的《苏霍姆林斯基教育智慧格言》。2017年、2018年，分别出版了孙孔懿研究员撰著的《苏霍姆林斯基评传》和《苏霍姆林斯基教育学说》。2018 年 9 月 26 日，我社主办了纪念苏霍姆林斯基诞辰 100 周年座谈会暨《苏霍姆林斯基教育学说》首发式。这些论著的出版和活动的举行，对苏霍姆林斯基教育思想在中国的传播做出了应有的贡献。

正如苏霍姆林斯基所强调的，日新月异的新时代终究还是“人”的时代，教育的出发点和落脚点也依然是“人”。苏霍姆林斯基的教育经典著作在当下依然具有毋庸置疑的时代价值。为此，我社以“育人”为主题策划出版“苏霍姆林斯基育人系列名著”。该丛书包括苏霍姆林斯基的 10 部代表性著作:《把整个心灵献给孩子》《公民的诞生》《给儿子的信》《做人的故事》《要相信人》《关于人的思考》《怎样培养真正的人》《关于人的全面发展教育问题》《给教师的一百条建议》《帕夫雷什中学》。从书目选择方面看，其中有些是 20 世纪 80 年代出版后就没有再版过的；从修订和翻译情况看，有些是对原译本的修订，有些是全新译本，并且修订本和新译本超过丛书的一半。我们希望本系列名著成为发展素质教育、落实立德树人根本任务、推进人的全面发展的重要参照和精神食粮。

欢迎广大读者对本系列名著的编辑出版工作提出宝贵意见和建议，以使之不断完善。

人民教育出版社

2023 年 4 月 23 日

超越时空的人道主义教育学经典

——“苏霍姆林斯基育人系列名著”总序

在世界教育思想宝库中，苏联教育家苏霍姆林斯基（B. A. Сухомлинский）的人道主义教育思想体系是其中一颗璀璨明珠，这一思想体系不仅丰富、深刻，而且深深扎根于教育实践，富有鲜活的生命力。它的基本宗旨是培养全面和谐发展的人，在“教育学就是人学”的核心命题下，教学以人为本、育人以德为先是其精髓所在，而以立德为准绳、使德智体美劳各育相互融通的和谐施教观则是其实践的基本路径。苏霍姆林斯基用自己全部的教育生涯和丰富的教育著述，建构了这个具有鲜明特色的人道主义教育理论与实践体系。其人学意蕴的教育学观超越了他所处的时代，不仅影响了相同社会制度国家的教育，而且超越了社会制度与意识形态，受到世界上不同国家的共同关注。

苏霍姆林斯基的教育思想对中国基础教育界的影响尤其突出，他的全面和谐发展的教育理论与实践影响了中国几代教育人。20世纪50年代，苏霍姆林斯基关于劳动教育的文章就被翻译成中文刊登在我国教育期刊上；1958年，中国杭州的年轻教师王宜就曾到帕夫雷什中学拜访过苏霍姆林斯基校长。从20世纪70年代末开始，中国教育界就对苏霍姆林斯基教育体系进行大规模的传播和研究。40余年来，这位教育大师的大部分著作已被翻译成中文，各种译著的出版发行总量已达到数百万册。在研读其著作、践行其理论的过程中，我们的教育研究者、教育管理者、普通的学校教师及高等学校教育学专业的学习者撰写的研究性著作、学术文章、学位论文、读书笔记、学习心得等多达数万篇（部）。时至今日，苏霍姆林斯基的众多著作仍是我国广大教育工作者爱不释手的案头书。

我国广大教育同人对苏霍姆林斯基思想与作品的追求与喜爱，不仅证明了这位教育家的人格魅力、其理论体系的影响力与吸引力，而且从一个侧面表明，苏霍姆林斯基著作的出版发行是一项具有常态化市场需求的高质量工程。为适应新时代苏霍姆林斯基教育思想研学热情持续升温的新形势，严把译著出版质量关，满足经典作品普及的需求，一些出版社陆续启动了苏霍姆林斯基教育著作再版再译或新版新译工程。

欣闻人民教育出版社已选定10部苏霍姆林斯基的著作，以修订原译与重新翻译相结合为原则，集合成“苏霍姆林斯基育人系列名著”出版。我认为这是一个非常好的创意。一方面，苏霍姆林斯基的人道主义教育学思想与当下我国教育改革的需求高度契合，对于促进立德树人、全面和谐发展、德智体美劳五育并举及“双减”政策的有效落实，不仅不过时，而且具启发借鉴的意义。另一方面，苏霍姆林斯基去世已过50年，其所有已出版的著作进入公版领域，而在我国随即掀起的新一轮苏霍姆林斯基著作出版热中，有少数为蹭热度，单纯追求经济利益的短平快翻译出版物，其质量令人担忧，给广大读者造成了不少困惑。因此，作为国家级教育出版大社，人民教育出版社的上述决策值得点赞，反映了其使命意识和责任担当。

“苏霍姆林斯基育人系列名著”包括:《把整个心灵献给孩子》《公民的诞生》《给儿子的信》《做人的故事》《要相信人》《关于人的思考》《怎样培养真正的人》《关于人的全面发展教育问题》《给教师的一百条建议》《帕夫雷什中学》。这些图书有的是我们耳熟能详的，有的在20世纪80年代出版后就没有再版过。从书名上看，有些保持了旧有翻译，有些做了改动，比如，之前Верьте в Человека译成《要相信孩子》，而原著书名中的“человек”实际上是“人”的意思，作者的本意就是告诫教育者要将孩子视为平等的、应被尊重的人来对待和信任，这也是苏霍姆林斯基人道主义教育学的初衷所在。盖因20世纪80年代初期我国处于改革开放起步阶段，在舶来品图书书名上突出人、人性、人道主义的色彩尚不具备条件，所以，为求稳妥又不过多改变原意，最初的翻译选择了《要相信孩子》作为书名。此次该书的全新译本还原著书名以本来面貌，译为《要相信人》。

这套丛书中的各部著作在写作风格上各有特色，记叙型、议叙结合型、对话问答型、学理研究型皆有，篇幅也各不相同，但它们的书名基本都有“人”的存在，在内容上亦有共同的特征：都直接聚焦活生生的人如何得以全面和谐发展，都是作为教师和校长的苏霍姆林斯基对27年帕夫雷什中学的教育实践、围绕教育的普遍规律与人的个性发展特质所进行的深度思考和认知表达。我非常赞同人民教育出版社将这些著作集合于同一系列，并冠之以“育人系列名著”的表达，因为这恰如其分地凸显了苏霍姆林斯基人道主义教育学的基本特征。

那么，这位伟大教育家的全面和谐发展教育体系究竟是怎样的人道主义教育学，又怎样能成为经久不衰的、备受教育工作者推崇与珍爱的“学校教育的百科全书”呢？让我们带着崇高的敬意和理性的思考再度走近苏霍姆林斯基，检视其教育思想超越时空的永恒价值和现实影响力吧。

一、为什么说教育学就是人学？

苏霍姆林斯基的人道主义教育学产生于他所处的时代，既离不开其个人成长的生活环境与社会背景，也离不开其教育科学的理论积累和实践探究。“教育学就是人学”，在对教育如此独到精准定性的不断求索中，苏霍姆林斯基为培养全面和谐发展的人、有德行的人、能自主获得幸福的人殚精竭虑，奉献了毕生的精力。

（一）形成人学教育观的重要动因

105年前，在乌克兰中部的一个村庄，一个婴儿呱呱坠地。在普通的家庭中，在平凡的日子里，得益于祖辈、父辈对孩子进行的自然、朴实、人本的教育，这个孩子从小学到中学，到师范专科，再到函授高等师范，逐渐长大成人，成为一名中学教师。他就是苏霍姆林斯基。他成长的环境是普通农村，他求学就业的轨迹没有什么特殊的，他在生活中积累经验、获取知识、磨砺本领、提升智慧。如果没有爆发战争，他可能会像千千万万个普通苏联公民一样，在自己的工作岗位上完成乡村教师的一生。

然而，历史没有这个“如果”，恰恰是第二次世界大战的战火改变了苏联的命运，也改变了作为普通苏联公民的苏霍姆林斯基的命运。这场反法西斯战争使苏联人民付出了近 2 700 万个鲜活的生命，几乎没有家庭能幸免于战争的伤害。苏霍姆林斯基的家乡、他的至爱亲人、他自己都成为这场战争的受害者。1941 年秋，苏霍姆林斯基以连队指导员的身份奔赴前线。残酷的战争让他两度负伤，在第二次重伤后的战地手术中，因医疗条件有限，两块在胸部的弹片无法取出，影响了他的健康。也正是这两块一直留在身体内的弹片重塑了他的生命轨迹和思想轨迹：连队指导员、退伍转业军人、地方教育管理者、基层乡村学校的校长、用生命致力于人道主义教育探索的理论型实践家。

体内残留的弹片导致了苏霍姆林斯基与生命赛跑的倒计时人生。医生告诉他，一旦弹片移动至心脏附近的血管，生命随时可能戛然而止。虽然小小的弹片给苏霍姆林斯基带来肉体上终身的痛苦，但也促使他不停歇地思考，思考侵略战争的罪恶、和平的意义、人性的本质、教育的功用。他确认：个人的和谐发展是家庭和谐、社会安定、世界和平、人类幸福的基本前提；人性的塑造有赖于教育，教育必须培养人性、培养德行；和谐发展以德为先乃教育之根本任务。随着大量的教育实践和探索，他的观点越发清晰——就教育本质的深刻性而言，教育学就是人学！教育的使命就是培养人性！

在平凡的工作岗位上，在同病痛抗争的日日夜夜里，苏霍姆林斯基将乡村学校作为新的战场，依靠坚定的教育信念和丰富的教育智慧，通过梳理丰富多样的教育案例及展开理论与实践的转换与提升，给人们留下了近50部专著、600多篇论文、1 500多个教育寓言和不计其数的教育书信。这些生动鲜活的文字让更多的教育者了解其人学教育观的真谛，并继续其人道主义教育学的实践探究。

（二）教育必须看见人，关注人本身

走近苏霍姆林斯基的教育遗产，我们不难发现，他的著作中无一不涉及人、人性、培养人、培养真正的人、培养大写的人、培养全面和谐发展的人等内容。他反复强调，教育学首先就是人学，必须注重人本身，必须是和谐的教育。他坚持认为，人在时代变革中的重要地位无可比拟，尽管人类似乎已生活在数学、物理学、电子学的时代，但更重要的是“世界正进入一个‘人的世纪’。我们现在应当比以往任何时候都更多地考虑：要用什么来充实人的心灵”[①]。他指出，自然科学的重要性无须争辩，但同样重要的是施以道德教育、精神影响。苏霍姆林斯基一再申明，教育，首先是教师跟孩子在精神上的经常接触，他的生活、健康、智慧、性格、意志、公民表现和精神面貌，他在生活中的地位和作用，他的幸福，都取决于教师。“教师的职业是一门研究人的学问，要长期不断地深入人的复杂的精神世界。在人的身上经常能发现新的东西，对新的东西感到惊奇，

① ［苏］苏霍姆林斯基著，赵玮等译：《和青年校长的谈话》，教育科学出版社2009年版，第166页。

能看到形成过程中的人——这种出色的特点就是滋养教育工作才能的基础。”①“学校教育的理想是培养全面和谐发展的人，社会进步的积极参与者。”② 苏霍姆林斯基在自己的著述中提及教育使命和职能的话题时，较多地使用“人”而不是“孩子”“学生”来表述，这一语言特点在一定层面上体现出其人学教育观的厚重所在。

教育以人为出发点，就必须符合人在现实生活中发展的实际需求。针对当时教育目标或是单纯为升学做准备，或是单纯为就业做准备，苏霍姆林斯基提出，学校的根本目标是培养全面和谐发展的、富有创造性并精神充实的公民和能收获幸福的个人。他认为这个目标是人一生的基础，有助于升学和就业，既给社会提供创造性的建设人才与合格公民，又保证每个人精神充实且生活幸福。他说：“远非每个人都能成为学者、作家、演员，远非每个人都能发明火药，但每个人应当成为自己行业上的能手——此乃个人全面发展的重要条件。”③

基于如此的人学教育观，苏霍姆林斯基强调，教育首先应当看见人、关注人，而且必须尊重人、相信人，从而完成启迪人、培养人的使命。他认为，每个人都是独立的，每个孩子亦各不相同，每个孩子都是一个独一无二的精神世界。“教师要善于在每一个学生面

---

① 蔡汀、王义高、祖晶主编：《苏霍姆林斯基选集》第二卷，教育科学出版社 2001 年版，第 535 页。

② ［苏］苏霍姆林斯基著，赵玮等译：《帕夫雷什中学》，教育科学出版社 1983 年版，前言第 9 页。

③ 蔡汀、王义高、祖晶主编：《苏霍姆林斯基选集》第一卷，教育科学出版社 2001 年版，第 47 页。

前，甚至是最平庸的、在智力发展上最有困难的学生面前，都向他打开他的精神发展的领域，使他能在这个领域里达到顶点，显示自己，宣告大写的‘我’的存在，从人的自尊感的泉源中汲取力量，感到自己并不低人一等，而是一个精神丰富的人。”①

在苏霍姆林斯基眼中，看见人还有更丰富、更人性的意思。他认为，“看见”与“看到”是不同的，“看见”之更深层的教育含义在于：教育者不只看到人的物理形态，更要看见其精神形态；教育者不仅要看到孩子的现实形态，还应预见其未来形态；教育者应当从孩子身上看见未来的父母，从学生身上看见未来的社会建设者。他曾反复告诫教育者：一个人无论今后成为什么样的人，他都将会成为父亲或母亲，高明的教育之道是要善于把学生看作未来的父亲或母亲，要善于从这样的立场来看待教育现象，因为“再过20年，我们的小学生就会领着自己的儿子来上学，就会跟我们一起来思考怎样更好地教育他”②。显然，在这里，把孩子视为父母实施教育的意义已经不局限于儿童教育学、家长教育学的范畴，而是苏霍姆林斯基整体的人学教育观的起始环节、关键环节。

社会由人集合而成，社会的整体素质取决于许许多多的个人素质，人天生无好坏之分，教育对培养精神层面的人至关重要。看见人，看见孩子，是要关注孩子的精神世界；尊重人，尊重孩子，是要尊重将会为人父母的孩子；培养人，培养孩子，是要培养和谐发

---

①② 蔡汀、王义高、祖晶主编：《苏霍姆林斯基选集》第一卷，教育科学出版社2001年版，第94、112页。

展的孩子。因循这样的人学教育观，人们就不难理解，关注人本身，关注孩子个体的成长，也就意味着关注未来家庭的健康与和谐；关注未来家庭的和谐发展，也就意味着关注以社会基本成员与基本单位的和谐发展为基础的社会整体的健康发展与不断进步。于是，教育影响如此由个别向一般展开，教育功能如此由个体向集群释放，恰恰又是以人为本的教育哲学命题的有序逻辑拆解。

二、苏霍姆林斯基人学教育观的核心内涵

培养真正的人、全面和谐发展的人，是苏霍姆林斯基穷其一生都在思考和探索的问题。他用亲身的教育实践和丰富的理性思考证明了和谐发展的教育必须是德智体美劳五育相互渗透的立体系统，是以人为本、和谐发展的教育。

（一）人学教育观的核心目标是人的全面和谐发展

苏霍姆林斯基在去世前曾竭尽全力拼命干，以便结束主要的工作，即完成几本尚未写完的书。人们不禁要问：这究竟是些怎样的书，能让这位教育家仍以忘我的意志力笔耕不辍于病榻之上？循作者创作年谱看去，我们发现，《怎样培养真正的人》《关于人的全面发展教育问题》两部作品醒目于其中，都是作者写到生命的最后并在其去世后出版的重要著作。前者以对60个问题作答的形式，从学校、家庭、社会、师生等多个角度，详尽阐述何为真正的人、如何培养真正的人；后者是作者准备用来申请教育学博士学位答辩的论文，集合了作者毕生对人的全面和谐发展教育一些重大问题的深刻理性思考和人道主义教育实践探索的经验概括，虽未及答辩，但著

作出版后被苏联教育界公认是一篇优秀的博士论文。

真正的人应该是什么样的呢？在苏霍姆林斯基眼里，人作为人而出生，应该努力成为一个大写的人、真正的人，一个有精神追求的人。真正的人要有精神需求和精神财富，要有信仰，有信念，有自尊，有智慧，有健壮的体魄，有发现美的需要，有爱劳动的热情和能力，有爱人之心和同情心，有奉献的精神，有成为好人的热望。“真正的人要有一种精神——人的精神，这种人的精神会在信念与情感、意志与追求之中，会在对待他人和自己本人的态度上，会在分明的爱与憎，在善于看到理想并为之而奋斗方面表现出来。”①

全面和谐发展又是怎样的发展呢？苏霍姆林斯基认为，实现人的全面发展，实际上是实现个体的充分发展，实现个性的身心力量的多方面发展，创造个性综合素养得以持续提升的可能性。在他看来，“在一个全面发展的、活生生的、有血有肉的人身上，体现出力量、能力、热情和需要的完满与和谐”②，在这种和谐里应能看到“道德的、思想的、公民的、智力的、创造的、劳动的、审美的、情感的、身体的完善等”③。苏霍姆林斯基细致地、立体地用五种角色来勾勒全面和谐发展的形象：第一，是社会物质生产领域和精神生活领域中的创造者；第二，是物质和精神财富的享用者；第三，是有道德和文化素养的人，是人类文化财富的鉴赏者和细心的保护者；第

---

① 蔡汀、王义高、祖晶主编：《苏霍姆林斯基选集》第二卷，教育科学出版社2001年版，第196—197页。

②③［苏］苏霍姆林斯基著，王家驹等译：《关于全面发展教育的问题》，湖南教育出版社1984年版，第12页。

四，是积极的社会活动者、公民；第五，是基于崇高道德的新家庭的建立者。[①]全面和谐发展的人集五种角色于一身的观点，不仅体现了个体发展的全面性、和谐性，而且阐明了作为个体的人与社会的人同命运发展的逻辑性和动态性，从而再次彰显出这位伟大教育家人学教育观的深刻性和前瞻性。

（二）实现全面和谐发展的基本路径是和谐教育，主导方向是立德为先

“人是要教育的，为此必须懂得用什么去进行教育和怎样进行教育。”[②]为了实现培养全面和谐发展的人的教育目标，苏霍姆林斯基以丰富的理论辨析和实践探索予以了翔实论证。他认为，要实现人的全面发展的思想，必须深入改善整个教育过程，决定学生全面发展效果的重要环节是学校，全面发展思想渗透的路径是实施和谐教育，“没有和谐的教育工作，就不可能培养出和谐的全面发展的人”[③]。

苏霍姆林斯基在《关于和谐的教育的一些想法》一文中专门提到，和谐的教育就是如何把人的活动的两种职能结合起来，实现其平衡发展。一种职能是人认识和理解客观世界，另一种职能是人的自我表现。后者包括人的内在本质的表现，自己的世界观、观点、信念、意志力、性格在积极的劳动和创造中，以及在集体成员的相

① 蔡汀、王义高、祖晶主编：《苏霍姆林斯基选集》第四卷，教育科学出版社 2001 年版，第 13 页。

② ［苏］苏霍姆林斯基著，赵玮等译：《和青年校长的谈话》，教育科学出版社 2009 年版，第 163 页。

③ 蔡汀、王义高、祖晶主编：《苏霍姆林斯基选集》第一卷，教育科学出版社 2001 年版，第 95 页。

互关系中的表现。[1] 正是在这一点上，即在人的表现上，“应当加以深刻思考，并且朝着这个方向改革教育工作”[2]。他指出，现实中教育的弊端就在于人们所关注的“人的表现”出现了片面性、畸形的单方面性——“人的表现的唯一领域就是知识的评分”成为很多学校的普遍现象，这会成为教育不和谐、成长不和谐的根源。“如果教师和学校舆论唯一地根据分数来给一个人做出好的或坏的结论，那他就不会努力去当一个好人。因为上课、掌握知识、分数——这只是人的精神生活的一个局部，只是许多领域中的一个领域。而偏偏在这个领域中，许多人会遇到巨大的困难和挫折。”[3] 为此，苏霍姆林斯基提醒教育者“时刻都不要忘记：有一样东西是任何教学大纲和教科书、任何教学方法和教学方式都没有做出规定的，这就是儿童的幸福和充实的精神生活”[4]。所以他确信：“和谐的教育——这就是发现深藏在每一个人内心的财富。共产主义教育的明智，就在于使每一个人在他的天赋所及的一切领域中最充分地表现自己。人的充分的表现，这既是社会的幸福，也是个人的幸福。”[5] 显然，在苏霍姆林斯基那里，和谐教育就是创造条件帮助人实现充分的表现，不仅是在认识世界、掌握知识的领域得到表现，而且要在天赋所及的所有领域，尤其是在精神生活中得到充分的表现，用他的话说，就是指使“人之所以能称其为人”的个性的和谐发展、其精神世界的和谐展现。

---

①②③④⑤ ［苏］苏霍姆林斯基著，杜殿坤编译：《给教师的建议》，教育科学出版社 1984 年版，第 471、471、473、473、480 页。

那么，和谐的教育、和谐的个性、和谐的精神世界以何为导向，又如何实现呢？苏霍姆林斯基就此回答道：培养全面发展的、和谐的个性之过程就在于，教育者在关注完善人的每个方面及特征的同时，时刻都要清楚它们之间的和谐是由某种主导的、首要的东西决定的，“在这个和谐里起决定作用的、主导的成分是道德”[①]。他反复强调：“要使我们所教育的人多方面活动的道德丰富性在学校精神生活的一切领域中得到表现。”[②]在分析科技发展促进社会发展条件下学校知识教育的特点时，苏霍姆林斯基认为，知识在人的道德面貌形成过程中具有非常重要的作用，自然科学知识不仅同关于人的知识、与人的心灵和信念直接相关的知识一样重要，而且“在当前这个时代，只有把道德美和智力的丰富性结合起来，不断地向青年们揭示出人的新的品质，你才可能博得年轻人的心灵和理智”[③]。现代科技与智慧赋予了人如此巨大的支配自然界的权力，以至于一个人就可以决定成千上万人的命运，此人的道德感、对于他人的义务感和使命感就要比知识和智能本身更重要，如核电站、铁路枢纽是由按钮控制的，而按钮就掌握在人的手里！苏霍姆林斯基用俄国著名自然科学家、哲学家罗蒙诺索夫贴切的名言提醒人们“知识如果掌握在没有道德之人手中，无异于疯子手持着利剑”。他强调必须注重知识水平与道德水平的相互关系，实现人的和谐发展，必须立德为先，以

---

①② 蔡汀、王义高、祖晶主编：《苏霍姆林斯基选集》第一卷，教育科学出版社 2001 年版，第 93、96 页。

③ ［苏］苏霍姆林斯基著，赵玮等译：《和青年校长的谈话》，教育科学出版社 2009 年版，第 178 页。

德育为引领。“人是一种精神力量。我在这一真理中看到了全部道德教育的一根红线。”[①]的确，在苏霍姆林斯基那里，人的全面和谐发展离不开贯穿于其中的德育红线，德育既是全面和谐发展的导向，又是和谐教育的标杆，在德智体美劳各育的实施与相互渗透中，它能将一个蹒跚学步的孩子培养成有思想、有信仰、有觉悟、有德行、有可持续发展动力的合格公民。

三、苏霍姆林斯基人学教育观的穿透力与影响力

苏霍姆林斯基是世界著名教育家，其人学教育观具有极强的穿透力和影响力。他的名字在20世纪50年代就已经从苏联走向了世界。时至他诞辰100多年之后的今天，世界上不同地方对其教育思想的研究与践行仍在继续。

（一）既是民族的财富，又是人类的财富

奥·苏霍姆林斯卡娅是苏霍姆林斯基的女儿，也是乌克兰教育科学院资深院士。受父亲的教育情怀的影响，她也把从事教育研究作为自己终身的事业。在做好本职学术研究的同时，她长期致力于其父亲教育著作的整理和教育思想的收集、挖掘工作，出版和发表了大量著作和论文。2018年，她应《比较教育研究》杂志之约，为纪念其父亲百年诞辰专门撰稿，文章的题目是《身心健康永远是教育的第一要务——苏霍姆林斯基儿童健康教育观的历史前瞻性》。笔者作为约稿人，在约稿时曾特地问她：为什么不写一个大视角大题

① ［苏］苏霍姆林斯基著，罗联辉译，欧阳馨校:《怎样培养真正的人》，湖南教育出版社1987年版，第1页。

目的文章，向我们介绍苏霍姆林斯基在世界范围内的影响，并解读他为什么能给世界的过去、现在乃至未来带来这些影响？她回答："我整理父亲的遗产是因为他的思想体系有很强的教育意义和时代价值，而回答苏霍姆林斯基在全世界为何有如此影响，为何引起长期、持续关注这类问题，尤其不应当是我等作为子女的人的责任。我要做的是挖掘、研究你们尚未接触、尚未发现而我又因拥有继承其遗产优势所能注意到的一些新问题、新领域。苏霍姆林斯基的思想和远见是超前的，既超越了他的时代，又对当今时代具有现实意义。这次我写的是父亲关于孩子的健康教育和健康文明话题，当今世界任何东西都在发展，都在变化，唯有人，尤其孩子的健康是恒久不变的主题。没有这种身体的健康和心理的健康，世界将不会走远。"

乌克兰教育科学院院长科列缅教授认为，应当从民族国家的角度探讨苏霍姆林斯基思想体系的影响和价值。他指出，苏霍姆林斯基的教育遗产不仅是民族的，也是世界的财富。对于国家发展来说，苏霍姆林斯基为乌克兰教育科学的发展做出了贡献，其人道主义的、以儿童为中心的超前的教育理念依然起引领作用。对于世界来说，他的创造性贡献属于全人类，因为在苏霍姆林斯基的人道主义价值体系中，人是核心。人道主义作为培养全人类价值观的基础，是培养"在国家空间和全球化空间中发挥作用的人"所必需的教育特征。因此，苏霍姆林斯基教育思想是全人类的共同财富。

（二）超越时空的教育宝库

波兰科学院教育学委员会名誉主席、耄耋老人列沃维茨基称苏霍姆林斯基是坚定的人道主义思想的实践者。他认为苏霍姆林斯基的教育学是充满着人道主义精神的教育学，是善良教育学、爱的教育学、心灵教育学和快乐教育学。他呼吁人们向苏霍姆林斯基的教育经典致敬，要像苏霍姆林斯基那样用人道主义价值观来衡量人们的生活，展开教育。

澳大利亚的艾伦·科克里尔教授在自己的青年时代被苏霍姆林斯基的名字和学说吸引，专程自费去苏联做研究，并以苏霍姆林斯基的教育学说为选题完成了博士论文。回到澳大利亚，他在不同的教育机构工作时，都始终不遗余力地传播和研究苏霍姆林斯基的思想。他不但翻译了苏霍姆林斯基的著作，而且把苏霍姆林斯基撰写的德育小故事悉数翻译出来带进小学生的课堂。他引导孩子们把对故事的理解通过自己的双手创作成绘画，并将这种做法扩展到其他国家的同龄孩子中，让孩子们进行相同素材的个性化、创造性劳动。每个人对于故事的不同理解会呈现出不同的画面，在讲述自己作画的理由和特点的过程中，孩子们不但加深了对故事内涵的理解，而且得到了语言表达的锻炼和绘画美的陶冶，可谓德智美劳各育皆有成效。

德国研究者埃里卡·卡尔特曼博士认为，苏霍姆林斯基强调通过“情感文化”引导、教育儿童与自然交流，唤醒其情感，培养其性格。这不仅有助于儿童思维的发展，而且使其生长成与其天赋相对应的“真正的”“精神上的”人。因此，在大自然中通过“情感文化”教育儿童的人学教育思想与实践是苏霍姆林斯基伟大的个人成就。

苏霍姆林斯基的思想一直被日本研究者关注。1998 年，在北京师范大学举办的苏霍姆林斯基教育思想国际研讨会上，早稻田大学岩崎正吾教授与我不期而遇。在日本，他除了翻译出版大量的苏霍姆林斯基著作、发表众多相关教育研究成果，也在自己的学校实践中进行比对。他在梳理日本研究苏霍姆林斯基以及苏联教育学的特点时指出，苏联后期颇具影响力的教育改革思潮协动教育学（中国学者翻译成合作教育学）在很大程度上受到了苏霍姆林斯基和谐发展教育观的影响，体现了对学生个体人格的尊重，是在尊重基础上的师生平等的合作学习。这种观点对当时日本教育改革产生了尤其明显的影响。

不难发现，各国的研究者不约而同地将关注点落到了苏霍姆林斯基的人性观、人学观上，乃至有人直接阐明，苏霍姆林斯基教育思想超越时空的关键就是人道主义。的确，正是人、人性、人道主义是苏霍姆林斯基教育思想体系的核心，才吸引了不同国家教育者的关注，才殊途同归地解读出其核心思想的合理性、深刻性、永恒性。

（三）用生命与智慧写就的“活的教育学”

苏霍姆林斯基及其教育学说在中国的知名度很高。我国有世界上最庞大的教师队伍，教师数量达 1 800 万人。从这个意义上讲，苏霍姆林斯基不仅是中国教育界知名度最高的外国教育家之一，也是世界上知名度最高的教育家之一。中国教师对于苏霍姆林斯基的喜爱在于他的人学教育观朴素、真实、有温度，他对教育理念的诠释通俗、直观、有启发性，他对教育实践的梳理具体、生动、有代入感。他用生命与智慧写就的散发着人性光辉的“活的教育学”一直被中国教育工作者视为“学校教育的百科全书”。

苏霍姆林斯基把教育视为自己的生命，视为人类的生命。他植根于最基层的教育现场，用全部的情感与智慧去爱孩子、爱学校、爱教育，用毕生的精力探索人的培养问题，探索教育的真谛。其思想脉络中最关键、最恒久不变的东西是人的真、善、美，是人性美德。他所致力于培养的人，是健康的个体、和谐的自己，是合格的未来父母，是故乡的人，是社会的人，是国家的人，是世界的人，是大写的人，是真正的人。正是对人性本真的珍视、追求与塑造，才使这位教育家的理论与实践体系得以超越时空。

苏霍姆林斯基把教育视为艺术。他始终在教育的舞台上思考教育的艺术和艺术的教育。阅读他的著作，能够让我们把教育不仅视为美学意义的艺术，视为发现的艺术、沟通的艺术，还视为情感的艺术、心灵的艺术，更视为成长的艺术、创造的艺术。他的教育信仰、教育理念、教育实践正是仰仗于他的思考的艺术、行动的艺术、语言的艺术深刻而生动地流淌于他的著作中，浓缩于他的文字里。徜徉于其作品中，我们在真挚与美感中感悟人格的魅力，在人格的魅力中汲取教育的智慧，在教育的智慧中思考育人的真谛，在育人的求索中激发创造的欲望……人格要用人格来培养，苏霍姆林斯基用毕生做出了表率。

时光虽已越过50年，但苏霍姆林斯基并未走远。他既属于自己的那个时代，又超越了那个时代。尽管不同的时代有不同的主题和任务，但人性的根本实质不变，人学的基本使命不变。昨天的教师，今天的教师，无疑还有明天的教师，已经并将继续从这部“活的教育学”中受益。

四、结语

随着时代发展和科技变革，教育环境、形式和内容也在发生变化，但是正如苏霍姆林斯基所强调的，日新月异的新时代终究还是“人”的时代，教育的出发点和落脚点也依然是“人”。在“人”的时代，社会发展的不同阶段有不尽相同的教育主题和学校任务，但人性的根本实质与教育的基本使命始终是不变的。

因此，昔日苏霍姆林斯基的教育经典学说对于今天的我们不仅没有丝毫违和感，而且依然具有毋庸置疑的时代价值。他的人道主义教育思想依然鲜活，他的以道德教育为主线的和谐发展教育体系依然具有强烈的现实意义，他引用的“知识如果掌握在没有道德之人手中，无异于疯子手持着利剑”的名句比任何时候都更加振聋发聩，警醒世人。同样也因此，他的这些教育经典更加需要珍视，需要弘扬，需要深入研读和深刻反思。而这，不可或缺地需要对教育经典的深入研究及高质量译作的出版平台。

人民教育出版社在苏霍姆林斯基教育思想的传播与研究中贡献突出。1992 年，出版了王天一撰著的《苏霍姆林斯基教育理论体系》。1993 年出版的由毕淑芝、王义高主编的《当代外国教育思想研究》一书中，也有专章评介苏霍姆林斯基教育思想体系。1998 年，《育人三部曲》《做人的故事》两部译著赶在 8 月出版，使我得以在同年秋天赴乌克兰参加纪念苏霍姆林斯基诞辰 80 周年国际研讨会时，把它们作为礼物送给了乌克兰苏霍姆林斯基国家图书馆和帕夫雷什中学图书馆。2014—2015 年，将苏霍姆林斯基的《育人三部曲》《做人的故事》和《苏霍姆林斯基教育智慧格言》三本译著纳入“汉译世界教育经典丛书”。这是对苏霍姆林斯基教育体系的历史价值与时代意义的又一次肯定。之后又出版了孙孔懿撰著的《苏霍姆林斯基评传》（2017）、《苏霍姆林斯基教育学说》（2018）等重量级的研究专著。

如今，人民教育出版社以“育人”为主题策划的“苏霍姆林斯基育人系列名著”即将出版，这在客观上可以更好地营造出苏霍姆林斯基人道主义教育学的立体空间。它既包括教育者，也包括受教育者；既包括学校，也包括家庭；既包括教育者的理念，也包括对不同学段孩子施教的措施与方法。其中丰富的、鲜活的教育案例能再次集中地呈现和彰显苏霍姆林斯基人学教育学育人的温度与深度、胸怀与情怀、形象与形态、画风与画面……相信人民教育出版社这次创意设计和出版努力，一定会使苏霍姆林斯基的思想学说进一步成为助力我国教育改革创新、推进全面和谐发展教育的营养丰富的精神食粮。

让我们珍视经典，弘扬经典，并向苏霍姆林斯基和他留下的教育经典致敬！

肖　甦

2023 年 3 月

（总序作者系北京师范大学教育学部教授、博士生导师，全国苏霍姆林斯基研究会原会长，国际苏霍姆林斯基研究会理事）

本书译者前言

伟大的苏联教育家苏霍姆林斯基的《给教师的一百条建议》，是中国教育工作者尤其是中小学教师耳熟能详的一本教育参考书，甚至成为一部分教师的案头书。为什么这本书能受到如此的青睐？原因很简单，因为这本书是苏霍姆林斯基对自己三十多年教育教学工作中的经验得失所做的总结、提炼。作者以温暖如春风的写作风格，语重心长地向中小学教师提出了建议。这些建议围绕着育人这一核心展开，涉及教育的方方面面，从作者本人深切的体验和来自实践的生动事例中生发出作者对育人问题的真知灼见，用言简意赅的文字鲜明地道出了育人的真谛。读者在阅读这本书时，仿佛是在与这位生活在20世纪的教育大师进行着穿越时空的心灵交流。

人，是苏霍姆林斯基关注的焦点。他经过长期的实践并对教育学、心理学、哲学、生理学等进行了深入研究，提出了“教育学就是人学”的科学结论。他在《怎样培养真正的人》一书中提出：“只有当人学成为学校中的一门主课时，当从认识人的心灵开始去认识世界并在此认识的基础上形成信念时，而最主要的是培养爱与恨的能力，只有到了那个时候学校才算是学校。”正是从教育学就是人学这一观点出发，苏霍姆林斯基对什么是教育的问题，提出了自己独到的见解。他在给教师的建议中指出，教师职业的特点就是育人。他说：“教师职业，这是一门人学，需要长久地、片刻不息地深入人的复杂的精神世界。能经常在人的身上发现新东西并为之惊讶，能看到形成过程中的人——这一卓越的特点是滋养教育工作才能的根。”他认为，教师劳动中的创造，首先就是“了解人，认识人”，进而提出真正的教育就是自我教育、教育就是促使人去思考自己。他认为教育和自我教育有一条极其重要的规律，那就是对自己的行为进行道德评价（实质上这是一种道德审判）的力量取决于谁是法官，是教师还是被告本人。如果被告本人只是听候宣判，教师的话所起的教育作用就会大大减弱。他认为，每个学生都应该成为自己的法官。而衡量教师与学生谈话的技艺是否高超的尺度，表现为教师的言语是否能激发学生内在的精神力量，促使他们的头脑和心灵产生旨在进行自我认识与自我完善的内在活动，使有不道德行为的学生不需要教师的提醒就能自己思考和反省自己的行为。

一、关于自我教育

苏霍姆林斯基在《给教师的一百条建议》中提出了“真正的教育是自我教育”“教育首先是一种生活方式，而并非某种专门组织的和人为安排的‘措施’”这样的理论命题，并用深入浅出的语言对这个理论命题进行了鞭辟入里的阐述。苏霍姆林斯基认为，自我教育包含道德、劳动、学习和体育几个方面。这些方面是相互关联的，因为自我教育的整个过程是头脑和心灵的复杂活动的统一，是情感和信念的统一。从这个基本观点出发，苏霍姆林斯基进而提出："个人与集体是一枚奖章的正反两面。没有对个人的教育，就谈不上集体的教育力量，而离开自我教育的个人教育则是不可思议的。我认为，广义的教育就是对集体的教育和对个人的教育的和谐统一，而在对个人的教育中，起主导作用的当属自我教育。""教育人，就是要培养他对自己有严格的要求。要做到这一点，就不能总是牵着他的手走路，还要让他独立行走，让他对自己负责，形成自己的生活态度。""凡是一切依靠惩罚的地方，就不会有自我教育，而没有自我教育，也就根本不可能有正常的教育，乃至根本就不可能有教育。"苏霍姆林斯基要求教师教导自己的学生做到目中有人，让学生学会把别人当作镜子来观照自己，让他们学会在这面镜子里看出自己最细微的、最隐秘的、最意料不到的特征。这是因为"美只能由美来创造，人也只能由人来建树"。苏霍姆林斯基同时又告诫大家，自我教育的过程任何时候都不是一帆风顺的，没有比战胜自己的弱点更为辉煌的胜利了。他要求包括教师和学生在内的每个人都要诚实，"首先是对他人的诚实，同时也是对自己、对自己良心的诚实。要诚实地评价自己：我能做什么，还不能做什么，我怎样才能攀登上自我完善的高峰，从而在到达高峰时有权说：我是自己意志的主人。对这一切实事求是的评价，就是诚实和正直的奠基石"。

二、对孩子们的信任与真善美的培养

苏霍姆林斯基把自己的一生奉献给育人事业，他一生孜孜以求的就是要源源不断地为国家、为人民培养真正的人。苏霍姆林斯基是如何把自己的学生培养成真正的人的？从《给教师的一百条建议》中，我们可以清楚地看到苏霍姆林斯基的思想脉络和行动轨迹。

苏霍姆林斯基指出，教师的劳动对象是儿童，是处于成长之中的人，在这个人身上天天都会萌发出新的东西，因此，教师承担的责任是特殊的、无与伦比的。苏霍姆林斯基不相信有不可救药的学生，他坚信每个学生都有可能被成功地教育，并要求教师必须无限信任学生身上的善良因素，要用自己的心去认识学生的精神寄托，认识学生的所思所想和喜怒哀乐。他认为教师教育才能的精髓是心灵与理智的和谐，是对学生怀有满腔热情，有同情心，能真诚地为学生操心。教师绝不可以是一个冷若冰霜的人，绝不可以对学生中间发生的一切报以冷冰冰的理性态度并进行精细的权衡，唯恐不能精准地执行各种可能的规定。对那些标榜理性的教师，学生必然持戒备、不信任、不喜欢态度，根本就不会向这样的教师敞开自己的心扉。苏霍姆林斯基要求教师正确地去认识童年世界。他说："童年，这首先是对周围世界的情感认识。童年世界，这首先是用心去认识孩子在自己周围所看到的东西以及他自己所做的事情。心灵的鲜明的、丰富多彩的、生动的生活以及情感、情绪的变化，这就是作为我们的教育工作的对象的童年，就是作为我们在其中工作的环境的童年。"苏霍姆林斯基认为，童年世界带给教师无比宽广的情感领域，其中不乏欢快的和不愉快的、高兴的和忧伤的旋律。善于搞明白这种和谐中的细微差异，是教育劳动中的精神充实、愉快和取得成功的极其重要的条件。如果与学生交往带给教师的除了伤心、怒气、愤懑之外再无其他，这不仅会在教师的心灵中留下不愉快的感受，而且还会损伤他的内脏器官。苏霍姆林斯基认为，幽默感是教师应具有的一种品质。教师缺乏幽默感就会阻隔师生之间的相互理解。教师不理解学生，学生也不理解教师。教师意识到学生对自己的不喜欢就会生气，找不到摆脱这种处境的出路。而侵蚀学校生机勃勃的机体、败坏学生集体生活的冲突，大部分正是由这样的互不理解引起的。因此，苏霍姆林斯基告诫教师："乐观主义、对人的信任，是教育者和受教育者的创造能力、精神力量、健康的永不枯竭的源泉。不要让对人不信任、怀疑的种子在自己的心中萌芽。"

苏霍姆林斯基在《给教师的一百条建议》中，十分强调教师对学生心灵美的培养。他说，教师有着与人为善的愿望，这就是在学生的心灵中"创造道德纯洁和道德美，使他成为真正的人。这种心愿就是与人为善。教师的与人为善，首先表现为他善于做到不让孩子变成坏孩子，善于防止他走上错误的道路。像父母那样希望孩子一切都好，这就意味着要阻断邪恶进入孩子心灵的路径，把邪恶关在孩子的心灵之外"。如果教师心里始终牵挂着每个孩子，如果每个孩子对教师而言不是班级记事簿上的一行字和一个编号，而是一个活生生的人，一个有个性的人，一个独一无二的人的世界，那么，教师就可以相信：如果孩子遭受灾难，教师的心会提示他该怎么做。这是心灵的命令，即付诸行动的与人为善。苏霍姆林斯基语重心长地指出：“与人为善这种品质是需要培养的，只有当这种内心状态是相互的，即当教师希望学生好，学生也希望教师好时，才能培养出来。这是学校生活的最微妙的和谐。与人为善的相互性要在浓厚的文化素养氛围内培养。我总是认为，教育的最重要任务之一就是教导儿童用心去认识世界，用心去了解人（不仅是亲友，还有人生道路上遇到的任何同胞）的处境。”苏霍姆林斯基强调了与人为善的相互性，他指出，孩子若能用心去体悟他人，这样的孩子就能与人为善。但同样很重要的是，孩子对教师的善意也很敏感：他能感觉到这种善意，以善报善。这种状况在教育工作中的重要性，无论怎么强调都不过分。要培养孩子有爱心、善良、热忱，孩子的心灵应该对此做好准备。

三、学生的学习与自尊感的培养

苏霍姆林斯基认为，学生个人自尊感的培养，在真正的人的培养过程中起着极其重要的作用。学生个人的自尊感虽然与其学习成绩有很大关系，然而在苏霍姆林斯基的眼中，学生的学习成绩却取决于教师的善意，以及学生的心灵对接受教师的善意所做准备的程度。苏霍姆林斯基指出，没有抽象的学生，有的只是一个一个鲜活的生命，有着独特个性的人，因此也就没有任何适用于所有学生的取得好成绩的先决条件。学习成绩好坏这个概念本身是相对的，教师必须善于正确地判断每个学生当前在哪些方面有才能，以及将来如何发展他的才能。要保持和培养每个学生的自尊感，关键在于教师如何看待学生的学习成绩。教师不可以要求学生做他不可能做到的事。教师的教学艺术和技巧表现为善于挖掘每个学生的潜力和可能性，使其在脑力劳动中取得的成绩能带给他快乐，而能带来欢乐的脑力劳动，总是能取得使能力得到发展的成果。这就意味着教师在教学中要采取个别对待的方式，不仅在脑力劳动的内容上（习题的性质），而且在时间上都是如此。采取这样的方式，所有的学生都能取得进步，只不过是有些人进步得快一点儿，有些人进步得慢一点儿而已。学生从教师对其学习的评价中看到的是自己付出的劳动和努力，于是学习带给他的是道德上的满足和发现的快乐，他就能把知识和智力生活转化为自己的道德尊严，教师和学生对彼此的善意与相互的信任就结合在一起了。学生不把教师看成是严厉的监督者，也不把评价看成是棍棒。学生会坦率地告诉教师自己哪些地方还不懂。他的良心是很敏感的，他不会去抄袭，他渴望树立自己的尊严。

关于学生的学习，苏霍姆林斯基提出了许多精辟的观点和切实可行的办法。他认为在小学承担的许多重要任务中“处于第一位的是教会孩子们学习”，教师的主要关注点应放在正确地确定学生应掌握的理论知识的量与他们的实际技能技巧之间的比例，尤其是要教所有的学生学会边思考边阅读。苏霍姆林斯基特别强调培养学生阅读习惯的重要性，因为阅读能教学生思考，而思考能变成刺激学生智力的激励因子。通过阅读培养出来的注意，是减轻脑力劳动最主要的条件之一。教师只要做到在课堂上把学生的无意注意与有意注意结合起来，学生就不会感到疲劳和倦怠。他说：“书籍和由书籍激发的活跃的思维是防止死记硬背的最有效的手段。死记硬背是使智慧变得迟钝的罪魁祸首。学生思考得越多，他在周围世界中看到的不懂的东西越多，他接受知识的能力就变得越强，而您，作为一名教师，就会工作得越轻松。”苏霍姆林斯基认为，教师应尽力发展学生的思维积极性，教导学生借助已有的知识去获得新知识，从而使知识由于得到应用而丰富。

关于对学生学习情况的评价，苏霍姆林斯基也提出了自己独到的见解。他说:“不可把对知识的评价当作一项孤立的工作，从教育教学过程中分离出来。只有当师生关系建立在彼此信任和互怀善意的基础之上时，评价才能成为激励积极的脑力劳动的刺激因子。也可以说，评价是一种最微妙的教育工具。根据学生对待教师评出的分数的态度，可以准确无误地推断出他对教师的态度，他对教师信任和尊敬的程度。”他还说:“任何时候都不要急于评不及格分数。您要记住，成功带来的快乐是一种强大的情感力量，儿童想当一名好学生的愿望就来自这种力量。要关心的是使儿童的这种内在力量永不衰竭。倘若没有这种力量，任何教育高招都是无济于事的。”苏霍姆林斯基还指出，对学生学业成绩的评价并不反映对其道德品质的评价，把学科评分和道德面貌等同起来的教育观点，实际上是看不见人是许多种特点、品质、能力和爱好的和谐统一体，从而会深深地伤害学生，有时还会摧残学生的心灵，剥夺学生对欢乐的体验，甚至对一个人一辈子的道德面貌产生恶劣影响。

苏霍姆林斯基对知识的学习与道德教育的关系进行了很有说服力的阐述。他认为，掌握知识、懂得自然科学规则和社会学规律、能很好地回答问题以及获得很好的分数，所有这一切本身并不等于道德教育。“只有在知识转变、转化为信念时，才是教育的开始。”缺乏某种具体知识，并不说明一个人缺乏道德教养。而信念的缺乏，即使有知识，依然是一个人道德面目模糊的标志。因此，他要求教师首先要善于看到知识与信念之间的区别。事实上，知识与信念之间有一座桥梁，那就是思想。知识通过思想变成信念，思想已不单纯是知识。

四、劳动在真正的人的培养中所起的积极作用

在《给教师的一百条建议》中，苏霍姆林斯基对劳动的重要教育意义发表了许多能启迪我们心智的精辟论述。几十年的学校工作使苏霍姆林斯基对劳动在智力发展中所起的特别重要的作用深信不疑，他的名言“儿童的智慧出在他的手指上”已深深地铭刻在我国许多中小学教师的记忆中。苏霍姆林斯基深信“劳动，不仅仅意味着实际技能和技巧，而且首先意味着智力的发展，意味着思维和语言的修养”。苏霍姆林斯基认为，手与脑有着直接的联系。学生的手已掌握的或正在掌握的技艺越高超，他就越聪明，他深入分析事实、现象、因果关系、客观规律的能力也就表现得越突出。他认为，一名学生在学习上遇到困难的最主要原因，是他看不出各种现象、事实之间的种种关系和相互联系，即他不善于超脱表象进行思考。而在劳动活动中，这些关系和相互联系被直观地呈现出来，有助于学生很快发现它们。

劳动的教育意义何在？苏霍姆林斯基说：“在劳动中学校教育的感觉越少，确切地说，学究式教育的感觉越少，劳动的真正教育意

义就越深刻。”“如果学生时代的劳动成了教育的某种附加品，那么任何自觉的未来计划和任何严肃的职业方向就无从谈起。”苏霍姆林斯基提倡的劳动，无论是学生的脑力劳动还是体力劳动，都是一种创造美的劳动中的精神交往，是一种通往人的心灵的捷径。他指出，能激励孩子自觉地、努力地从事脑力劳动的最强有力的激励因子，是使孩子的脑力劳动人道化，使这种劳动由于想要给亲爱的人，给妈妈和爸爸带来快乐而变得高尚。教师应该爱护孩子想给父母带来快乐的学习愿望，应该珍惜、爱护和发展孩子作为劳动者的自豪感，应该让孩子看到并体验到自己的学习成果，不可让孩子因学习成绩差或某种缺陷而陷入没完没了的痛苦中。“孩子的乐观主义、他对自己力量的信心，这是把学校与家庭联结起来的一条牢固的纽带，是把母亲和父亲吸引到学校来的一块磁石。孩子的乐观主义世界观一旦破灭，这就意味着在学校与家庭之间立起了一堵石墙。”

苏霍姆林斯基指出：“只有当劳动对于一个人而言不是抽象的教育练习，而是事关生计，即不劳动就没饭吃、没衣穿、没鞋穿时，他才能成为真正的劳动者，成为真正的人。”他把学生的劳动纳入家庭经济物质生活，使它成为家庭生活中不可或缺的有机组成部分，家长把孩子的劳动看作子女的神圣义务。苏霍姆林斯基认为达成这样的认识具有极其重要的意义。如果家庭不需要孩子劳动，如果家长竭尽全力使子女生活得轻松，免除了他们的一切劳动，那么，学校组织的一切劳动活动，对于学生来说就不是劳动，而是游戏，并且仅仅是游戏而已。只有当劳动成为经济上的需要时，它才获得了教育的力量。苏霍姆林斯基认为，劳动的意义还在于“只有通过流汗水、长老茧和费劲儿的劳动，人的心灵才会变得敏感、细腻。通过劳动，人才拥有用心灵去认识周围世界的能力。作为劳动者的儿童和少年对人们的看法，与从未真正劳动过的人是完全不一样的”。苏霍姆林斯基发现，当体力劳动特别紧张的时候，学生“思考问题的方式与平常有点儿不同了：他们想的是如何克服困难，而不是能否克服困难”。“克服困难，能培养英勇无畏的精神，陶冶人的高尚情操。在克服困难的过程中，人不会变得冷酷，恰恰相反，会变得体贴、温存、富有同情心，而对邪恶则变得毫不妥协、毫不留情。”苏霍姆林斯基认为，真理的根源存在于谋求公众福利的劳动中，存在于为人们而创造所带来的快乐中，存在于对困难的克服中。他指出：“一切都是轻而易举、一帆风顺、唾手可得的人，其思想像蝴蝶那样飘忽不定、不着边际。然而，思想应该像挺拔的橡树一样强壮，像离弦的箭一样有力，像烈火一样明亮。正义的坚定性、真理的鲜明性和思想的不可动摇性，是从名叫困难的同一个泉源中涌出的泉水。青少年应该懂得什么是困难，而且应从亲身经历中懂得什么是困难。谁经历过困难，谁就会重诺言，就不能容忍废话、空话。”苏霍姆林斯基还指出，劳动能打磨出正确反映生活的诚实的镜子，他要求青少年努力用实际行动和劳动来激励自己的思想和言论，说到做到，踏踏实实。他强调指出：“在教育事业中所有的一切都是相互联系的。诚实、正直，以及不容忍撒谎和欺骗的品质，来自劳动的伟大真理。”苏霍姆林斯基要求“把劳动变成自我教育的一个领域（没有劳动中的自我教育，也就根本不可能有自我教育），就应该使每个学生感到劳动的快乐，使劳动成为他的一种创造活动。在劳动中开始对自我的探索，这一过程会持续若干年，直到志向确定时为止”，而劳动的欢乐就是在劳动中的自我表现。劳动的欢乐是一种复杂的精神状态，处于这样的状态中的人，既惊讶且欣喜地看到了自己双手的创造物并从中找到了自我，也看到了自己付出的努力及单调的、平平常常的劳动所花费的时间。

苏霍姆林斯基在《给教师的一百条建议》中，就教育教学工作的组织、内容、形式、方法、方式以及学生的自我教育、共产主义理想的形成、公民义务和社会主义人道主义的培养等问题对教师提出建议，全面介绍了帕夫雷什中学在这方面的经验。这本书就学生德智体美劳和谐发展、学生集体的培养与发展、教师的教育才能、家庭教育和家校合作等问题，都有相当精彩的论述。苏霍姆林斯基特别强调童年期的教育，认为童年期缺失的东西成年后很难弥补回来。他要求教师用心去认识孩子、理解孩子，让孩子从小就养成阅读、劳动、助人等好习惯，从小就热爱阅读、热爱思考、热爱生活，在潜移默化中培养高尚的人性，维护人格尊严，学会关心他人、关心社会，学会做一个真正的人，做一个不仅拥有清晰、求知的头脑，还拥有善良、高尚的心灵的人。苏霍姆林斯基极其重视家校合作，关于家庭教育的论述，在本书中占了相当大的篇幅。在此，译者就不一一叙述，留待读者自己去理解、思考。

《给教师的一百条建议》写于1965—1967年，俄文版在苏联时期没有全文发表过，其中的片段曾在苏联的《国民教育》杂志和《苏维埃教育》报连载过。这本书的中译本已有若干种。这个最新的译本根据俄文版《苏霍姆林斯基教育文集》第二卷译出。

译者力求更准确地向中国读者传达苏霍姆林斯基的思想，力求译文更流畅，更符合中文的语言规范。译文如有不当之处，欢迎读者批评指正。

诸惠芳

2023年5月

目　录

代前言

我在帕夫雷什中学工作期间与刚开始从教的青年教师的数百次会谈，以及他们写给我的数千封信，使我产生了写这本书的念头。

我了解几十种专业的工作人员，但是，我深信，没有人比教师更求知心切，更迷恋于创造思想，其生活比教师更不平静。我永远不会忘记一位来自遥远的高加索卡巴尔达山村的年轻教师。她在大学毕业后开始工作的第一年教英语，其间遇到了许多困难。这位姑娘迫切地期待着自己能在创造性劳动中迈出最初的步伐，向往着与学生进行精神交流的快乐，然而她却感到自己缺乏从事教师工作的才能，觉得自己不能得心应手地从事这份工作。她的几封信都饱含忧思，贯穿着一个问题：什么是才能？如何确定自己是否有此才能？如何在自己的心中确立、形成对事业的爱？我的回信不能让她满意，于是她就来找我，期待在面对面的交谈中搞清楚令她激动不安的问题。年轻的女教师说：“我要去上百所学校，会见上千名教师，但是，我想知道的是，我是否有做孩子工作的才能。”

创造性劳动的快乐、创造性所带来的生活的充实，这是每个有文化、有教养的人的追求。如何开发自己在培养年轻一代的崇高事业中的才能，如何在这个最有趣、最复杂、最人道的专业中发现自己——这是一个令人深感不安的问题，在无数封来信中、无数次交谈中都反复提出过。无论是刚读完中学的十七岁的姑娘还是师范学院的毕业生，抑或是已体验过初次成功的喜悦和初次失败的悲苦的教师，都力图找到这个问题的答案。我就从这个问题开始向教师提出一百条切实可行的建议。

上　篇

1. 从事教师工作的才能是什么，这种才能是如何形成的

与任何需要专门技能的、有目标的、有计划的系统性工作一样，教育人是一种职业，是一种专业。但这是一种特殊的、任何其他工作不能与之类比的职业。这种职业具有一系列特点。

（1）我们是在与生活中最复杂的、最珍贵的无价之宝，也就是人打交道。他的生活、健康、理智、性格、意志、公民表现和精神面貌，他在生活中的地位和作用，他的幸福，全都取决于我们，取决于我们的能力、技能、教育艺术和睿智。

（2）教育工作的最终结果并非今天或明天就能见到，而是要经历很长时间才能见分晓。你们所做的、说的、灌输给孩子的，有时候要经过五年乃至十年才能显现出来。

（3）许多人和生活现象都在影响着孩子，对孩子起影响作用的有母亲、父亲、同学，还有你们不知道的所谓“街头伙伴”、读过的书籍和看过的电影，以及根本就是始料未及的与善于打动年轻人心

灵的人的会见，等等。对孩子的影响可能是积极的，也可能是消极的。有些家庭中存在着沉重的、压抑的气氛，这样的氛围会给人的一生打上不可磨灭的烙印。亲爱的同行，学校的使命，我们共同的最重要的任务，就是为人而奋斗，克服消极影响，为积极影响提供发挥作用的空间。因此，教师个人必须对每个学生施加最鲜明的、有效的、有益的影响。德·伊·皮萨列夫写道：“人的本性是如此的丰富、有力而富有弹性，即使在最令人忧郁的丑陋的环境中也能保持自己的纯真和美丽。”[①]但是，只有当孩子拥有一位智慧的、能干的、英明的教育者时，人的本性才有可能得到充分展示。

（4）我们工作的对象是正在形成中的、个性的、最细腻的精神生活领域，即智慧、情感、意志、信念、自我意识。能对这些领域施加影响只能是同样的东西，即只能是智慧、情感、意志、信念、自我意识。我们用来对学生的精神世界施加影响的最重要的工具，是教师的语言、周围世界和艺术的美，以及创造能最鲜明地表达情感的环境，即人际关系的整个情绪领域。

（5）教师的创造性最重要的一个特点，就是他工作的对象是儿童，这样的对象经常在变化，永远是新的，今天同昨天就不一样。我们的工作是要培养人，这就使我们担负着一种无可比拟的特殊责任。

以上这些就是教育工作的特点。从事教育工作应具有怎样的才能？需要哪些必要的客观条件？如何培养、确立、发展和磨砺这种

---

① 引自《皮萨列夫教育文选》，1951 年俄文版，第 338 页。

才能?

与人交往，这是任何人都具有的一种根深蒂固的精神需求。人在交往中找到生活的乐趣并充实自己的生活。但由于各种各样的原因，在某些人身上交往需求很微弱，而在另一些人身上这种需求似乎成为其性格中居于最强势地位的特点。有些人，如常言所说，“天性”孤僻、矜持、沉默寡言，力图更多地独处或者与很狭小的圈子里的朋友交往（当然，这无关乎“天性”，起决定性作用的是教育，尤其是童年早期的教育）。如果与人数众多的集体交往会让您感到头疼，如果您觉得独自工作或者与两三个朋友一起工作比与一大群人一起工作要好得多，那么，请您不要选择教师工作作为自己的职业。

教师职业，这是一门人学，需要长久地、片刻不息地深入人的复杂的精神世界。能经常在人的身上发现新东西并为之惊讶，能看到形成过程中的人——这一卓越的特点是滋养教育工作才能的根。我坚信，这样的根是在童年期和少年期扎下的，是在家庭和学校中形成的。长者——父亲、母亲、教师的关怀培育了这样的根，他们用热爱人、尊重人的精神教育孩子。

如果您产生了当一名教师的愿望，那么就请您检查并考验一下自己。您在九年级或十年级时就请求共青团委员会指派您担任少先队中队辅导员或十月儿童小组的教导员。于是在您的面前就有了四十个小家伙，第一眼看去您似乎会觉得他们甚至连外貌都彼此相像。但是在第三、第四、第五天，经过了几次去森林、田野远足您就会确信，每个孩子就是一个完整的世界，是一个独一无二的独特的世界。如果在您的面前展现出这样一个世界，如果您能感觉到每个孩子的个性，如果每个孩子的欢乐和悲苦能触动您的心扉，引起您的思考、关心和担忧，那么就请您勇敢地选择崇高的教师工作作为您的职业，您将在其中找到创造的快乐。因为我们工作中的创造性（在后面我还将谈到这一点），首先是了解人，认识人，对于人的多面性和无穷尽性感到惊奇。

如果这四十个孩子让您沮丧地觉得是一模一样的，如果您很难记住他们的相貌和名字，如果每个孩子的双眸没向您传达出某种具有深刻个性的、独一无二的东西，如果您区分不清从花园深处的某个地方传来的孩子的响亮的声音，过了一星期甚至一个月，您还是分不清是谁在喊叫，分辨不出喊叫声的含义，那么，如俗话说，三思而后行，您得慎重考虑，然后再决定是否当一名教师。因为没有任何一条教育规律，没有任何一条真理可以绝对同等地适用于所有的孩子；因为实践教育学是达到了熟练程度而且提高到艺术水平的知识和技能；因为培养人首先要了解他的心灵，看到并感觉到他的个人世界。

伟大思想家阿拜·库南巴耶夫说："如果我手中有权，谁要说人是改变不了的，我就割下他的舌头。"① 这句话深深地印在我的心中，每当我思考教育才能时，每当与青年教师谈论他们的快乐与忧伤、成功与失败时，这句话中的每个字母就像火焰那样闪闪发光。如果您想把自己的一生奉献给崇高的教师工作，那么我们的心中就应存有对人及其身上的善良因素的无限信任。这不是相信某个抽象的人

---

① 引自《库南巴耶夫文集》，1954 年俄文版，第 387 页。

（自然界中不存在抽象的人），而是相信在社会主义社会中成长起来的我们的苏维埃的儿童。

教育才能的基础，是坚信有可能成功地教育每个孩子。我不相信有不可救药的儿童、少年、小伙子和姑娘。要知道在我们面前的是活生生的人，世界刚在他的面前展现，我们有能力不让任何东西压制、损伤、扼杀幼小的人心中美好的、善良的、人性的东西。因此，每个决心献身教育工作的人应该容忍儿童的弱点。如果您仔细地观察和思考这些弱点，如果不仅用脑子，而且用心去认识它们，那么您就会觉得这些弱点是无伤大雅的，不值得发火、生气乃至惩罚。请您不要理解为我是在宣传容忍一切、抽象宽容，把我理解成是在号召教师默默忍受地、含辛茹苦地“背负十字架”。这里说的完全是另一回事，这里说的是母亲、父亲、教师这类长者要有一种睿智的能力，即他们能够理解并感觉到造成儿童过失的最细微的动机和原因。要理解和感觉到的恰恰就是儿童的过失。不要把孩子置于我们自己的水平线上，不要向孩子提出那些对成年人提出的要求，我们自己不可以像小孩子似的胡闹，把自己降低到孩子的水平，同时还要理解儿童行为和儿童集体中的关系的复杂性。

如果孩子的每次淘气都会令您烦恼和心悸，如果您觉得他们的淘气已达到了极限，应该预先采取某些紧急“消防”措施，您就应该再三斟酌是否要当一名教师。如果您会无休止地与孩子们发生冲突，那么您就不要去当教师。平息冲突的能力首先就是要懂得您是在与孩子打交道，这种能力来自一条滋养着教育才能的、扎得很深的根，即理解并感觉到孩子是一个经常在变化着的人。

我认为，教育才能还有一个不可或缺的特点。我拟把这个特点称为心灵与理智的和谐。除教师和医生职业外，未必有其他职业要求从业者具有如此高的热忱。您的学生可能不止四十个。如果您教高年级，您的学生可能有一百个、一百五十个。您的心要分给每个学生，每个学生的欢乐和愁苦都应在您的心中找到自己的位置。具有同情心，真诚地为学生操心，这是教育才能的精髓。教师不可以是冷冰冰的、漠不关心的人。对发生的一切抱以冷冰冰的理性态度并进行精细的权衡，唯恐不能精准地执行各种可能的规定，就会引起孩子对教师的戒备和不信任。孩子不喜欢过分理性的教师，他们从来不向这样的教师敞开自己的心扉。

在任何情况下您都应该按最初的内心冲动所要求的那么去做，这种冲动总是最高尚的。但是教师同时也应该善于用理智去控制自己的内心冲动，不要屈服于自发的情绪。当必须对您的学生错误的、冒失的行为，总之是不正确的行为做出决断时，这一点尤其重要。

教师的艺术和水平，恰恰就表现为善于把热忱与智慧结合起来。

有时候应该暂缓采取解决措施，让情感“冷静下来”。每当必须与学生谈谈反映出其复杂的、矛盾的内心活动的行为时，我总是把这样的谈话推迟几天。尊敬的同行们，我向你们担保，这样做会使你们言语的感染力、你们对学生的理智和心灵的态度变得更加充实，因为在这样的情况下，情感会因你们睿智的意见而变得高尚。你们的意见、你们的言语于是就能够进入学生心灵的深处，因为学生能感觉到这些话是你们的肺腑之言。这种技能，也就是使自己能够与学生尤其是与少年进行倾心交谈的技能，是每个教师都应自己建立的教育手段宝库中特别重要的一种技能。你们应该自己培养、养成、完善、“磨砺”这种技能，使之更精致、更有效。

要培养这种技能，就必须深入孩子的心灵，深入地思考他的精神寄托是什么，他是怎样看待世界的，他身边都是些什么样的人。

我的亲爱的同行，为了成为真正的教师，您必须经历热忱的历练——要在很长的一段时间内用心灵来认识您的学生的精神寄托，认识他的所思所想和喜怒哀乐。这是我们的教育事业中最细致入微的工作之一。如果您能坚持不懈地去掌握它，您将成为真正的能手。

2. 教师的健康、精神生活的充实、劳动的乐趣

我想起了一次庄重的晚会，欢送一位教师退休。邀请我参加这个晚会的女教师还比较年轻，她 20 岁就开始工作，到退休时才 45 岁。大家都很纳闷，为什么阿纳斯塔西娅·格里戈里耶夫娜要退休。大家觉得奇怪的是这位女教师哪怕多工作一天都不愿意，她就正好在从教刚满 25 年的那一天卸职了。阿纳斯塔西娅·格里戈里耶夫娜本人在向当时还是年轻教师的我们致告别词时驱除了我们的疑惑。她说："亲爱的朋友们，我离开是因为学校工作不是我喜爱的事业。我在这项工作中找不到满足感。它没有给我任何快乐。这是不幸的，是我生活中的悲剧。每天我都盼望着课赶快结束，喧闹赶快消失，好让我自己一个人安静一下。你们感到惊讶，一个才 45 岁的妇女就离开了工作岗位，而且她的身体还很健康。不，我的健康不好。不能带给我快乐的工作损伤了我的健康。我的心脏病得不轻。年轻人，我劝告你们：你们要进行自我省察，如果工作不

能给您带来快乐，那么就请您离开学校，要正确地确定自己在生活中的位置，找到自己喜欢的工作。否则的话，工作的岁月将会成为你们的炼狱。”

年轻的朋友，让我们一起思考一下这个令人悲伤的故事。健康、情绪、精神生活的充实、创造性劳动的快乐、心爱的事业所带来的满足感，所有这一切都是紧密联系、相依相存的。处于第一位的应该是健康和精神力量的和谐。健康——教师是多么需要健康啊，如果不治之症悄悄地向他迫近，他的生活中将发生什么样的悲剧呀！往往有这样的情况：年仅 45—47 岁的教师，却已显老态。他的教育智慧刚进入鼎盛期，他刚领略到教师技艺和艺术的奥秘，形成了自己的教育信念，然而却已经没有力气了。一位从 16 岁就开始自己的教师生涯、有 25 年教龄的教师在给我的信中写道：“我很担心到了 45 岁时成为‘主席团名誉成员’‘退职将军’①。”“怎样工作才能不损害健康？要知道，健康首先是为了工作，为了创造；不工作，我无法想象幸福。”

我与四百多位年龄在 45—50 岁的教师座谈。当谈到健康问题时，许多教师抱怨“心脏衰弱”“心脏不大舒服”。心脏和神经失调、心脏衰弱——正是这方面的疾病悄悄地袭击教师，不仅限制了而且常常完全终止了教师的创造性劳动，让他们不得不提前退休。教师应该保护心脏和神经。我们应该工作到 60 岁时依然身体健康、朝气蓬勃。一位教师，如果他感到自己心智很健康、思维活跃，然而却

① 沙皇时代富商家有喜庆活动时请退职将军出席，以光耀门庭。——译者注

体力不支，很难想象有什么比这种情况更使人悲哀的。

但是如何保护心脏和神经呢？不要回避所有需要表达个人情感的事情，不要在自己的心中滋生冷漠无情的态度。这里首先要考虑的是我们的工作的特殊职业条件。

我们的工作是用心脏和神经的工作，这确确实实是日日夜夜、分分秒秒消耗巨大精力的工作。我们的劳动处于经常变化的状态中，有时令人十分激动，有时令人情绪压抑。因此，克制自己、掌控自己的能力，是最必需的能力之一。这种能力既关乎教师的工作成就，也关乎他的健康。不善于抑制随时会出现的兴奋，不善于掌控局面，这是最折磨教师的心脏、消耗教师神经系统的事。

但如何培养这种能力呢？首先应该知道自己的健康状况，了解自己的神经系统和心脏的特点。人的神经系统天然地具有很大的灵活性，教师应该把这种灵活性提升到控制情绪的艺术高度上。我为了培养这种能力所采取的办法，是不允许消极现象的种子发芽，这样的消极现象诸如忧郁、夸大别人的恶习、肆意渲染儿童的“不正常”的意图和行为（这很难用语言来表达，却是我们的教育工作修养和技艺的一大缺点），习惯于向儿童提出只应向成人提出的要求，使小孩子不是成为好发议论者，就是成为真理和教诲的冷漠的收集者。我总是尽量不让自己过于兴奋，不去加剧兴奋，而是使它缓和下来。怎样才能做到这一点呢？如何避免经常强制地按捺住自己呢？最根本的办法是：第一，把整个集体（包括教师本人在内）的精力投入需要大家精神一致、集体创造、聚精会神、相互交流知识财富的工作上。经验使我确信，正是这样的集体活动似乎能放松教师为了抑制兴奋、不发火而常常被迫压缩的弹簧。如果不放松这样的弹簧，而是强压心中的怒火、压缩弹簧，那就会苦恼、生气，就会出现极度不安和心神不定地提防发生情绪问题的危险。在我们的教育工作中，每次情绪危机的出现，不是由于感情的充分放纵，就是相反，由于感情被窒息，被压抑。

我与孩子们一起去森林。我们的集体里有一个活泼、淘气、像水银珠儿一样好动的小男孩，他就是长着翘鼻子的、脸上有雀斑的蓝眼睛的尤尔科。孩子们正集合在林中空地上听我的指示。我对孩子们说接着要往哪里去，怎样才不会在森林中走失和迷路。可就在这时候，尤尔科却跑到树木茂密的沟壑中躲了起来，我们大家都能听到他的呼唤声。初看起来可能会觉得他这样做是故意捣乱，想把我们的森林远足搞得一团糟。但我对自己说，不可以夸大孩子的意图。要知道尤尔科只不过是一个二年级的孩子，他不可能想得那么远。于是我没有着急，也不生气和恼怒，而是顺水推舟地安排了一个很有趣的游戏。我让孩子们别出声，躲开尤尔科。不是我们去找他，而是让他来找我们。我们蹑手蹑脚地走，不让脚下的草发出声音，我们钻进了一个我很熟悉的林中洞穴并藏在那里。孩子们兴奋地察看着自己的隐蔽所。尤尔科呼唤了几次后就不出声了。他已经在另一个地方了，模仿着黄鹂的歌声，正在向我们曾经坐过的林中空地走去。他又呼唤了几声，从他的呼唤声中我已听出了不安。他已经走到了林中空地。他不呼唤了，也不学鸟叫了，而是惊慌地呼喊我们：“你们在哪里呀？答应一声啊！”

不必强迫自己克制怒火，而是要找到一种活动，这种活动能让您完全从另一个角度去认识使您生气、恼怒并迫使您压缩起抑制作用的弹簧的事情。请您把令人不快、气恼的事情变成可笑的事情，于是您就能全面控制集体的思想和情感。

克服兴奋和恼怒、放松抑制的弹簧的第二种办法是幽默。如果您具有幽默感，那么，最紧张的、有时可能引起长时间气恼的局面就能得到缓解。孩子们热爱并尊重快乐的、不垂头丧气的、不悲观失望的教师，这是因为孩子们自己是快乐的、具有幽默感的人。他们善于在每个举动中，在每种生活现象中看出点点滴滴可笑的东西。善于无恶意地、善意地嘲笑消极的东西，用玩笑来支持和鼓励积极的东西，这是一位好教师和好的教师集体的重要特征。

如果教师缺乏幽默感，就会在相互理解方面竖起一堵墙：教师不理解孩子们，孩子们也不理解教师。教师意识到孩子们不喜欢自己，他就会生气，而这种生气往往无法摆脱。亲爱的同行们，请相信我，侵蚀学校生机勃勃的机体、败坏学生集体生活的冲突，大部分正是由这样的互不理解引起的。

教师工作的一个特点是高强度的脑力劳动周期与比较平静的周期交互轮替。多年的实践有力地证明了，教师的心脏和神经必须有较长一段时间停止消耗，即停止消耗神经和精神的力量。这种力量必须得到补充。这种补充的必要条件就是合理使用休息时间。尤其在夏季和冬季，正确的休息能发展并加强神经系统的补偿能力，有助于养成沉着、平稳以及使情绪冲动接受理智控制的能力。许多在学校工作了三四十年或更长时间的有经验的教师说，他们之所以能养成自制、沉着等品质，主要是因为与大自然的长时间接触，与大自然的接触使他们体力上的紧张与思考、观察相结合。

同时，在日常工作中应该善于爱惜神经力量，这也是对心脏和神经健康的非常重要的保证。

3. 怎样在日常活动过程中防止神经衰弱

我们的工作是在儿童的世界中进行的，这一点千万不可忘记。而儿童世界是一个无与伦比的特殊世界。应该了解这个世界，但仅此还不够。还应深入领会儿童世界；如果您愿意的话，孩子发出的小小的火花应在每个教师的身上闪耀并永不熄灭。

什么是儿童世界？我在这里只给教师提出一些实际的建议，并不奢望对儿童的所有特点给出科学的、心理学上的定义。我想说，儿童首先是用情感来认识周围世界的。儿童世界，首先是儿童用心对周围所见事物和自己所做事情的认识。内心生活明朗、生气勃勃、含义丰富，感情和情绪容易表露——这就是作为我们教育工作对象和工作环境的儿童世界。

儿童的内心生活随时给我们带来满意和不满意、快乐和痛苦、忧伤和赞叹、疑惑和惊讶、温馨和愤怒。在儿童世界带给我们的如此宽阔的情感领域内，有欢快的和不愉快的、高兴的和忧伤的旋律。

善于搞明白这种和谐中的细微差异，是教师在教育工作中精神充实、愉快和取得成功的极其重要的条件。如果与儿童交往带给教师的除了伤心、怒气、愤懑之外再无其他，这不仅会在教师的心灵中留下不愉快的感受，而且还会损伤他的内脏器官。不善于看到并感觉到儿童世界极其复杂的情绪的和谐性的教师，常常会出现神经系统失调，其中最糟糕的甚至最可怕的是神经衰弱。

坦波夫州的恩·利季娅写道：“我一天只有三节课，但回家时已精疲力竭，既没力气备课或阅读，也没力气思考。这是怎么回事？我在学校工作时弦绷得紧紧的。孩子们的淘气让我不得安宁。我觉得似乎每个小男孩都一心想干让我不开心的事。我看到费佳在课堂上捅万尼亚的腰，万尼亚就还击，拿尺子打了费佳的脑袋……所有这些事情，其他教师都说是小事，而我不能心平气和地看待所有这一切。我全身发热，心差点从胸口跳出来，手脚发麻。我想平静地对学生提出意见，但声音发颤。孩子们注意到了这一点。我觉得他们在笑，还故意搞出些新花样。我该怎么办？”

这已经是神经系统失调，其原因是不理解儿童世界。我亲爱的同行，儿童世界总的说来是美好的，如果您了解这个世界，如果您身处这个世界中感到如鱼得水，那么，这个世界带给您的积极的感受和体验会无与伦比地多于消极的感受和体验。因此，您要善于用心去倾听、理解和感受被称为童年的这种音乐中明亮的、朝气蓬勃的旋律。您不仅应该成为童年音乐的听众、欣赏者，还应该成为它的创作者——作曲家。请创作出童年音乐中明亮的、朝气蓬勃的旋律，这关系到您的健康、您的精神力量、您的内心状态。您的钢琴、您谱写童年音乐的乐谱本、您指挥乐队用的指挥棒，这是很简单的同时又是很复杂的东西，即乐观主义。请您记住，在儿童、少年、小伙子和姑娘中间没有恶棍，即使有时候出现了恶棍（千分之一、万分之一），则是邪恶制造了他们，那么就要用善和人性去治愈他们，要用有魔力的小提琴和有魔力的指挥棒——乐观主义——去治愈他们。

儿童身上没有任何需要教师严酷对待的东西。如果儿童心灵中出现了毛病，那么，首先应该用善良去驱逐它。这不是不抵抗邪恶的说教，而是对待儿童世界的现实观点。我憎恨对儿童持叽叽歪歪的怀疑态度，痛恨形式主义的清规戒律。这不是鼓吹玩忽职守和“自由教育”，而是一种坚定的信念，坚信对待儿童态度的善良、温存、热爱，这不是抽象的善良、温存、热爱，而是人性的、现实的，渗透着对人的信任；这是一股强劲的力量，能在人的心中确立起一切美好的东西，使他成长为一个理想的人。我不相信一个受到正确教育的孩子会变成流氓、寄生虫、厚颜无耻之徒、虚伪的人和道德败坏的人。

乐观主义、对人的信任，是教育者和受教育者的创造能力、精神力量、健康的永不枯竭的源泉。不要让对人不信任、怀疑的种子在自己的心中萌芽。对人的不信任，无论起初是多么微不足道，都会发展成我称为可怕的不与人为善的癌（因为我们在这里谈的是身体和精神的健康问题）。不与人为善是心灵的一种危险的疾病，对心脏和神经都会产生影响。这种疾病遮住了教师的眼睛，使他看不到人身上的优点。不与人为善是一副幻想出来的眼镜，它的镜片能把优点微缩到看不见的程度，而把缺点放大到丑陋不堪的程度，掩盖了人性中最精致的特点。教师身体的不适起始于他允许不与人为善态度的滋长，用与对人的乐观主义信任毫无共同之处的意图和行动来培植这种态度。不与人为善是愤恨之母，而愤恨，形象点说，是经常扎在心灵最敏感角落的一根尖刺，使心灵衰竭、神经疲惫。

要比怕火更害怕即使是小小不言的幸灾乐祸。比如（但愿永远不发生这种事），您“斥责”了一个学生，狠狠地“刺痛”了他，在日志上记下了他的不体面的行为，在您的意识深处闪过了一个得意的念头，暗自思忖着：你的父亲是个要求严格的人，看了我的记录，你的父亲就会收拾你……。您瞥了一眼孩子忧伤的眼睛，但没有为他担忧，依然很平静。亲爱的朋友，您要明白，您的大麻烦正是从这样的时刻，从您的心灵深处滋生了幸灾乐祸之时开始的。幸灾乐祸起初像是不会伤人的弱小的野兽，而实际上像是一条毒蛇。幸灾乐祸会滋生偏执，幸灾乐祸的心会变得又聋又哑，察觉不到儿童内心的细微活动；幸灾乐祸的人把儿童平常的淘气看作恶，看作居心不良。对儿童的恶作剧和淘气的不宽容，使教师变成遭到孩子讨厌的冷冰冰的说教者和只重理性的监视者。他们对付这样的教师的吹毛求疵的方式就是招惹教师发脾气，干一些让教师不开心的事。如果已经开始出现这种状况，教师的心就会因不得不时刻压制怒火而大受损伤。我的朋友，您应该像害怕大不幸那样害怕出现这种状况。如果您躲避不了这种不幸，您就会变成尖酸刻薄的、爱生气的阴沉的人，工作对您而言是苦役，您会百病缠身。

善意、理性的善良，是儿童集体生活应有的氛围，是师生相互关系应有的主要品质。善意，这是一个多么美好的词，同时又是多么深刻的、复杂的、多方面的、富有人性的态度。如果善意是相互的，人就可以彼此敞开心扉。

我已无数次地说过，并且至死还要坚定地说，教师与孩子相互怀有善意，这是把彼此的心灵连接起来的许多细线，正是由于这些线（请注意，这在我们的教育工作中是极端重要的），人们之间不需要言语就能相互理解，能感觉到他人心中最细微的活动。多年的学校工作经历使我确信，如果我对孩子们怀有善意，并培养他们也怀有这样的善意，当我心情沉重时，当我甚至连说话都感到困难时，他们会理解我，会顾惜我的心和我的神经。孩子们感觉到我的状态，感觉到我的心情沉重，他们甚至会小声说话，不发出喧闹声，力图让我在课堂上和课间休息时能得到更多的安宁。我亲爱的同行，这种心连心的感觉，善于看到别人的内心，是使您保持健康的永不枯竭的源泉。但在这里，我们进入了学校生活的一个十分特殊的领域，关于这个领域谈得还很少。我要说的是关于善意的实质，把它作为情感教育的一个很重要的方面予以阐述。

4. 要与人为善

这条建议，一般而言，属于教育教学修养的初步知识，具体地说，是教育修养的情感问题。与人为善，这意味着对待学生就要像对待自己的儿女一样。孩子学习不好，落后了；孩子很难像他的同班同学那样学习；孩子有流氓行为——所有这一切都是糟糕的事。如果您的儿子遇到了这种糟糕的事，您该怎么办？未必您会提出开除、降低品行分之类的办法。当然，理智会提醒明智的父母这样做是必要的，但是您的心里会首先提示您拯救儿子的极端必要的手段，因为仅仅施以惩罚是拯救不了他的。您的心里会要求您在儿子的心灵中创造道德纯洁和道德美，使他成为真正的人。这种心愿就是与人为善。教师的与人为善，首先表现为他善于做到不让孩子变成坏孩子，善于防止他走上错误的道路。像父母那样希望孩子一切都好，这就意味着要阻断邪恶进入孩子心灵的路径，把邪恶关在孩子的心灵之外。如果在您的心里始终牵挂着每个孩子，如果每个孩子对您而言不是班级记事簿上的一行字和一个编号，而是一个活生生的人，一个有个性的人，一个独一无二的人的世界，您就可以相信：如果孩子遇上了糟糕的事，您的内心会提醒您该怎么做。这是心灵的命令，即付诸行动的与人为善。

说“与人为善”很容易。但与人为善这种品质是需要培养的，只有当这种内心状态是相互的，即当教师希望学生好，学生也希望教师好时，才能培养出来。这是学校生活的最微妙的和谐。与人为善的相互性要在浓厚的文化素养氛围中培养。我总是认为，教育的最重要任务之一就是教导儿童用心去认识世界，用心去了解人（不仅是亲友，还有人生道路上遇到的任何同胞）的处境。要教会幼小的孩子去感觉到他遇到的那个人心里有烦恼，他心里有某种痛苦，这是一种最细腻的教育技能。我想谈谈自己的经验，以说明教师如何培养自己掌握这种技能，如何培养孩子的情感素养，以及如何使这种素养成为相互与人为善的基础。

春天，在学校旁边的田野上，集体农庄庄员在甜菜种植场工作。每天清晨一轮红日刚露出地平线，妇女们就一个接一个去农田了。我的一年级小学生也在这个时候来到了学校的花园里。我们在自己的美丽角——蓝天下的绿色教室里迎接日出。美丽角是一个很大的绿色窝棚，稠密的葡萄叶遮挡住了灼人的阳光。女庄员们从我们旁边两三米处走过。我们看得清她们的脸庞和眼睛，如果我们屏息静坐，还能听到她们的呼吸声。她们却看不到我们。我对孩子们说：“看着那些妇女的眼睛，你们学着去感觉并理解她们每个人心里的感受——是无忧无虑的平静还是乌云般的愁苦。”我们每天都看到这些姑娘和妇女。我们已经看惯了一个蓝眼睛的、扎着淡褐色粗辫子的年轻妇女，她是两个孩子的母亲，总是唱着不同的歌曲去工作。她常常在小山丘上停住脚步，看着蔚蓝色的天空，听着云雀的歌声，脸上露出笑容。我对孩子们说："她热爱生活，她是幸福的。"看到别人幸福，我们所有人也感到很高兴。另一个妇女每天都要拐到狭窄的田间小路上，摘下几朵野花，在她的眼睛里我们看到了她心里想着光明的、愉快的事情。两个姑娘走近草地上静静地淌水的泉源，像照镜子那样看着泉水，她们在整理头发，欣赏着自己的美丽。我对孩子们说："孩子们，你们看，在她们的眼睛里闪耀着快乐的向往。那位黑眼睛的妇女不仅采了不少野花，她还坐在树墩上编了一个小花环——当然，这么小的花环只能是给小女孩编的；亲爱的孩子们，看看她的眼睛，你们会感觉到母爱的温暖。瞧，孩子们，仔细地看看这位白发妇女。请看看她的眼睛——它们是多么忧伤、悲哀。她的目光里含有多少痛苦、忧愁啊！看，她停下了脚步，看着太阳，看着掩映在绿色花园中的村庄，沉重地叹了口气。你们看，她没有走在田间小路上，而是走在通向村子中心的大路上。她摘下路边的野花，拿着花走向在这里与法西斯分子作战牺牲的战士的纪念碑。看，她在墓前献花，哭了起来。"

孩子们，你们看到的是世界上最伟大的人的悲痛——母亲的悲痛。瞧，她再次要从我们的美丽角旁走过，你们要仔细察看，再看看她的眼神。

孩子们屏息坐着。没有一片树叶或一株小草在颤动——周围的一切静悄悄的。我们面对着这位母亲悲伤的眼神，我们听见了她在再次回眸烈士纪念碑后发出的沉重的叹息声。

不需要任何言语，不需要任何解说，孩子们都已明白了，母亲有一个儿子在战斗中牺牲了。我告诉了孩子们母亲的巨大悲痛：她的两个儿子和丈夫都牺牲了……

随后接踵而来的是一堂又一堂教孩子用心来认识人的新课。我们来到田野，坐在乡间土路上，人们不时地从我们身旁走过。

孩子们看着路人的脸，看着他的眼睛，体悟他的内心世界。第一个人的生活很幸福；第二个人向往着某个令他激动的宝贵的东西；第三个人只不过是疲惫，有点心不在焉，不，这个人心里也有点不快的事；第四个人忧心忡忡的，可能他操心的是某些日常琐事，也可能在操心什么大事。瞧，这位老大爷似乎有什么伤心的事。孩子们精神一振，留神起来。他们从未在人的眼睛中看到过如此的痛苦。孩子们说："他很痛苦……他遭到了很大的不幸……应该问一问我们能帮他什么……"

他们走到老大爷身旁问他："我们能帮您什么？"老大爷慈爱地抚摸着我的小季娜长着浅色头发的脑袋，沉重地叹了口气，说："亲爱的孩子们，你们什么也帮不了我……我的妻子刚刚在医院里去世……我现在去叫汽车……我们一起度过了四十七年……你们什么也帮不了，不过我总归感到轻松一些了，你们都是好人呀……"

情感素养就是这样培养起来的。这是一个细致入微的、长期的过程，要求教师很好地把握分寸、细心、善于思考，深入了解每个孩子的精神世界。

孩子若能用心去体悟他人，这样的孩子就能与人为善。但同样重要的是，他对教师的善意很敏感：他能感觉到这种善意，以善报善——这种状况在教育工作中的重要性，无论怎么评价都不会过分。要培养孩子有爱心、善良、热忱，儿童的心灵应该对此做好准备。您可能听到过教师们这样的怨言（可能您自己也有这样的想法）：“怎么办？孩子听不懂好话……我对他一片爱心，敞开了心扉，而他，没心没肺的，居然还嘲笑我的好心。”遗憾的是这样的事时有发生，这种厚颜无耻的根子在于缺乏情感素养，在于幼年时期没有学会用心去认识人。

如果您教会了您的学生用心去体悟人，您的善意就能够创造奇迹。教师的善意指向什么？首先指向儿童的脑力劳动。希望儿童的脑力劳动更棒，这意味着教师理解孩子的优缺点，懂得脑力劳动的细微特征。您的善意，作为一种强大的教育手段，会一直起作用，直至您的学生自己希望成为好学生，直至他个人产生自尊心并不断发展。我们都知道，在教育工作中，各种现象与事实之间存在着极其紧密的联系：孩子的学习成绩会影响他的精神状态；孩子的精神状态会影响教师精神生活的充实和健康。如果孩子力争成为好学生，希望很好地掌握知识，您的劳动的快乐就取得了一半。

孩子的自尊心取决于他的学习成绩，而学习成绩取决于教师的善意，当然还取决于孩子的心灵对接受教师的善意所做准备的程度。我可敬的同行，请记住，孩子的学习成绩、他的自尊心，是您的创造性劳动乐趣的火花。只要这种火花在发光，您就一直会感觉到自己的精神生活的充实和创造的快乐。

但是，又产生了一个问题：如何才能使儿童经常取得好的学习成绩？如何培养他的自尊心？如何用力争成为好学生的愿望这种巨大的精神力量来鼓舞他？下面谈谈我的建议，这个建议可简短地用几个字表达。

5. 请记住，没有也不可能有抽象的学生

为什么在一年级就会出现成绩不及格的后进生，而到二、三年级有时还会遇到教师已不再关心的毫无希望的后进生？这是因为在学校生活的最重要领域，即脑力劳动领域，没有区别对待每个孩子。

我们可以设想一下，我们让所有刚成为小学生的七岁孩子去完成同样的体力劳动，譬如，让他们去提水。一个孩子提了五桶就累趴下了，而另一个孩子可以提二十桶。要求体弱的孩子提二十桶水，就会损伤他的身体，到了第二天他就什么都干不了了，甚至会躺在医院里。儿童从事脑力劳动的力量同样也是不一样的。一个孩子领会、理解、熟记得快，并且能长久地、牢固地保持在记忆中；而另一个孩子从事脑力劳动的情况就完全不一样：他对教材领会得很慢，对知识的记忆不持久、不牢固，虽然后来这个学生在学习上、在智力发展上取得的成绩要优于最初学习好的那个学生（这种情况是常有的）。没有抽象的学生可以对之机械地套用所有的教学和教育的

规律。没有任何适用于所有学生的取得好成绩的先决条件。学习成绩好坏这个概念本身是相对的：对一个学生而言成绩好的标志是“5分”，而对另一个学生来说“3分”标志着取得了相当大的成功。要善于正确地判断每个学生当前在哪方面有才能，以及将来如何发展他的智能，这是教育智慧中极其重要的部分。

保持和培养每个学生的自尊心，取决于教师如何看待学生的学习成绩。不能要求学生做他不可能做到的事。任何一门学科的教学大纲，只不过是一定水平和一定范围的知识，而不是活生生的儿童。不同的学生，是以不同的方式去达到这种水平和掌握这个范围内的知识的。一个学生在一年级时就可以独立地阅读并解答习题；而另一个学生要到二年级末甚至在三年级才能做到这一点。要善于判断通过什么途径，要延迟多久并克服怎样的困难，才能使这个学生达到教学大纲规定的水平，还要善于判断如何在每个学生的脑力劳动中具体地实施教学大纲。

教育教学的艺术和技巧就在于发挥每个孩子的力量和可能性，使其在脑力劳动中取得的成绩能带给他快乐。这就意味着在学习中要区别对待，不仅在脑力劳动的内容（习题的性质）上，而且在时间上都是如此。有经验的教师在一堂课上布置给一些学生两三道甚至四道习题，而给另一些学生只布置一道习题。一个学生得到的习题较复杂，而另一个学生得到的习题则较简单。一个学生在语言课上完成写作文之类的创造性书面作业，而另一个学生仅学习文学作品课文。

采取这样的方式，所有的学生都能取得进步，只不过是一些人快一点，另一些人慢一点而已。儿童在对自己工作的评价中看到的是自己的劳动和努力，学习带给他的是道德上的满足和发现的快乐。教师和学生将彼此的善意与相互的信任结合在一起。学生不把教师只看成是严厉的监督者，也不把评价看成棍棒。他会坦率地对教师说：这道题我不懂，我不会做。他的良心很敏感，他不会去抄袭，他希望树立自己的尊严。

学习成绩，形象点说，是通向学生心灵中燃烧着希望成为好学生的火花的那个角落的小径。您要珍爱这条小径和这种火花。

我有一位出色的数学教师朋友茨·格·特卡琴科，他在基洛夫格勒州波格丹诺夫中学工作。他是这样讲述自己的备课的："我仔细考虑每个学生应该做些什么。我为所有的学生选择他们都能成功地做好的功课。如果学生没能在掌握知识的道路上迈出哪怕是小小的一步，这就是一堂徒劳无益的课。无效的劳动大概是学生和教师都面临的最大的潜在危险。"

请大家看一看帕夫雷什中学教师阿·格·阿里先科和姆·阿·雷萨克的数学课。在解题时（解题时间占 90%），他们的班级分成几个小组。分入第一组的是成绩最好的学生，他们不需要任何帮助就能轻而易举地解答任何习题。在这个组里有一两个学生还会心算，不必用笔记录下来：教师还没说完解题条件，学生就已经举起手来了。对于这一组学生，除教学大纲规定的之外，教师还挑选了一些超出教学大纲范围的习题。应该给这些学生布置其智力所及的作业，但不是轻而易举就能解答的，而是需要付出努力才能完成的；有时候让学生解答的习题是他不能独立完成的，但是教师的帮助仅限于稍加指点或暗示。

分入第二组的是勤奋努力的学生，对于他们而言，要出色地完成作业，就必须付出紧张的脑力劳动，进行探索并克服困难。教师认为这些学生因勤奋和努力而取胜，他们能取得成功是因为埋头苦干和坚持不懈。

第三组学生可以在没有帮助的情况下应对中等难度的习题，但有时候解答不了复杂的习题。为了帮助他们学习，教师需要有高超的教育技巧。

第四组学生理解和解答习题都很慢。在一堂课上他们所做的习题可能比第二、第三组的学生少一半到三分之二，但是，在任何情况下都不可以催促他们。

第五组学生仅是个别的学生，他们通常解答不了中等难度的习题。教师要为他们专门选择一些能取得哪怕是微不足道的成功的习题。

这样的学生小组不是固定不变的。能因成功带来欢乐的脑力劳动，总是能取得使能力得到发展的成果。

有些教师能成功地做到使他的每个学生都有收获，请仔细看一下在这样的教师的课堂上学生的脑力劳动情况。这样的课堂洋溢着上面谈到的相互关怀的气氛，洋溢着智力的灵感。每个人都力争通过自己的努力去达到目标，您可以从孩子们的眼睛中看到时而全神贯注地思考，时而迸发出欢乐的火花（找到了正确的解题途径），时而沉思（从哪个方面着手去解题）。教师在这样的氛围中工作是莫大的享受。我亲爱的同行，请相信我，在这样的课堂上教师的劳动无论多么紧张，他都有时间去歇一歇，否则的话他就很难连续上四五节课。

我教了好几年五、六、七年级的数学课，这些课与文学课、历史课交替进行，这样的安排对我而言是真正的休息。这些课能使每个学生体验到因成功而取得的只属于个人的快乐，是不会让教师感到心绪烦躁的，是不会让教师精疲力竭的：他不会体验到对突发不愉快事件的紧张和担心，他也不必盯着那些因无事可做而时不时地用淘气来“款待”教师的活泼的、不安分的孩子，因为在这样的课上他们的精力被教师引导到正确的轨道上来了。如果教师能成功地“强迫”那些淘气包去从事力所能及的、预期能取得成绩的脑力劳动，他也能非常勤奋地、专心致志地工作！在紧张的劳动中，他们的积极的心灵得到充分展现；他们变得让人刮目相看：他们的全部注意力都集中在如何更好地完成作业上。

有些教师的抱怨常常令我懊恼和不满，他们抱怨孩子在课堂上淘气，干其他事情……亲爱的同志们，如果你们认真地思考了如何去促使每个学生都致力于学习，就不可能出现这样的情况！

我们部分地涉及了我们工作中的一个尖锐的问题：如何才能使劳动不给我们带来疲惫，不令我们的心脏和神经因时不时地蹦出的“特别事件”“天真的淘气”而没完没了地紧张，这样的“事件”都是小事，几乎觉察不到，但如果数量很多，它们就会搅得人不能正常工作和生活。

6. 去哪儿找时间，一昼夜只有 24 小时

这句话我引自克拉斯诺亚尔斯克市的一位女教师的来信。是的，没有时间，这是教育工作的灾难。它打击的不仅是学校的事务，也打击着教师的家庭生活。同其他人一样，教师也需要时间去照顾自己的家庭和教育自己的孩子。我有非常精准的数据说明许多中学毕业生害怕进师范学院，是由于考虑到从事这一职业的人没有闲暇时间，尽管他们有很长的假期。

我有一些有趣的统计资料。我向 500 位孩子在高校学习的教师提出了一个问题："您的孩子在什么高校什么系学习？"只有 14 位教师回答"在师范学院"或"在综合大学学习，准备当教师"。然后我又问："为什么您的孩子不想当教师？"486 人回答："因为他看到了我们的劳动有多么不容易，一分钟的闲暇时间都没有。"

教师究竟能否工作得使自己有闲暇时间呢？这个令人痛苦的问题往往用这种形式来表达。局面事实上是这样的：语文和数学教师

每天在学校工作 3—4 小时，此外，他们每天还必须花 5—6 小时备课、批改作业，再加上每天不少于 2 小时的课外工作。

如何解决时间问题？这是学校生活的全局性问题之一。与学生的智力发展问题一样，它确实取决于学校的全部活动。

问题的关键在于教育工作的风格和性质。一位在学校工作了 33 年的历史教师上了一堂题为“年轻苏维埃人的道德理想”的公开课。区训练班的学员和区教育处的视导员观摩了这堂课。课上得非常出色。教师和视导员们原先打算在听课过程中做笔记，以便课后提意见，然而他们却把自己的笔记本忘在一边了。他们和学生一样，屏息坐着，听得入了迷。

课后邻校的一位教师说：“您把自己的心献给了学生。您的每句话都具有巨大的思想威力。请问，您备这堂课花了多少时间？大概不止一小时吧？”

那位教师回答：“我的一生都在备这堂课。总之我的一辈子都在备每一堂课。不过，直接针对这个主题的备课，可以说是实验性备课，只花了 15 分钟。”

这个回答把教育教学技艺奥秘的小窗打开了一条缝。像这位历史教师那样的教师，据我所知仅在我们的区里就有 30 位。他们从不抱怨没有闲暇时间。他们每个人都会说他们用一生去准备自己的每一堂课。

这是什么样的备课呢？这就是阅读。他们每天读书，与书籍终生为伴。这是为思想大河补水且一天也不断流的潺潺小溪。阅读不是为了明天的课，而是出于本能的需要，出于对知识的渴望。如果您希望有更多的闲暇时间，希望备课不变为单调乏味地研究教科书，那么就请您阅读一些科学著作。应该使您所教授的那门科学原理的学校教科书，成为您的最浅显的入门书。教科书应该是您的知识海洋中的一滴水，而您教给学生的是这门知识的基本原理。届时备课就不必花费几个小时了。

教育教学技艺的完善，在优秀教师那里恰恰是以持续的阅读源源不断地补充他们的知识海洋为前提。如果说教师在从教初期掌握的知识与他应该教给孩子们的基本知识的比例为 10∶1，到了 15—20 年教龄时，这个比例就变为 20∶1、30∶1、50∶1，而这一切全仰赖于阅读。在教师的知识海洋中，学校教科书所占的水滴数逐年减少。问题不仅仅在于教师的理论知识在量上的增长。量逐渐转化为质：犹如在明亮的光流中的微弱的光线，衬托教科书的背景越宽广，为教育教学技艺奠基的职业品质就越凸显，这就是在课堂上阐述（叙述、讲演）教材时分配注意力的能力。例如，教师在讲解三角函数，但他主要想的不是函数，而是学生：他观察每个学生是怎样学习的，哪个学生在理解、思维和记忆上遇到了怎样的困难。他不仅教课，还在教课的过程中培养学生的智力。

教师的时间问题与教育过程中的一系列其他因素和各个方面密切相关。这些因素和方面，如同为大河供水的溪流，大河就是教育工作和创造所花费的时间。如何使这些溪流永远生气勃勃、细水长流，对此我想提出几点建议。

7. 教师的时间与教学阶段的相互关系

这条建议主要是针对低年级教师的。尊敬的同行——小学教师，您怎样工作，决定着中年级和高年级教师的时间预算。如果仔细观察第二阶段（四至八年级）和第三阶段（九至十年级）的教学过程，就可以得出一个结论——教师时间的无情的吞噬者是没完没了的、毫无效果的“拽尾巴”：教师还没讲完新教材就已明白，有一部分学生没能掌握新教材；他不得不考虑的与其说是如何沿着认知的路径继续向前推进，不如说是如何消除学生落下的部分（有时候落下的部分太大，教师不得不把全班都拉进去进行补课）。这就耗掉了教师在学校和家里的大量时间。

为什么教学过程要被这种似乎是不可避免的工作（消除许多学生的拖后腿现象）拖累？我想对低年级教师提出以下建议。

亲爱的同行，请您记住，所有中、高年级教师的时间预算都取决于您，您是教学和教育创造精神的缔造者。在小学承担的许多重要任务中处于第一位的是教会孩子们学习。您的主要关注之一是在儿童掌握的理论知识量与他们的实际技能技巧之间确定一个正确的比例。

请记住，中、高年级后进生主要是不善于学习、不善于掌握知识的结果。当然，您应该致力于使儿童的一般发展具有很高的水平，但是，首先要教会儿童很好地读和写。不能流利地、自觉地、富有表达力地朗读和领会所读的东西，不能流利地、毫无差错地书写，就谈不上在中、高年级顺利地学习。处于这样的学习状态，教师就不得不没完没了地“拽”后进生。要教所有的低年级学生学会边思考边阅读。阅读能力应达到自动化程度，使他们通过视觉和意识领会含义大大地超前于出声朗读。超前程度越高，阅读时的思考能力就越细腻，而这是顺利学习和整个智力发展的极其重要的条件。我确信，中、高年级学生的顺利学习，首先取决于自觉阅读的能力，即边读边思考和边思考边读的能力。因此，低年级教师应该认真研究如何去发展每个学生的这种能力。三十年的经验使我确信，学生的智力发展程度取决于他的阅读水平。善于阅读时思考的学生，与那些未能掌握这种初看起来似乎很简单的流利阅读技能的人相比，能更迅速地、更顺利地处理任何事情。在他的脑力劳动中没有死读书的现象。他阅读教科书或其他书籍时的状态，与不会同时阅读和思考的学生完全不一样。他阅读完了之后既能想象出作为一个整体的事物，又能想象出事物的各个组成部分、它们的相互关系和相互制约性。

善于边思考边读和边读边思考的学生是不可能成为后进生的，

而如果没有后进生，教师工作起来就会轻松得多。实践证明，如果阅读成为学生认识世界的最重要的窗口，就没有必要花许多时间来补课了。这样，教师就有可能与个别孩子进行个别谈话，而这样的谈话不需要占用很多时间，而只是关于如何独立掌握知识以及预防不及格和落后的一些指导和建议。

如果学生不知道自己差在哪里和需要什么样的帮助，教师就应该约他进行个别谈话。

学生在中、高年级能否顺利学习，也取决于学生在低年级学会流利地、自觉地书写的程度，以及这种能力后来的发展情况。与阅读一样，书写也是儿童用来掌握知识的一种工具。学生的成绩和使用时间的合理性取决于对这种工具的掌握状况。我向低年级教师提出以下建议：要把儿童在读完四年级时能够流利地、半自动地书写作为目标提出来。只有在这样的条件下，学生才能顺利地学习，教师也就不必经常地去消除部分学生的落后现象了。应尽量使学生学会边思考边写，从而使字母、音节和单词的书写不再是他注意的中心。要向自己提出更具体的目标：您在对学生讲课，而他们一边听一边在思考您所讲的，同时简要地、概括地写下自己的思考。在三年级时就应教会孩子这样做了。如果您能达到这个目标，我就可以向您担保：您的学生永远不会落后和不及格。他们将善于获得知识，这就等于珍惜和爱护中、高年级教师的时间和健康。

8. 要让学生牢记基本知识

我从事学校工作三十年，发现了在我看来是一个重要的秘密，这就是一条独特的教育教学规律：在中、高年级出现落后和不及格的现象，主要是由于学生在低年级学习时没有把作为知识基础的基本真理牢牢地保存在记忆中终生不忘。请想象一下：一栋高楼建在不牢固的水泥地基上，砂浆不时地散落，砖块也不时地掉落；人们每天忙于修补有毛病的地方，而且总是处于大楼要倒塌的威胁之下。四至十年级的许多语文和数学教师，就是处于这样的状态中：他们在建造大楼，而大楼的地基却在瓦解。

小学教师们，你们最重要的任务就是打好牢固的知识基础。牢固程度要达到令继你们之后工作的教师完全不必考虑基础问题。你们在教一年级时就要拿来四年级的教学大纲，尤其是语文和数学教学大纲，还要拿来五年级的数学教学大纲。此外，也要拿历史、自然、地理的课外读物和这些科目四年级的教学大纲。请您对所有这些材料进行对照和比较。请您思考：为了顺利地在四年级、五年级学习，三年级的学生应该知道些什么。

首先请您注意最基本的识字问题。俄语科目中有 2 000—2 500 个单词，构成知识和识字的骨架。经验证明，如果孩子在小学里能牢固地记住这些单词，他就会成为一个识文断字的人。但问题还不仅仅在于识字。在小学学会的识字，是在中、高年级掌握知识的工具。

我在教低年级孩子时，经常在自己面前放一张主要词汇表。这是一种最基本的识字教学大纲。我是这样分配 2 500 个单词的：让学生每个工作日学习 3 个单词。孩子们把这些单词抄在笔记本上并记住它们。每天花几分钟去做这项工作。童年时代的记忆是灵活的、敏锐的，如果善于控制它，不让它超负荷，它就会成为您的第一助手。学生在最初几年记住的东西，是永远不会忘记的。在这种情况下“掌握记忆的办法”如下：在工作日开始时（在第一节课之前），我在黑板上写下今天要记住的单词，例如“草原”“温暖”“沙沙作响”。学生一走进教室，就立即把它们抄在整个三年期间他们一直携带的正字法词典中。他们要思考这些单词的含义，并在这些单词的旁边写下几个同根词。所有这些工作只耗时三四分钟。学生对此就逐渐习惯了。

接下来的学习具有游戏的性质，鲜明地表现出含有自我教育和自我检查的因素。我对孩子们说：“在回家的路上，想一想我们今天写下了哪三个单词，这些单词是怎么拼写的。回忆一下它们的词形。明天早晨醒来后，立即回忆这些单词的写法，并把它们默写在练习本上。”（这里说的是一种普通的练习本，用作词典的副本。）如果从一年级就开始做这种游戏，如果教师相信这种游戏的功效，如果教师热爱孩子，如果教师的生活中从未出现过对孩子做的事情感到厌烦的时刻，那么，就没有一个学生会不喜欢这种游戏。

上课时，在每节课上都要做各种各样的练习，目的是系统地复习和运用已记住的单词。我认为，记住400个修辞短语是一种非常重要的练习。我坚信，这样的短语是最基本的语言修养的骨架。在低年级学习期间，孩子们还要记住由于日常语言实践的各种影响而内含典型错误的一些修辞短语。

我想再次强调，教学过程中的游戏因素具有重要意义。我有600个“故事”单词，即在童话故事中经常反复使用的单词。在小学的四年教学期间，我与孩子们一起画出了几十幅故事画，孩子们在画下写了说明，说明中使用了这600个单词。这是巩固最低限度词汇的一种很有效的形式。

在低年级学习期间，孩子们要记住一些数学运算，这些运算由于频繁地反复使用，似乎成了十分熟悉的数学概括，以至于每次运用时根本就不必动脑子去想。这不仅是指乘法表，还包括经常运用的1 000以内的加减乘除。这也是对数量的最典型的测量和变换。我的出发点是，中、高年级的学生的智慧不应负担很重的单词作业，应尽可能把更多的脑力用到创造性劳动上。

当然，整个学习要建立在自觉地掌握材料的基础上，但是也不能不考虑到并非所有的东西都是可以解释的。我力求把有意注意和记忆与无意注意和记忆结合起来。

9.“两个教学大纲”，发展学生的思维

教师的时间不够，首先是因为学生的学习有困难。对于如何减轻学生负担的问题，我考虑了多年。这个问题只能从作为知识基础的实际能力开始。怎样记住知识不忘，则是问题的继续。我对各位教师的建议是：要分析知识的内容，把其中学生应该牢记不忘的部分明确地挑出来是非常重要的。教师要具有正确判断教学大纲中“关键”知识的能力和运用知识的能力。这些知识的巩固程度，决定着学生思维和智能的发展。这些“关键”知识，就是反映事物特性的重要结论、概括、公式、规则、定律和规律。有经验的教师所教的学生，都有一本专门的笔记本，用来记录必须牢记不忘的材料。

应该记住的材料越复杂，必须储存在记忆中的概括、结论和规则越多，学习过程中的“智力背景”就会越可观。换言之，为了牢记公式、规则、结论和其他概括，学生应该阅读并思考许多无须记住的资料。阅读应与学习紧密联系。如果阅读能深化对作为保存在

记忆中的概括的基础的事实、现象和事物的认识，那么，这样的阅读就能帮助记忆。这种阅读也可以称为建立学习和记忆材料所必需的“智力背景”。学生的阅读越多地出于对材料的兴趣，出于认识、思考和理解的愿望，他就越容易记住必须牢记不忘的材料。

鉴于这是一条非常重要的规律，我在实际工作中始终考虑到两个教学大纲：第一个教学大纲是必须牢记并保存在记忆中的材料，第二个教学大纲是课外阅读以及其他信息的来源。

物理是最难记住并保持在记忆中的科目，尤其是六、七、八年级的物理。这个阶段的教学大纲包含了许多概念。我在教授这门课的六年期间，总是力求做到使每个新掌握的概念都有相应的课外读物与之相配合。某个时候所学习的概念越复杂，学生课外阅读的书籍就应该越有趣，越有吸引力。在学习电流定律时，我特意编了一套小型丛书供学生课外阅读。这套书包含 55 本阐述自然现象的小册子，主要论述物质具有的各种各样的电性能。

我尽量振奋学生精神，使他们思维活跃。他们踊跃地向我提出问题：什么？怎样？为什么？约 80% 的问题是用“为什么”一词开始的。孩子们不明白的事情很多。周围世界中他们不懂的东西越多，他们就越鲜明地表现出想了解的愿望，接受知识的敏感性也就越强。孩子们对我告诉他们的一切，真的是“一听就明白”。当到了该提出关于作为自由电子流的电流的第一个科学概念的时候，少年们提出的问题大部分正是关于这种复杂的物理现象的。回答这些问题，犹如在学生观念中业已形成的世界图景的空白处放下砖块，而这幅世界图景则是学生从阅读中和根据以前获得的其他信息形成的。

我教过三年高年级的生物学。这门科目有许多很难理解的理论概念，当然，也就更难于熟记和保存在记忆中。当学生学习生命、生命物质、遗传、新陈代谢、有机体等第一批科学概念时，我专门从科学刊物和科普杂志、书籍、小册子中为他们挑选材料。“第二个教学大纲”包括阅读这种小册子、书籍和文章。学生阅读了这些材料后，就会对一系列复杂的科学问题产生强烈的兴趣，继而对新书产生兴趣。生物学的学习，激发了小伙子和姑娘们对周围自然现象的兴趣，他们对新陈代谢之类的形式极其多样的现象的兴趣尤浓。问题越多，我们的学生的知识就越深入。他们对问题的回答，如果予以评分的话，则没有一个会低于 4 分。

我建议所有的教师都为熟记、牢记教学大纲的材料建立知识背景。学生只有在思考时才能牢固掌握。你们要好好想想，如何使当前课堂上正在学的或者很快就要学的东西，成为思维、分析和观察的对象。

10. 关于做“困难”学生的工作

大概不会有教师不同意，我们的教育教学工作中“最难啃的骨头”之一，是做“困难”学生的工作。在理解和记忆教材方面，他们比大部分学生要多花费三五倍时间，然而在第二天就把所学的东西忘掉了。因此，为了防止遗忘而做的练习，他们不应该在学完教材三四个月后才做，而应该在两三星期后就做。

三十多年的教育教学工作经验使我确信，上面谈到的“第二个教学大纲”对于这样的孩子恰恰能起极其重要的作用。对于这样的孩子来说，把教学局限于必须牢记的材料是特别有害的，因为这样做会使他们变得愚钝，养成死记硬背的习惯。我尝试过许多减轻这样的学生的脑力劳动负担的方法并得出了一个结论：最有效的方法是扩大他们的阅读范围。是的，这些孩子必须尽可能地多阅读。我在三至四年级和五至八年级工作时，总是操心为每个“困难”孩子挑选一些用最鲜明、有趣和吸引人的方式阐明概念、结论和科学评述的书籍和文章，让他们去阅读。应让这些孩子对周围世界的事物和现象产生尽可能多的疑问，并带着这些问题来找我，这是对他们进行智育的非常重要的条件。

在“困难”学生所读的以及他们在周围世界所看到的东西中，应该时不时地冒出一些令他们感到惊奇、诧异的东西。我在教育“困难”学生的工作中始终遵循这个要求，这也是我对所有教师的建议。惊奇和诧异可以治愈大脑半球皮质神经细胞的萎靡、怠惰和衰弱，正如肌肉的萎缩可以用体操来治愈一样。很难说清楚当孩子面前出现了某种令他惊奇、诧异的东西时，他的脑子中发生了什么。但是无数次的观察可以得出一个结论：在惊奇、诧异时某种强大的激励因子在发生作用，似乎在唤醒大脑，促使大脑加紧工作。

我永远也忘不了小费佳。我教过他五年，从三年级一直教到七年级。算术题和乘法表是他的绊脚石。我确信，这个孩子只不过是来不及记住习题的条件，在他的意识中还来不及对作为习题条件的基础的物体、事物、现象形成概念：这个孩子心里刚刚想着转到下一步，却忘记了上一步。与费佳在某些方面相似的孩子，其他班上也有，虽然他们的总数并不是很多。我为这样的孩子专门编了一本习题集。习题集内约有 200 道习题，主要取自民间教育学。其中的每道习题都是一个有趣的故事。大部分习题不要求进行数学运算，解答这样的习题意味着首先需要思索、动脑。以下是我编的《散漫和粗心儿童习题集》中的两道题。

（1）被夏天的烈日炙烤得疲惫不堪的三个牧羊人，躺在一棵大树下休息并睡着了。一个淘气的牧童用橡树上长的“墨果”涂抹睡着的牧羊人的额头。三人醒后都大笑起来。但是每个人都认为是另两个人在互相笑对方。突然，一个牧羊人不笑了，他猜到了自己的额头也被涂黑了。他是怎么想的？

（2）在辽阔的乌克兰草原上，古时候有两个相距不远的村庄——真话村和谎话村。真话村的村民总是说真话，而谎话村的村民总是说谎话。假设你们中有人突然穿越回古代，来到了这两个村庄中的一个，你只要向遇到的第一个当地的村民提一个问题，就能知道自己到了哪个村庄。你应该提一个什么问题呢？

起初，我们只是简单地读习题，就像读关于鸟兽、昆虫和植物的有趣的小故事一样。过了一段时间，费佳才明白了这些故事就是习题。他想了想一道最简单的习题，并在我的帮助下解了这道题。解法之简便令他惊讶。费佳问：“这就是说，这里的每道题都是可以解答的？”于是这本习题集整天不离他身。每解答了一道题，他都感到是取得了一场大胜利。他把解答了的题抄在一本专用的练习本上，除文字外他还画了习题中的鸟兽和植物。

我为费佳专门配置了一套书。其中有约100本小册子，他从三年级一直读到七年级。然后我又为他配置了另一套书（约有200册），除费佳外还有三名学生用了两年这套书。有些书与课堂上学的东西有直接联系，另一些书则没有直接联系，我把阅读这些书看作是一种独特的健脑操。

到了五年级，费佳的成绩就赶上来了：他能像其他同学那样解答算术题了。到了六年级，他突然对物理感兴趣了。费佳成为少年设计师小组的一名积极分子。创造性劳动引起的积极性越大，他就阅读得越多。以后，他在学习上，尤其在历史和文学课的学习上也遇到了困难，但阅读帮助他减轻了困难。

读完七年级后，费佳进了中等专业学校，成为一名高度熟练的专业人员——机床修理技师。

我从来没有为了让费佳及其他这样的学生掌握课堂上未学会的东西而给他们补课。我教孩子阅读和思考。阅读似乎起了诱导作用，激发了思维。

请记住，越是困难的孩子，他在学习上遇到的似乎不可克服的困难也越多，他就越应该更多地阅读。阅读能教他思考，思考会刺激智力觉醒。书籍和由书籍激发的活跃的思维是防止死记硬背的最有效的手段。死记硬背是使智慧变得迟钝的罪魁祸首。学生思考得越多，他在周围世界中看到的不懂的东西越多，他接受知识的能力就变得越强，而您，作为一名教师，就会工作得越轻松。

11. 知识既是目的，也是手段

我坚信，孩子们在学习中遇到困难的原因之一是知识变成了不能流通的负担，知识的积累似乎是“为了储存”，而不是“为了流通”，也不能使用（使用首先是为了获得新知识）。在教学和教育工作实践中，对于许多教师而言，“知道”这一概念意味着能够回答提出的问题。这种观点促使教师片面地评价学生的脑力劳动和才能：谁能把知识储存在记忆中，谁能在教师刚一提出要求就立即“掏出”这些知识，谁就是有才能的、有知识的。这在实践中会导致什么结果呢？结果就是知识似乎与学生的精神生活、智力兴趣不相干。掌握知识似乎变成了学生的累赘，是学生希望尽快摆脱的讨厌的事情。

首先应该改变对“知识”“知道”这两个概念的本质的看法。知道就是能够运用知识。知识只有成为精神生活的因素，能吸引思想并激起兴趣时，才谈得上是知识。知识的积极作用和生命力，是使知识本身不断发展和加深的决定性条件。知识只有在不断发展和加深时，才是活知识。知识只有在不断发展的条件下，才能实现以下这条规律：学生掌握的知识越多，他学习起来就越轻松。遗憾的是，在现实中情况常常相反：学生的学习一年比一年困难。

从以上所述可以得出什么实际的建议呢？

您应尽量做到不要把学生的知识当成最终目的，而当成一种手段，使知识不会变成僵死的学问，使知识活跃在学生的脑力劳动和集体的精神生活中，活跃在学生彼此的相互关系中，活跃在生动的、不间断的精神财富的交流过程中。如果没有这一过程，智力、道德、情感和审美的充分发展则是不可想象的。

为此，实际上该做些什么和怎么做呢？

在低年级，刚开始教学时，知识的最重要成分是语言，确切点说是语言所表达的现实的周围世界，语言向孩子展现了他在上学前全然不知的新的方方面面。孩子通过语言认识世界，是他在知识阶梯上最初跨出的、在我看来是最大的步伐。重要的是要让语言活跃地存在于孩子的意识中，使语言成为孩子可用来掌握知识的工具。如果您不希望知识变为僵死的学问，您就应该使语言成为一种最主要的创造性工具。

在有经验的教师的实际工作中，上述教学和教育方针表现为在学生的脑力劳动中占首位的不是熟记、死背别人的思想，而是学生本人的思考。这种思考是一种充满活力的创造，是借助于语言去认识周围世界的事物和现象，因而也是对语言本身的细微差异的认识。

我与孩子们一起去秋日的果园。这是一个晴朗的艳阳天，柔和的阳光把大地和挺拔的树木照得暖洋洋的，果实累累的苹果树、梨树和樱桃树的枝丫绚烂多彩。我给孩子们讲金色的秋天，讲自然界的各种生物，如树木、掉落在地上的种子、在我们这里过冬的鸟儿和昆虫等，如何为度过漫长的严冬做准备。我确信孩子们已经体会并感觉到了词汇和词组的丰富意义和感情色彩之后，就建议孩子们说一说他们自己所见所感。我亲眼看到，马上产生了描述周围自然界的惊人细腻而清晰的思想："一群白天鹅消失在蔚蓝色的天空中……""啄木鸟在啄树皮，树上传出哒哒声……""路边一株孤零零的母菊已经开花……""一只鹳站在巢里，看着遥远的什么地方……""一只蝴蝶停落在菊花上，它在那里晒太阳……"孩子们没有重复我的话，而是说出自己的词语。思维活跃、丰富起来了，孩子们正在养成思考的能力，正在体验思维的无与伦比的快乐和认识的极大喜悦。他们觉得自己是思考者。

您是否观察到（或者从其他教师那里听说过）孩子常常对教师的话无动于衷、漠不关心？您给他讲述一件很有趣的事情，而他无精打采地坐着，您的话根本没有打动他的心。您有充分的理由担心：这种对语言冷漠和麻木不仁的态度，是学习上的一大灾难；这种灾难一旦扎下深根，人就会与学习无缘了。

为什么会出现这种灾难呢？它的根源何在？

如果语言不作为一种创造的手段占据孩子的心灵，如果孩子只会照搬别人的思想而不能创造自己的思想，也不能用自己的语言来表达思想，这个孩子就会无所谓地、冷漠地、麻木地对待语言。要警惕这种冷漠，警惕孩子的无精打采！要教会他积极地、热情地对待语言！

12. 关于获取知识

关于学生脑力劳动的积极性问题，人们谈得很多。但不同的积极性可能是大相径庭的。学生背熟了所读的内容或者记住了教师所说的，在课堂上流利地回答问题，这也是一种积极性，但这种积极性未必能促进智能的发展。教师应尽力发展学生的思维积极性，从而使知识由于得到应用而发展。

教学应做到借助于已有的知识去获得新知识，我认为教师高超的教学技艺就在于此。我在听课和评课时，恰恰就是依据学生脑力劳动的这一特点来对教师的教学水平做结论的。

如何才能使学习成为一种思维工作，并获取知识呢？这里最重要的是什么？

获取知识，意味着发现了真理、能回答问题。要使您的学生能看到、感觉到、认识到存在着自己不懂的东西，即让他们面对问题。如果您能做到这一点，就是成功了一半。

但是要做到这一点并不那么简单。在备课时您就要从这一视角去思考教材，找到那些不易发现的交织着因果关系的节点，问题就产生于这种因果关系中。要知道，问题能激发求知的欲望。

例如，我面前有一堂“光合作用”课的材料。应该告诉学生植物的绿色叶片发生了什么变化。可以把这堂课讲得在科学上是有根有据的，在理论和教学法上是有章可循的，但完不成使学生达到一定的智力积极性的任务。我对教材琢磨了一番：交织着因果关系的节点在哪里？哇，找到了，最主要的节点是无机物转化为有机物。多么奇异而神秘的一幅景象：植物从土壤和空气里吸收无机物，在自己的复杂机体中把它们变成有机物。这个制造有机物的过程是怎么回事呢？植物的机体像个复杂得不可思议的实验室，能在阳光的作用下把矿物肥料这种无机物变成鲜美多汁的西红柿的果肉，变成芳香扑鼻的玫瑰花，植物的机体中究竟发生了怎样的变化？

我在讲课时注意引导学生去意识到这个令大家激动的问题：怎么会这样——一切都发生在我眼前，而我却压根儿就没思考过？

怎样引导学生提出问题呢？

为此必须明白什么该讲，什么留着不讲。留着不讲的内容，就好比是学生思维的“诱饵”。这里没有任何灵丹妙药。一切都要依据教材的内容和学生已有的实际知识。在这个班里应留着不讲的是这部分内容，在另一个班里则是另一部分内容（尽管教材一样）。

于是，在学生的思想中就产生了问题。

接下来，我力求从学生的知识储备中，即从他们以前从生物课、劳动过程和读书中所掌握的全部知识中抽取回答这个问题所必需的知识。这种吸取已有的知识来回答问题的做法，就是获取新知识。这样做，就不必把学生一个接一个地叫起来回答问题，不必细听每个人的回答，以便从不完整的回答中凑成完整的答案。让学生一个接一个回答问题的做法，产生的积极性是一种表象，并非总是每个学生都有真正的思维积极性；因为只有一部分学生在思考并回答问题，其他学生只不过是在听。而我应该考虑的是使所有的学生都努力思考。因此，我通常的做法是，一边引导学生产生疑问，一边自己讲课，不把学生叫起来回答一些局部的（细小的）问题。

为了使学生通过思考获取知识，教师应充分了解他们的知识状况。有的学生对学过的东西记得一清二楚，有的学生却会忘掉些什么。正因为如此，我就应该成为学生脑力劳动的指导者，要让每个学生在我讲解时能按自己的方式追随我，从自己的思想仓库中提取所保存的东西。如果在这种仓库的某处有空白点，如果某个学生的思维线索中断了，我就要用补充说明来填补这个空白，要排除思维的脱节。但这也要求有高超的艺术和技巧。我探索过重复讲解已学教材的方式，采用这样的方式，即使能力最强的学生也能从中发现某些新东西。在不存在任何知识空白和脱节的场合，我就精简我的讲解。这里没有浮于表面的积极性，学生都不说话，不回答问题，不互相补充，然而这确实是在获取知识。我把学生这样的获取知识的方式称作学生对自己的思想进行“补漏”，对自己的知识仓库进行“查缺”。

13. 如何把学生从事实引向抽象的真理

您当然常常会遇到这样的现象：学生把规则、定律、公式、结论记得（背得）滚瓜烂熟，可是不会使用自己的知识，不会运用它们，甚至往往并不理解所背内容的实质。这种弊病尤其表现在语法、算术、代数、几何、物理、化学等科目的学习中，这些科目的内容为整套概括性结论的体系，而掌握这些科目的知识又首先表现为善于把这种概括性结论运用于实际工作中。

在这样的情况下人们会说：学生是死记硬背，他根本就不理解。但为什么他要死记硬背呢？为了防止死记硬背这种通病又必须做些什么呢？

牢记（熟背）应建立在理解的基础上。您要引导学生通过对大量事实、事物、物体和现象的思考（认识）及理解来记忆。不可记忆那种尚不懂得、不理解的东西。从认识事实、事物和现象到深刻理解抽象真理（规则、公式、定律、结论），必须通过实践性作业，这就是掌握知识。

有经验的教师，善于教孩子们在理解的过程中记忆，即在深入思考事实、事物和现象的过程中记忆。例如，学生遇到俄语硬音符号的拼写规则问题时，教师便通过对许多实例的分析，即对许多要求有硬音符号的词加以分析，解释这些词的拼写法，引导学生记住拼写规则并养成自觉运用这一规则的能力。实际上，学生通过教师举出的一个个新的例子反复多次地去理解这一规则。学生便逐渐确信，他们接触到了一条具有概括性质的真理。这条真理适用于许多词，于是就被理解为一条规则。这条规则由于被多次认识而被记住了。

有经验的教师从来不专门让学生通过背诵去记住规则、结论，他们认为思考实例的同时也就是在熟记结论。理解和熟记结合得越好，知识就学得越自觉，学生也就越能把知识运用于实践中。把知识运用于实践中的能力，通常取决于学生怎样或用什么办法来记忆知识。如果学生不是通过理解、分析事实和现象来记熟知识，他就不会运用知识。

这是教育教学过程中一条十分重要的规律。多年的经验让我得出了一个结论：如果学生在小学时就在理解事实和现象的过程中掌握抽象的真理，他便具备了脑力劳动的一个十分重要的特点，即善于了解一系列相互联系的事物、事实、情况、现象和事件，换句话说，他善于思考因果、从属、时间等关系。无数事实使我确信，儿童思考算术题条件（特别是在四、五年级时）的能力，恰恰取决于他掌握抽象概括的能力。没有理解大量实例而仅背熟抽象结论的学生，不会思考习题，不善于认清数量之间的依存关系。相反，如果在学生的脑力劳动中对抽象真理的记忆是建立在深入思考实例的基础之上的，如果他不用背熟就能记住，他就不会把算术题看成数字的某种组合，而是看成数量之间的相互关系。在阅读习题条件并去理解这些条件时，他先抛开具体的数字，从总体上去解题，而不是做具体的算术运算。

无数的事实和学生的事例使我确信，有些学生之所以在算术（后来是代数）学习方面落后，是由于脑力劳动中存在的一些很难发觉的缺点造成的。现在我们就谈谈这些缺点。关于科目之间的联系，人们已谈得很多。每个教师都明白，应在自己的科目中找到与其他科目教材的交接点。但是，科目之间的联系不限于此。我坚信，最深刻的联系与其说存在于实际教材的内容上，不如说存在于脑力劳动的性质中。建立在科学基础上的学生的脑力劳动能使数学帮助他们掌握历史，而历史能促进他们数学才能的发展。

众所周知，许多小学教师以及语言和文学教师的一个难点是让学生自觉地掌握语法规则。相当一部分学生文字不通，是学校的一大灾难。我遇见过这样的情况：一个学生在刚开始学习俄语时还没牢固掌握前缀 раз-、без-、рас-、бес- 的正确拼写，在这个规则方面闹出不少错误。教师力图消除这种落后现象，时不时地让他练习相应的规则。他对学生说：你先好好地复习规则，然后再做练习。这项工作似乎应该取得良好的成果，但事与愿违。这个十年级学生在作文考试中这样写：разцветает，расбежался[①]。

---

① 正确的拼写是：расцветает，разбежался。——译者注

问题出在哪里呢？这种怪现象的原因何在？多年的经验让我得出一个结论：运用知识的能力与在掌握知识的过程中理解事实的能力之间的相互依存关系，在学习语法时最鲜明地表现出来。这里，对抽象真理和结论（语法规则）的初步认识具有决定性的意义。既然不能让学生在初次学习教材时闹出许多差错，同时还要要求他背熟规则和正确地陈述规则——这个任务并不像初看起来那么简单。

所以，应专门谈谈教材的初次学习问题。

14. 教材的初次学习

学生学习落后、成绩不佳的根源之一，是对教材的初次学习不够。

教材的初次学习是什么意思，这个术语是否合适？我认为是合适的。因为，知识在不断发展，对教材的学习也要长期进行，每次对知识的运用同时也是对知识的发展和加深。而初次学习，就是从不知向知，向理解事实、现象、品质、特征的实质迈出的意义重大的第一步。

例如，学生在许多课堂上都要与简化的乘法公式打交道。经验告诉我，学生在学习乘法公式的第一节课上对此公式理解程度的深浅，关系到许多事情：首先关涉把它作为获得新知识的手段的准备程度，换句话说，关涉对随后的新概念、新真理的初次学习。还有一条重要的规律是：学生的意识中模糊不清、含混肤浅的观念越少，他感到的落后压力越小，他对初次学习新材料的思想准备就越充分，他在课堂上的脑力劳动就越有成效。

学习新教材的第一堂课应是特别的。就是说，这堂课必须具有特别的清晰性，学生的独立脑力劳动效率在这堂课上具有特别重要的意义。在初次学习新教材的课堂上，您要尽量看到每个学生的脑力劳动成绩。在初次学习新教材时，察看“困难”学生独立做作业尤为重要，因为他们的思考力和理解力迟缓，需要通过较多的实例和时间才能理解教材的实质（往往提供给他们理解的实例，也要与提供给大部分学生的不同）。

有经验的教师总是努力做到在初次学习新教材的课堂上，察看学生是怎样独立完成作业的。在这样的课堂上，一定要让学生独立做作业，学生在独立做作业的过程中理解实例进而懂得概括性的真理（这里指的是自然学科的课堂教学及语法课）。

要使学生在理解的过程中含有运用知识的成分，这一点是十分重要的。正是在这里，需要做“困难”学生的工作。应走近他们每个人，看到每个人的困难所在，布置给每个人的作业必须是专为他准备的。有时在课堂上要弄清楚，必须给哪个学生单独布置家庭作业；有经验的教师通常立即在课堂上布置这种作业。学习困难的学生脑力劳动的效率，首先取决于初次学习新教材时他在课堂上能在何种程度上有逻辑、有条理地学习；不可只让他听同学们的正确回答和抄写板书；一定要促使他独立思考，耐心地、机智地激励他在每堂课上都能获得脑力劳动的成果，哪怕是小小不言的成果。

教语法时我总是尽量做到，在学习新教材的第一堂课上和这堂课后，学生不在书面练习中出差错。这听起来可能有点不合情理，但这是真理；如果学生在课堂上不出任何差错，他就掌握了语法。如果在课堂上不出错，在家里练习中也不会出错（或很少出错）。语文教师工作困难的一个基本原因是，学生在上课时做的书面作业中就出错；教师的失策则在于，他没有把不出错当成目标提出来。

怎样才能使学生切实地做到书面作业无差错，从而打下牢固的知识基础？这取决于许多因素，而首先可能取决于学生阅读的流利程度。要使书写合乎语法和不出差错，学生就应学会浏览。还有其他一些相关因素，如课堂教学的结构以及课堂教学的工作方式方法。我备语法课的时候，尽可能预测在什么地方、在哪个词上学生有可能出错，具体是谁可能出错。对任何一个“有疑问的”词，都要先解释清楚。

我建议，不可让学生在初次学习新教材时肤浅地理解事实、现象和规律。例如，不可让学生在初次学习语法规则时就出差错，不可让他们在初次学习数学规律时就做错例题、错误地解答习题，等等。

15. 理解新教材是课堂教学的一个阶段

每位教师大概都遇到过这样的现象：昨天在课堂上所有学生都很明白规则（定义、法则、公式），都能很好地回答问题并举例；而今天，瞧瞧，班上一多半学生对学过的东西都一头雾水，有的学生甚至忘了学了什么。原来，许多学生在做家庭作业时遇到了很大的困难，而这些困难在上课时并没有显现出来。

了解，还不等于知道；了解了什么，还不是有了这方面的知识。要有牢固的知识，就必须理解。

理解意味着什么呢？这就是学生思考他所学的内容，检查他对教材了解的正确程度，尝试把获取的知识运用于实践中。

我来举个例子。学生在几何课上获得了关于三角函数的初步概念。教师对正弦和余弦这两个函数的关系下了定义。教材并未引起困难，似乎大家一下子就全都懂了。但懂了并不等于牢固地掌握了。教师讲过新教材后，给学生一些时间去思考新教材。学生打开草稿本，画出直角三角形，记下教师讲解的全部内容，复习正弦和余弦的定义，自己举例说明其函数关系。此时，知识的复习似乎跟知识的初步运用相结合了。然而在自我检查时，许多学生不会重讲一遍，无法复述讲解的内容。学生确信自己忘了讲解中的某个环节，便去查教科书，但这样做之前，他要尽力自己回想。

对学习困难的“差生”而言，专门理解新教材的阶段尤其必要。有经验的教师非常重视使成绩差的学生把注意力集中于教材的要点上，这种要点实质上就是因果关系，也就是知识的基础。多年的经验令我确信，“差生”知识不巩固的根源在于，他们没有看出或不懂得事实、现象、真理、法则的联结点，即因果、从属、时间等关系的发源“点”。“差生”的注意力恰恰应该集中于这样的发源“点”上。

以给学生讲解副动词短语为例。这种场合的难“点”在于：副动词似乎是次要的、第二位的谓语，附属于主要谓语——动词。我给学生一些思考的时间后，就让成绩差的学生去用副动词短语造句，要他注意到句子中应表现出同一主体在完成两个动作，而且一个动作是主导的、主要的，另一个动作是从属的、次要的。于是，学生在造句时会考虑到现实生活中的动作。

无论课堂上所学的教材多么纯理论性，总可能有实际练习的机会来更好地掌握教材。在历史课和文学课上，理解新教材，通常就是要求学生找出刚刚讲过的教材中的因果关系和意义上的联系。例如，教师讲述了俄国农民 1861 年摆脱农奴制依附关系的历史。教师提出了下面几个问题以帮助学生领会教材（花了 5—7 分钟）：如果沙皇政府没有解放农奴，俄国农业的发展会沿着什么道路发展？1861 年以前俄国工农业的资本主义发展处于怎样的相互关系中？这种关系在农奴解放后的表现如何？ 1861 年以后是什么继续阻碍了俄国资本主义的发展？俄国农业经济中的封建残余甚至在 1861 年改革后仍继续存在的原因是什么？这些问题写在一大张纸上，教师刚讲解完就把这张纸贴在黑板上。我坚信，一个最紧张而有趣的课堂教学阶段便开始了。学生回忆以前学过的各部分材料，在教科书（顺便说一句，在人文学科的课堂教学上，教科书必须首先用来理解新教材）中“翻寻”。产生了学习过程中最需要的、在我看来是最有益的活动，即复习已学过的教材而不必通读全部教材。这样的复习是最有效的，因为实质上这是一种思考。

总之，不要害怕在每堂课上尽量多地抽出一些时间来掌握新教材！这将百倍地得到补偿。为理解知识而进行的脑力劳动越有成效，学生完成家庭作业所花费的时间就越少，在下一节课上用于检查家庭作业的时间也越少，而留下来供讲解新教材的时间也就越多。您要懂得这个相互关系的实质，这样，您就能突破一种怪圈——学习新教材的时间不够，是因为时间花在检查家庭作业上了，而检查家庭作业需要很多时间，是因为教材学习得不够好。

16. 怎样使对家庭作业完成情况的检查成为有效的脑力劳动

检查家庭作业中出现的不良状况多年来一直令我不安，我感到时间白白地浪费掉了。我们每个人都很熟悉这样一种场景：被叫起来的学生刚开始回答，其他所有的学生便各干各的事，至多也只有预料自己会被叫到的学生在思考如何回答问题。有个念头萦回在我的脑中：怎样使所有的学生在检查作业时都来思考提出的问题，使教师有可能检查全班的学习状况？

草稿本帮助我解决了这个问题。几何课上全班准备检查家庭作业。教师给全班布置任务：推算圆面积计算公式，编出并解答一个圆面积的习题，简述全等三角形的特征。所有学生都把任务记在草稿本上。此时草稿本代替了黑板，暂时不叫任何学生到黑板前。教师细心察看每个学生的学习情况。如果他想弄清某个学生对推算出的公式理解到什么程度，他便让这个学生解释一下自己在做什么、为什么这样做、怎么做。在这种情况下教师不必把学生叫到黑板前去，然而每个学生似乎就与被叫到黑板前做题一样。教师在学生完成作业的任何阶段，都可以随时让全班或部分学生停止作业。

这种工作方式的优点首先在于，可以检查所有学生掌握的知识而无须他们出声复述出来。教师有可能大致了解学生掌握知识的状况。同时，每个学生都是完全独立地完成作业。这里还有两点也很重要：第一，检查知识就是积极运用知识；第二，教师有可能细心观察“困难”学生完成作业的情况，并照顾他们个人的力量和可能性。

我们学校检查三至十年级的家庭作业时，全体学生都使用草稿本。否则，我们现在无法设想如何进行作业检查。经验告诉我，这样的检查能使学生养成简明扼要地表达思想的习惯，防止死记硬背。努力死记硬背的人，永远不能简明扼要地回答问题，说出最主要的内容。我们的作业检查法，可教会学生边读、边记、边思考。

如果用新事实对结论做出新的理解，如果用这种新的理解去检查概括性知识（规则、公式、定律、结论），那么这种检查的脑力劳动效率将大大提高。我们学校的低年级，一般不在开始上课时专门抽出时间来检查学生的知识。我们把检查知识与知识的加深、发展和运用结合在一起。例如，教师想要检查学生对句子的主要成分和次要成分、主语与谓语之间及主要成分与次要成分之间的语法关系等定义的掌握情况，便让学生打开草稿本，给他们布置一道实践性的作业：造六个句子，使六个句子中都有“道路”一词，此词在六个句子中分别以主格和其他各格的形式出现，并说明主要成分与次要成分之间的语法关系。教师还为那些很快就完成了作业的学生额外布置一项工作：造三个分别带有一个、两个、三个同类谓语的句子。学生在完成这种实践性作业时，既运用了知识，又加深了对知识的理解。

绝不可以把给学生评分作为检查知识的唯一目的。要使评分尽可能跟其他目的结合起来，首先是跟知识的进一步理解、发展和加深结合起来。千万不可走极端，如对每个回答、每份书面作业都评分，这会带来不良后果。至于为什么会这样，下面将专门说明。

17. 评价应该是有分量的

不可把对知识的评价当作一项孤立的工作，从教育教学过程中分离出来。只有当师生关系建立在彼此信任和互怀善意的基础之上时，评价才能成为激励积极的脑力劳动的刺激因子。也可以说，评价是一种最微妙的教育工具。根据学生对待教师评出的分数的态度，可以准确无误地推断出他对教师的态度，他对教师信任和尊敬的程度。关于对学生知识的评价问题，我想提几点建议。

第一，宁愿评价的次数少些，但要使每次评价都更有分量、更有意义。我在自己的漫长的教育生涯中，教过中学教学计划内的几乎所有科目（制图除外），从没有对学生在一堂课上的回答（即使是对两三个乃至更多问题的回答）评过分。我总是把学生在某一时期的学习总合在一起进行评价，这种评价包括好几个项目在内，如回答问题（可能是对几个问题的回答）、补充同学的回答、书面作业（少量的）、课外阅读、实践性作业等。我定期研究学生的知识状况，学生对此也有感觉。到了一定时候我就说："现在，我该对你进行评价了。"下一个研究知识状况的时期又开始了，学生知道，什么都躲不开我的注意。有的读者可能会问：难道什么都能记住吗？可能有的人难于记住有关学生脑力劳动的一切，但我始终觉得这是最重要的事。如果忘记了值得注意的事，难道能做到边教学边教育，边教育边教学吗？

第二，如果学生由于某些条件和情况而没能掌握知识，我从不给他评不及格分数。没有什么比意识到自己前途渺茫、无能更使儿童感到压抑。沮丧、抑郁之类的情绪会在学生的整个脑力劳动中留下痕迹，会使他的头脑似乎处于麻木状态。只有阳光的乐观主义情绪，才是注满思想江河的潺潺溪流。苦闷和抑郁，会使管理情绪冲动和思想的感情色彩的大脑皮质下的神经中枢，不再刺激智慧去劳动，反而像是把智慧禁锢起来了。我总是力求使学生相信自己的力量。如果学生想学知识而又做不到，就应帮助他向前迈出哪怕是小小不言的一步，这一步便是推动思维的情绪动力——认识快乐的源泉。

任何时候都不要急于评不及格分数。您要记住，成功带来的快乐是一种强大的情感力量，儿童想当一名好学生的愿望就来自这种力量。要关心的是使儿童的这种内在力量永不衰竭。倘若没有这种力量，任何教育高招都是无济于事的。

第三，如果您发现学生的知识模糊不清，发现他们对正在学习的事物和现象的认识有点不清晰，根本就不要给他们评分。每堂课上我都对学生的精神生活进行细致入微的研究，从他的眼神中就可以看出他对我提的问题是懂还是不懂。如果这个学生的眼神透露出他对回答问题没有做好准备，我通常就不去评价他的知识状况，因为应该先使学生有知识。

第四，对有些问题的回答只要求十分准确地重复教师讲解过的东西或背熟课本，教师应该避免提出此类问题。教育教学过程中有一件十分有趣的事情，我把它称为知识的转化，指的是思想渐渐深入知识，其结果是学生每次返回到原先学过的东西上时，能从事实、现象和规律中看到某种新东西，考察和分析事实、现象、规律中的某些新的方面和特征。知识的转化应作为复习的基础。关于这一点，我想单独作为一条建议提出来。

18. 学习之母不应成为继母

民间教育学断言，复习是学习之母。然而，慈爱的母亲往往会变成凶恶的继母。学生被迫在一天或几天之内做完须花几个星期或几个月才能做完的事，例如，被迫复习 10 节课、20 节课或更多节课期间内所学过的教材，这就是发生了亲妈变后妈的情况了。大量的事实和结论蜂拥而至，使他的脑子里一片混乱。因为这时他不仅要复习一门科目的材料，还要学习其他科目！于是，不再可能进行正常的脑力劳动，弄得学生精疲力竭。

怎样按教育规律正确组织复习呢？首先，我建议考虑科目和具体教材的特点。譬如说，在九年级，复习几节物理与复习几节历史，远不是一回事。

有经验的教师安排复习物理、代数、几何、化学这类科目的规则、定律、公式、结论时，以完成实践性作业为主，如做练习、做习题、画图形、制表格等。在这样的场合，教师应特别关注的是学生所完成的每项实践性作业，要求他懂得两个或更多的概括性结论。完成这种性质的作业时，进行着一个对于智力发展十分必要的知识转化过程——从相互联系和相互依存方面去重新理解概括性结论。学生从他以前不了解的新侧面去考察事实、物体和现象。例如，数学教师为达到复习目的而布置了许多习题，学生通过解题，在脑海中既复习了几何形体的体积，又复习了三角函数。多年的经验使我确信，如果一个理论概括与另一个理论概括有了关系、联系和“连接”，则在知识的转化上似乎会产生飞跃：两个理论概括都会得到更深刻的理解，学生能从这些理论概括中发现他过去未发现的东西，一个理论概括的清晰性似乎能使另一个理论概括变得更明确。

在复习代数、几何、物理类科目时，我建议采用我校优秀教师在实际工作中所使用的综合复习法。这种复习法可以具有多种形态。例如，布置给每个学生的作业可以是制作几何图形模型，借以复习一系列重要公式；也可以是学生根据教师布置的作业，绘制能使人对几个定理一目了然的几何图形示意图。

人文学科如历史、文学的复习，则性质不同。复习七八节课上所学的教材，便意味着要读四五十页书。在这样的情况下，当然不能用学习教材时的办法来复习。复习数量很大的材料时，似乎应撇开材料，凸显主要的，隐蔽次要的。如果学生复习时重读一遍全部教材，就会负担过重，而且主要的问题是，教材的主导思想会被忽略，其教育作用会被降低。

应引导孩子们撇开教材，不关注细节，而关注主要内容。要用几节课来复习历史和文学的课题和章节，要向学生演示不通读时怎样复习。与课堂上（和以后在家里）复习的材料“有牵连”的知识越广博，对材料的掌握也就越牢固。

要教导学生特别是高年级学生，抛开次要材料，把注意力集中在主要内容上。这种能力是世界观形成的基础之一。

还有一种复习方法。我教数学、物理、化学、生物时，总是坚持一个我认为很重要的要求：在每门科目的笔记本的页面上专门留出一处空白，用红笔记下应牢记的内容。学生翻阅课堂笔记时，也就在复习这些规则、公式、定律及其他概括（数学和物理每周复习一次，化学每两周复习一次，生物每三周复习一次）。

19. 如何减轻批改作业之苦

“批改作业吞噬了我的全部闲暇时间。”这句话引自一位女教师的来信。成千上万名教师是会同意此说法的。面对着一摞摞要批改的作业本，不止一位教师会不寒而栗，这不仅是因为要耗费许多小时的劳动，更令人郁闷的是，这是一种单调的非创造性劳动。

教师和国民教育工作者都想最大限度地减少批改作业的时间，付出了很多努力却“无功而返”。为什么呢？因为学生作业本中存在大量错误。作业的批改问题，是取决于许多条件和前提才能解决的学校问题之一。这里不可能提出单独一条建议，说“您这么做”就行了。但如果全校和整个教师集体的工作遵循一定的条件，就能使花在批改作业上的时间比通常减少三分之二。

全校首先要有高度的语言修养，应洋溢着对语言高度敏感的气氛：说得不正确或写得不正确，会在教师和学生心中引起不和谐感，就像音乐听力强的人感到走调一样。我对低年级教师的建议是：您要培养孩子对语言的感情色彩的敏感性。要使学生感到听语言如同听音乐一样。形象点说，学生应成为语言的音乐家，应珍爱语言的准确性、纯洁性，珍爱语言的优美。您要带领孩子们去大自然中，向他们展示颜色、声音、动作的细微差异，向他们揭示人的劳动就是创造，并使这一切通过语言、通过说话的语气反映出来。

我校专门安排了若干节课，用来学习如“朝霞”“傍晚”“草原”“田野”“河流”“潺潺”“闪烁”“轰鸣”等词。我与孩子们一起用这些词来写作文。词语深深渗透进孩子的精神生活中，他们学习用词语来表达最细腻的感情，表达对周围世界的印象。这是一门不易掌握的，甚至也许是最复杂的学校科学，而这门科学的基础是在小学奠定的。小学疏忽了的东西，是以后永远也弥补不了的。

要把学生从书本和思想引向活动，再从活动引向思想和语言。活动应转化为学生自己的思想，而自己的思想应用语言来表达。实际上可归结如下：学生自己的活动应尽可能多地成为其思考、判断的对象。让您的学生叙述、议论、报道他们亲手所做和亲眼所见的事物。如果词语不与学生亲自所做、所见、所察、所思的事物发生联系，学生的陈述便会词不达意。布置给学生的作业，应要求他们在自己的叙述、总结、报告中运用现有的知识，这就是说，要使语言成为创作的手段。

为什么学生会犯许多错误呢？为什么会书写得不合语法规则呢？我认为，祸根在于能力与知识之间的比例失调。在绝大部分科目特别是语法、语言规范阅读、数学这类科目的学习体系中，技能落后于知识。在必须为知识“服务”的技能低下、“疲软”的情况下，知识便成了力不从心的沉重负担。

减轻批改作业的负担，与教学的一系列根本问题有关，下面举出减轻这种负担的几个前提条件：第一，在每堂语法课上抽出一定时间来让学生书写和记住那些可能出现语法错误的词语；第二，为完成家庭作业做细致、周密的准备，以防出错；第三，应该说，有经验的语言、文学、数学、物理教师都有自己批改作业的方法。经验表明，最合理的方法是定期抽查：教师不时地选几个学生的作业本来检查。只有测验时才全面批改所有学生的作业。

20. 在学习各门科目时学生积极活动的内容

有经验的教师在上课之前，便拟定了学生在科目的整个学习期间（在小学则是整个教学周期）积极活动的内容。其目的不仅是要具备学生生活和劳动所必需的实际技能，而且要使他们在科目学习的体系内开展积极的活动。这里首先指的是智育，是发展思维和语言。我说过，学生的语言修养以及词语在学生精神生活中的作用，在很大程度上取决于学生积极活动的性质。

怎样组织学生的积极活动以促进其智力成长、发展其思维和语言修养，以及培养其语言素养呢?

积极活动，如同连接语言与思维的桥梁一般。我在为从事小学工作做准备时，拟定了一种适合所有学生的积极活动，使事实、物体、现象、劳动过程之间的关系和相互联系通过这种活动鲜明地表现出来，因而获得清晰的理解。换言之，我力求通过劳动引起学生思考，而不仅仅是巩固学生在课堂上学得的知识。学习某一科目时的活动，不仅应举例阐明知识（这当然是必要的），还应成为新的真理、发现和规律的源泉。例如，每个学生在几年学习期间一直在培植一棵小果树。其间，他不断有新的“发现”，新的思想令他兴奋，他要把这些思想表达出来；词语成为他表达自己通过劳动发现的关系和相互联系的思想的手段和工具。这样，词语就进入了他的积极词汇词库，并促进情感和思维的发展。

许多学生的例子使我确信，谁要是倾心于不断揭示新的关系和相互联系的有趣劳动，他的思想就不可能杂乱无章，也不会人云亦云，因为他不仅在劳动，而且还在思考和判断因果关系，计划未来的工作。我一年比一年更相信，明确地表达出思想的那种积极活动能发展学生的语言，提高他们的一般修养。应该说，小学生从上学之初起就应开始从事经过周密组织的劳动，只有在这样的条件下，劳动才能对学生的智力发展发挥作用。

我校每位中、高年级教师在备课时，都为学生拟出一种积极活动来培养其智力，丰富其对概念和规律的认识。我坚信，若没有人与自然的相互作用，智力发展则是不可思议的，如同音乐不能没有旋律、语言不能没有词汇、科学不能没有书籍一般。在生物、物理、化学、数学这类科目的学习体系中，劳动与思维、活动与词语的统一，是使学校能坚持作为思想发源地的基石之一。这些科目的有经验的教师在备课时，总是周密思考以什么方式、通过怎样的劳动去揭示在科目学习体系中思维所依据的种种关系和相互联系。例如，物理教学体系中的基本关系和相互联系表现在诸如物质、能量、运动、能量转换、物态变化、现象的相互作用等现象和概念之中。物理教师便寻找机会来组织一种劳动，通过这种劳动把所有这些概念体现在具体关系中。例如，布置给一个学生的作业是，制作一种装置的原理模型，在这种装置中机械能可以转化为电能，电能可以转化为热能；另一个学生则制作另一个模型，在这个模型中机械运动可以导致物态的变化。这种劳动，不单纯是举例阐明知识，而且可以说，其本身就是一种知识的活学活用。

我向教师们提个建议，如果你们希望自己的学生成为善于思考的人，希望严密的、清晰的、逻辑性强的思想能通过清楚的说明和解释表达出来，你们就应把他们吸引到思想充实的劳动中去，要在劳动中体现知识体系的种种关系和相互联系。你们要记住，劳动，不仅仅意味着实际技能和技巧，而且首先意味着智力的发展，意味着思维和语言的修养。

21. 教学生观察，教学生细看

应该说，有些学校不把观察当作一种积极的智力活动和发展智力的途径，而只当作举例说明某些主题和章节的手段。

教育教学工作的水平，在许多方面取决于观察在学生的智力发展中占据什么地位。从观察中不仅可以吸取知识，而且知识在观察时活跃起来，由于观察，知识可以说进入了流通领域，作为一种工具而在劳动中获得运用。如果说复习是学习之母，那么，观察就是知识的理解和记忆之母。观察力强的学生，绝不会成绩不良或文字不通。善于帮助学生利用已掌握的知识不断进行新的观察的教师，能取得这样一种效果：学生的知识越“老”，就越巩固。

低年级的孩子需要进行观察，如同植物需要阳光、空气和水一样。这里，观察是智能的极重要源泉。孩子要理解和记忆的东西越多，他就越需要看到周围自然界和劳动中的种种关系和相互联系。

我在教小学生时，总是教他们在平常中看出不平常，在回答为什么的问题时去探寻和发现因果关系。

二月，冬季的严寒袭人。但遇上了一个艳阳天，我们来到一个被白雪覆盖的寂静的果园。我对学生们说："孩子们，仔细看看你们周围的一切。你们能看得出春天就要到来的初步征兆吗？你们中哪怕是最马虎的孩子也能发现两三个征兆。谁要是不仅看，而且还想，便能发现二十个征兆。谁要是善于倾听大自然的音乐，便能听出春天已苏醒的旋律。你们看吧，听吧，想吧！"我看到，孩子们多么仔细地观察盖满白雪的树枝和树皮，是怎样侧耳倾听大自然的音响。每个小发现都给他们带来快乐。每个人都想找到什么新的东西。一周后我们再次去果园，以后每过一周就去，去了几次，每次在孩子探究的目光前都展现出某种新东西。在低年级受过观察训练的学生，会明确地区分懂和不懂的东西，尤其可贵的是，他们善于积极地对待词语。教师从受过观察训练的学生那里，常常能听到智慧的、令人意想不到的"哲学"问题。

您要教孩子们观察和细看周围世界的现象。在大自然发生剧变时，要带领孩子们到大自然中去；这时，大自然正在发生猛烈、急速的变化——生命在苏醒，生物的内在活力在更新，正在为强大的生命突击积聚能量。

学龄早期的观察训练，是智力发展的必要条件。

22. 怎样通过阅读增长知识

在中年级和高年级阅读科普读物和科学书籍所起的作用，与观察在低年级所起的作用相同。善于细看和观察的学生，也就养成了对科学书籍的很强的领会能力。不经常阅读科普和科学读物的人，就不可能对知识有兴趣。如果学生不能越出教科书的范围，也就谈不上对知识有稳定的兴趣。

科学的发展速度空前，但随时把不断出现的新概念和规律引进中学教学大纲中是不可能的。因此，阅读科学读物就成了现代学校教学过程的一个极重要的组成部分。

要善于激发学生阅读科学读物的兴趣。为此，在阐述教学大纲规定的新教材时，应该用教学大纲以外的知识的火花来阐明某些问题。有经验的生物、物理、化学、数学教师在讲课时，就像是把广袤的知识世界之窗打开一条缝，留些东西不完全讲透。学生看到了超出教学大纲必修教材界限的可能性，畅游浩瀚无垠的知识海洋的前景使他们心潮澎湃——这正是激励他们去阅读的动力，因为少年、小伙子和姑娘们都渴望获得知识。

在学校图书馆或教师个人藏书中，应当备有能发展教学大纲规定材料的知识的书籍。这类书籍已出版了很多，正在出版的也不少。阅读有关现代科学前沿问题的科学和科普书籍特别重要。阅读这类书籍有助于阐明学校的基础知识。

能增强教学大纲中最难部分的知识的阅读，具有极其重大的意义，而且这些最难部分决定着其他部分的知识。有经验的教师尽量把阅读科普读物安排在学习这种最难部分之前，或同时进行，或紧接着学习之后。学生尚未学习量子理论的基本概念，就喜欢上了阅读有关这个问题的书籍，尽管其中有许多东西他都不懂，但这没有什么可怕的。学生的问题越多，课堂上和学习新教材过程中的求知兴趣也就越浓。上课学习教材前的问题积累过程，一般说来，是个十分有趣的教学法问题。

23. 阅读，是对“困难”学生进行智育的重要手段

这里指的是这样一些学生：他们对教材的领会、理解和记忆都很困难、缓慢；一项内容尚未理解却该学另一项内容了；一项内容背熟了却忘了另一项内容。有的教师认为，最大限度地缩小他们脑力劳动的范围（有时教师对学习困难的学生说：你只读教科书就行了，不要分散精力去读别的书），才有可能减轻这类学生的学习负担。这是一种完全错误的见解。学生学习越困难，在脑力劳动中遇到的困难越多，他就越需要多阅读：就像感光性差的胶卷需要更长的感光时间一样，成绩差的学生的智力也需要更明亮、更长时间的科学知识之光来照耀。不是补习，不是没完没了的“督促”，而是阅读、阅读、再阅读，才能在学习困难学生的脑力劳动中起决定性的作用。

在基洛夫格勒州波格丹诺夫中学的优秀数学教师、乌克兰共和国功勋教师伊·古·特卡琴科那里，没有成绩不及格的学生。他的

创造性劳动有一个值得注意的特点，就是智慧地组织我们所说的这种能发展智能的阅读。在他任教的五至十年级的每个班里都有一些“困难”学生，要是没有一个极好的、有一百多册藏书的图书室，以明晰而吸引人的形式叙述在这位教师看来是世界上最有趣的科学——数学，那么，这些学生永远也不会成绩合格的。在开始学习方程式之前，学生们便阅读了几十页关于方程式的材料，其中首先是关于方程式构成民间益智游戏难题的有趣故事。

阅读不仅能把学生从成绩不及格的境遇中拯救出来，还能发展学生的智力。“困难”学生阅读的东西越多，他的思想就越清晰，他的智力也就越积极。

经过周密考虑后，有预见地、有组织地引导成绩差的学生阅读科普读物，这是教师要操心的一件大事。实质上，这是学校生活实践中对后进生做个别工作的主要内容。

24. 技能与知识之间的比例不得失调

技能与知识之间的比例失调表现为：学生尚未具备能作为掌握知识的工具的技能，教师却不断地塞给他新知识，一个劲儿地要求他掌握新知识，不允许他有丝毫马虎。这样的学生就像没有牙齿的人一样，不得不囫囵吞枣，起初感到身体不舒服，然后就病了，什么也吃不下去了……

上面我已谈到，许多学生之所以掌握不了知识，是因为不会流利地、有意识地阅读，不会边读边想。这是一种最可悲的比例失调。流利地、有意识地阅读的技能——既会有感情地朗读，也会默读，这不单纯是有文化的起码表现，而且是在课堂上和自主读书时，能充分进行逻辑思维的一个极重要的条件。

不会流利地、有意识地阅读的人，不可能有效地掌握知识。流利地、有意识地阅读，就是通过目视和心想去领会句子的一部分或不长的整个句子，眼光离得开书本，口头说得出记住了的东西，同时还进行思考——不仅思考所读的内容，而且思考与所读材料有关的情景、形象、观念、事实和现象。

在小学阶段就应使阅读达到这种完善程度。否则，就根本做不到有意识地掌握知识。不仅如此，不会流利阅读却希冀去掌握知识，还会使学生的智能钝化，造成思维的混乱、不连贯、不完整和简单化。您大概遇到过有些五、六年级的学生，像俗话所说的，一句囫囵话都不会说。我逐字记下了这类学生的话并做了分析，发现这种话似乎是一些与上下文脱节的单词，相互间没有任何联系。这样的学生通常不能把自己已有的认识用言辞表达出来，因而说话含糊不清。对这类可悲事实的多年研究使我得出一个结论：智力上的笨口拙舌（我这样来称呼这个缺点），是由不会流利地、有意识地阅读以及不会边读边想造成的。对许多词孩子之所以不理解，只不过是因为他来不及很好地阅读和领会这些词的含义，更不能在意识中把它们跟有关的概念联系起来。学生不会流利地、有意识地阅读，就来不及思考。不伴有思考、思想的阅读，会使儿童的心智迟钝。

孩子怎样才能流利地、有意识地阅读，怎样才能通过目视和思维迅速地领会完整的一组含义相连的词？要做到这一点，就必须进行系统的练习。这里谈谈我在教年幼的孩子时是怎样检查他们阅读的流利和自觉程度的。一个学生正在读（初次）童话或故事，如关于原始人生活的故事。我在他眼前，即在黑板上挂一幅反映原始人生活的彩色图画，画面中有火堆、准备食物、捕鱼、儿童游戏、为衣着操劳等内容。如果学生（这里指的是三年级学生）朗读故事时其目光离不开书本，以致不能在快读完时好好地看一下这幅画并记住故事中只字未提的细节，这就表明他不会阅读。阅读时目光片刻都离不开书本，这不是阅读。阅读过程中什么也领会不了的学生，实质上是不会边读边想，而这恰恰不能称为有意识的阅读。

在教学的某个阶段上，学生应掌握流利地书写的技能，能边写边想。如果不具备这种技能，便会造成另一个比例失调。也必须通过充分地练习，才能掌控住书写速度。书写过程应达到自动化程度，学生无须考虑怎样把字母联结成词和写什么字母。注意的焦点应该是书写的内容。只要做充分的练习，在第四学年可以达到这一目标。但书写的自动化有赖于阅读。阅读差的学生书写总是出错。

为了养成流利地、有意识地书写的技能（在学生阅读能力良好的条件下），可以采用以下方法进行练习。教师给孩子们讲述某种自然现象、事件、劳动过程；叙述中明确突出有逻辑联系的各部分，每部分都有主要内容以及与之有关的细节。教师讲述时，学生按教师阐述材料的顺序把主要内容记录下来。缺乏边听边简要记录讲述（讲授、解释）内容的技能，掌握知识是不可能的。学生落后的原因，往往正是由于他缺乏这个最基本而又十分复杂的技能。

这一技能的作用，不能仅归结为实际运用。它是智能发展的必要条件。不会边听、边写、边想（也像不会边读边想一样），增长知识是不可能的。

善于选择、综合和分析事实，也是一种十分重要的技能，能否顺利地掌握知识在很大程度上取决于这种技能。有经验的自然科学各科教师和语法教师，关注的是不使学生的思维与技能技巧之间的比例出现失调，出现此类失调的原因是学生的思维受教师阐述（解释、讲授）时所援引的事实的限制。这种比例失调会导致知识停滞在学生脑子里毫无进展，成为僵死的负担，因为知识不发生转化，不被新的事实充实，不用来解释新的事实。这就发生了我拟称为知识僵化的情况。知识处于这种状态时，便可能遇到一种初看起来十分奇怪的现象。例如，学生背熟了四种物质状态的概念，但在生活中却不注意大量事实可以用来从新的、原先不知道的侧面去解释这个概念。于是，在测验时，学生遇到了物质从固体状态转化为气体状态的事实，他面对这种生活中随时都会遇到的现象茫然失措，不能理解和解释其实质。

为了让学生能够自觉地把理论概括运用于生活实际，他就必须独立地收集大量事实，对这些事实进行了解、综合、比较、分析。收集和处理事实——这本身就是知识的一种状态，即活动状态。这种状态指的是，自觉地从课堂上所获得的知识体系中选择所需要的规律、说明和定义。使知识处于这种状态是多么重要啊！多年教育教学工作的经验使我确信，收集和处理事实，是一种独特的技能，它能使知识经常处于发展状态，而这种发展是十分独特的：学生不仅对他周围的事物进行分析，而且还要分析自己的种种想法。学生在收集和处理事实时，便走上了自我培养智力的道路。

某门科目体系内的事实特征，在我看来，是一个十分重要的教学法问题，同时也是一个一般的教育问题。要从事实的观点来分析教学大纲，形象点说，事实犹如思维的翅膀所依托的空气。要考虑选择哪一部分事实用于课堂讲授，留下哪一部分事实让学生去收集和处理。要为收集事实这一过程本身拟定方法上的指示。要教学生去思考事实。

25. 兴趣的奥秘何在

每个教师都希望学生对自己所授的课感兴趣。怎样把课上得有趣呢？是否每节课都能令人感兴趣？兴趣的源泉在哪里？

课上得有趣，意味着学生在学习和思考的同时，还感到兴奋和激动，对发现的真理不仅诧异，有时甚至惊讶，意识到并感觉到自己的智力，体会到创造的快乐，为人的智慧和意志的伟大而自豪。

认知本身是一种最令人诧异、惊讶的过程，是一种神奇的过程，它能激起活跃而持久的兴趣。事物的本质、事物的种种关系和相互联系、运动和变化、人的思想、人所创造的一切，都含有永不枯竭的兴趣源泉。但在某些情况下，这个源泉像潺潺的小溪映入我们的眼帘，你走近一瞧，大自然奥秘的美妙图景便展示在你的眼前。在另一些情况下，兴趣的源泉隐藏在深处，需要费力去找到它、挖掘它，而且情况往往是："接近"和"挖掘"事物本性及其因果联系的实质这一过程本身，就是主要的兴趣源泉。

如果您只指望靠表面看得见的刺激来激发学生对学习、对课堂的兴趣，那么您就永远也培养不出学生对脑力劳动的真正热爱。要尽量使学生亲自去发现兴趣的源泉，使他们在这种发现中感到自己付出了劳动并有进步，这本身就是兴趣的一个最重要源泉。没有学生积极的脑力劳动，他的任何兴趣、任何注意力都是不可思议的。

求知兴趣的首要源泉和第一朵火花，存在于教师对课堂上所要讲解的材料以及对所要分析的事实的态度上。学生在思想上明白道理，来源于对事实与现象之间的联结点的认识，来源于把这些事实和现象联结起来的线索。我备课时经常尽可能周密考虑和领会的恰恰就是这样一些联结点和线索。在这里，由于种种思想的互相联结，在认识周围世界的道理和规律方面就会揭示出某种新的、意外的东西。例如，下一节课要学习植物的根部系统及其在生命过程中的作用。学生无数次见到过植物的根部，看来，教材中未必会有学生感兴趣的东西。但是，兴趣却存在于对隐蔽的、不易一下子看出来的事物的认识中。我给孩子们讲解纤细的根毛怎样从土壤中吸取植物所需要的物质。我把注意力放在事实的一个接触点、联结点上，即土壤中片刻不息地进行着生命活动，无论在盛夏还是严冬，这种生命活动在土壤的深处永不停息；数以十亿计的微生物似乎都在为众多的根毛服务，没有这种复杂的生命活动，树木便无法存活。我对学生说："孩子们，让我们仔细看看这种复杂的土壤生命活动，仔细想想，这种生命活动是怎样依靠来自周围环境的物质的。你们面前展示的是生物与非生物之间的相互作用。"非生物怎样为生物提供建筑材料，这就是我要阐释的事实的接触点、联结点。我把注意力集中在这个点上，以便向学生揭示出某种新东西，刺激其对大自然的奥秘产生惊异感。少年越是被这种惊异感所吸引，他们就越想知道、理解、明了更多的东西。

兴趣的源泉还存在于知识的运用中，存在于对智慧统率事实和现象的体验中。人的内心深处有一种根深蒂固的需求——总想感到自己是发现者、研究者、探索者。在儿童的精神世界中，这种需求特别强烈。但如果不为这种需求提供养料，即不去积极接触事实和现象，缺乏认识的乐趣，这种需求就会逐渐消失，求知兴趣也随之消失。我认为，不断扶持和深化学生想成为发现者的愿望，并通过特殊的工作方法使他实现这一愿望，是一项十分重要的教育任务。在课堂上激起学生对土壤中不能直接观察到的过程的兴趣之后，我们来到田野，以便专门考察土壤的剖面情况。孩子们惊异地观看禾本科植物的两米长的根。这对孩子们来说是一个真正的发现。但实际上，他们还只是刚踏上发现者和探索者的道路。我指给孩子们看几种草地的草根和草原的草根。这些草连茎都没有，其中许多草根乍看起来像是完全枯死了。我们把这些草根栽种在地里，它们又复活了，长出了芽，变成了青草。葡萄藤的根也生长发芽了。

这样的事使孩子们受到鼓舞，他们的思维更活跃了，变得好钻研、不平静。他们体验到无与伦比的人的自豪感：我们主宰着事实和现象，知识在我们的手中变成了力量。他们感到知识具有使人高尚起来的力量——很难找到比这种感觉更强烈的对求知兴趣的激励因子了。因此，使掌握知识的过程不折磨学生，不把他们弄得精疲力竭、对一切抱冷漠态度，而使他们全身心地欢快，这是多么重要啊！自然，学生在直接研究并有所发现时，在了解了一些具体事实和现象时，便会极其强烈地感到自己是知识的主宰者。不过，纯粹的思维活动，即智力对材料进行综合和系统整理的活动，也会带来愉快感。

读过许多课外书籍的学生，把课堂上所学的任何新概念、新现象都归入了他得之于书籍的知识体系中，于是，课堂所讲的科学知识便具有特殊的吸引力：这种知识被视为必不可少的东西，有助于弄清楚“头脑中已有”的知识。

26. 要赢得学生的思想和心灵

在有优秀的数学教师任教的学校里，数学便成为受人喜爱的、最有趣的科目，许多学生卓越的数学才能得到显露。如果学校里来了一位有才华的生物教师，瞧着吧，两年后生物就会成为学校里受人喜爱的科目，会涌现出数十个天才的少年生物学家，他们非常热爱植物，醉心于在学校园地上进行试验和研究。

有的学校里智力生活开展得生动活泼，各门科目的讲授仿佛成了教师为赢得学生的思想和心灵而展开的善意竞赛。这种竞赛是教师集体从事创造性劳动的一个方面，表现为每位教师都力求激发学生对自己所教科目的兴趣，确立自己所教科目的吸引力。让我们设想一下：一个刚开始读四年级的学生遇到了一个教师集体，其中的每位教师都很有才华，至少是热爱自己所教科目的人，都善于点燃对自己那门最有趣的科学的爱的火花。在这种情况下，每个孩子的天赋一定会显露出来，逐渐形成爱好、能力、志向和才干。

于是我们就进入了教育教学过程的一个最有趣的领域，然而在许多学校的实际工作中，这个领域还是未经开垦的处女地。学习的教育作用，我坚信，首先表现为每个学生，形象地说，在科学基础知识的和谐乐队中，都能找到自己喜爱的乐器和自己喜爱的旋律。没有对具体科目、科学知识的具体领域的迷恋，就不会有智力充实和精神丰富的个人生活。

令您感到荣耀的事情应该是，您使学生认为您所教的科目是最有趣的，您使尽可能多的学生像渴望幸福那样渴望在您向他们讲授基础知识的这门科学领域里有所创造。您要争取赢得学生的思想和心灵，要与自己的同事即其他科目的教师展开竞赛。比如说，您给200名八至十年级的学生讲授物理，他们全都是您的学生。但是，在您脑子里还要有关于“我的学生”的另一个概念。您应有10名或更多的（也可能少些，只有五六个人，情形有时是会这样的，没有什么不体面的）自己的学生——终生心系物理学的年轻人，他们坚定地把自己的一生与技术和科技思想方面的劳动联系在一起。此外，您还应有一二十个学生，他们对物理的兴趣，如俗话所说的，刚刚“破壳而出”，其中有些人将来会爱上您的这门科目，也有些人会在其他知识领域的某个地方发现自己的金矿，因为，在生活理想的发展方面没有什么东西比形成志向更为复杂了。您教200名学生，把最基本的学校物理教程知识扎实地传授给他们，这只是您的工作的一个方面。您不可以忘记，您还要负责教育教学创造活动的另一个方面，即为帮助喜爱物理这门科学的青年养成从事物理研究的才干——从事技术、机器、机械、科技知识研究的才干——而操心，因为课堂上所能学到的，只是这门科学的初步知识。您在学校里应有校中之校——青少年物理学家之校。

这一切该怎样去做呢？这里最重要的是什么？该从何处着手呢？

您的学校里当然会有物理专用教室。不用说，您每天都会在那里工作一两个小时：或钻研书本，或“粗略地”试做将要做的实验，或为仪器的图样或模型绞尽脑汁。我可以告诉您，我若处在您的位置会做些什么。我把万尼亚、科利亚、根卡、斯拉夫卡、彼得罗、萨沙等已爱上物理的小伙子叫到专用教室。有些八年级学生，甚至七年级学生也会来这里，他们还没有完全爱上我教的这门科目，但我讲述反粒子和光子火箭时，他们的眼睛发光，想伸手去拿关于核物理的有趣的书。在我的物理专用教室中有一个角落，我称它为“思维角”。这里的墙上挂着法国著名雕塑家罗丹创作的雕塑《思想者》图片，柜子里有一些藏书，是关于科技最新问题的图书和小册子。这些东西是诱导青少年超越教学大纲、奔向未知的远方的星星之火。我的专用教室里还有另外一个角落，叫作“难事角”。这里有几幅设计思想不易懂、不寻常的模型图，用金属和塑料做成这种体现出设计思想的模型，要克服相当大的智力困难。在这里绝不允许思想上的偷奸耍滑，精神振奋、敢作敢为，是在“难事角”里不成为惊得瞠目结舌的旁观者，而成为创造者的主要条件。这里还有我的一个小型的教育教学创造实验室——为即将上的课做准备的备课角落。我在这里摆弄新教具。与我一道工作的还有我的助手——帮助我备课的高年级学生。

我还为爱上了物理或尚未完全爱上，但闪烁着热烈、兴奋目光的学生敞开了所有这些场所的大门。

我特别重视“向往角”。科学知识的熊熊篝火在这里点燃了志向的星星之火。这里使少年坚定了一个信念，即思考是一种艰巨的劳动，这种劳动不轻松，极其复杂，有时是很折磨人的，但又有望获得无与伦比的快乐，即认知的快乐，以及因意识到自己主宰着知识而产生的智力自豪感。了解科学知识，是从“思维角”开始的。这里既有我为刚出发去科学知识海洋里游泳的学生准备的书籍，也有我为已坚定地选择科学技术、实验室工作或操作工厂复杂机床作为自己的专业的毕业生准备的书籍。我千方百计地设法让那些顶着一头乱发的男孩去“思维角”，这些孩子在我讲课时目光闪烁着求知的火花，总是有一大堆为什么的问题要问。我知道他们各自向往的是什么，便在书架上为他们每个人都放了几本有关的小书。

许多聪明的、有天赋的儿童和少年，只是当亲自动手参加创造性劳动时，才激发出求知兴趣。[①] 我一旦发现某个儿童或少年想伸手触摸机器和机械的模型，触摸仪器和各种设备，就一定带他去“难事角”转一转。

有一些学生很长时间对什么都未表现出特殊兴趣。如果学校不展开教师为赢得学生思想和心灵的竞争，那么这些学生中的许多人就永远也不会显露出对任何科目的兴趣。学校里对学习、对知识持漠然态度，对任何科目都从不感兴趣的青少年越多，就越有可能是教师本人还没有可对学生倾心地传授求知兴趣的火种。学生对待知

① 参见卢梭:《爱弥儿——论教育》，1896 年俄文版，第 157 页。

识的冷漠态度是最令人沮丧的……学生在某门科目上落后、不及格，这并不可怕，可怕的是他对此感到无所谓。

要让漠不关心者幡然醒悟。一个人不可能对任何东西都不感兴趣。克服智力冷淡的最正确的途径就是思维。只能用思维唤醒思维。对待对知识和脑力劳动态度冷漠的学生，教师应该试用自己的一切智力手段。这里指的已不是竞争，而是赶快把人从智力惰性中拯救出来。我们的教师集体中有一条规矩，即在心理学委员会开会时讨论对知识持冷漠态度的学生问题。我们设法找出人与自然、人与知识起相互影响作用的领域，在这个领域中，认知能使人精神焕发。最主要的是，要使人终于发现自己是知识的主宰者，感到自己掌握了真理和规律。通过认知使人焕发精神，意味着做到使思维同人的自尊感融为一体。通向这种精神状态的途径，是使知识发挥效力、起积极作用。我们认为，使学生在某件事情上证明自己是有知识的，在智力活动中表现自己，表现出自己的个性，便能使冷漠的学生幡然醒悟，把他们从智力惰性中拯救出来。

我在五至七年级教过几年数学。我在班上建立了两个数学小组，一个小组是为最有才能和天赋的学生建立的，另一个小组是为对知识持冷漠态度的学生建立的。关于怎样使后一类学生幡然醒悟的故事，会是一篇关于赢得他们的思想和心灵的十分有趣的小说。我力求使学生在课外小组里获得的知识能触及集体中的人际关系，即确立个人的自尊感。一个人如果没有感到自己是个思想者，他就不可能真正体验到自己作为人的自豪。至于怎样使思想同公民应有的人的自豪感融为一体，必须专门作为一条建议来谈。

有经验的教师能做到使学生在自己喜爱的科目方面所知道的东西，比教学大纲的要求多一二十倍。体验到自己能主宰所喜爱科目的知识，这种感觉是促进一般智力发展的最强大的动力之一。如果学生有一门喜爱的科目，您就不必为他的其他科目不全是五分而担心。反而是那些没有一门自己所喜爱的科目的优等生，更应该引起您的担心。多年的经验使我确信，这样的学生是没有个性的人，不懂得脑力劳动的快乐。

27. 怎样把思想与公民的尊严感融为一体

这也是我们教育教学工作的一个十分微妙的问题。怎样使学生因学习得好而自豪？怎样使学生从自己的成绩和知识中感觉到公民的尊严？

我坚信，达到这一目标的途径，就是使知识和智力财富有助于个性的自我表现。从低年级开始就应进行这方面的培养工作。我在教低年级学生时尽量遵循的一条原则是：每个学生都应为集体的智力生活做出自己的贡献。应对自己的知识、思想、能力感到光荣、体面。如果仅仅让学生集体知道某个学生怎样学习，听他怎样回答问题，那么无论如何也是达不到上述目的的。对一年级学生的培养工作，我们是从引进名为《朝霞》的集体创作集开始的。春季和夏季我们都起得很早，这已成为一种习惯。天一亮我们就去果园或池塘边迎接日出。每个学生要完成一页的创作（如愿意的话，也可以两三页）——可以画自己所喜爱的景物，也可以写上一句话、几个词，“但这些词要像悦耳的歌曲一样优美”——我对孩子们这么说。自然，每个孩子都想画出和写出美好的东西。画得好和用词美，是他们每个人都感到光荣的事。我现在还保存着这本集子。二年级时，我们在冬天的黄昏编故事和童话。每个人不是讲自己生活中发生过的事情，就是讲他幻想的或即兴想出来的事情。孩子们对这种创作的兴趣是多么强烈，很难予以言表。人人都感到会构思、会讲述，这是一种道德上的尊严。

孩子们对智力财富和精神财富的交流逐年增多，这就更巩固了他们之间的关系。三、四年级时开始举办“读书晚会”，孩子们在晚会上讲述自己读过的书的内容，进行朗读，还朗诵诗歌和艺术散文片段。这是智慧和技艺的一种竞赛。

从五年级开始，我的学生便成了学龄前小朋友和一、二年级小学生的积极的智力教导员。12个五年级学生领导了一些很小的诗歌创作小组。每个小组有5—7个小家伙。五年级学生教他们写关于自然界的短小作文，给小朋友朗读自己写的作文和诗歌。这就在大孩子的心中确立了自尊感。

在六至七年级，有几个学生成了一至三年级学生的少年数学家小组领导者。在这种小组里，孩子们做和编“脑筋急转弯”之类的习题。在五至八年级的整个学习期间，有些学生还充当外语学习小组的领导者：教一、二年级学生学习读、说法语。

在七至十年级，每个学生都在科学技术晚会上作报告或汇报。我校的每个少年，都把尽可能好地准备这种报告或汇报当作光荣的事情。

所有这些工作方式的目的，都旨在使学生感到知识和智力生活是他们的一种道德尊严。教师这样培养学生，使不学无术和对书本抱漠然态度在他们当中被视为不道德的表现。

28. 传播知识和参与社会生活

在农村地区，学校是文化和知识的主要基地。我们认为，把知识的发展和加深过程纳入农村社会生活，是一项十分重要的教育任务。教育性教学的最重要特征之一，是培养学生参加教育工作。我们的高年级任课教师经常训练自己的学生参加这种社会公益活动。村里有近 2 000 家农户，共分成 180 个文化基地。文化基地的中心是一家集体农庄庄员的农舍。庄员们和工人们常常在这里集会。三四个高年级学生来到这里举办纪念列宁的报告会、自然科学知识晚会、文学晚会。

共青团员学生不只是简单地给人们带来知识，他们似乎是在长辈面前汇报工作。小伙子们和姑娘们不仅仅来阐述自己的知识，而且进行说服教育，往往还要与反科学的观点进行斗争。团员们遇到了对周围世界的事物和现象持错误观念以致迷信和无知的情况时，不是简单地否定说："不对，不是这样的。"我们教导自己的学生：要进行说服，用科学道理去清除有神论的、反科学的偏见，对违背真理的一切偏见绝不妥协，但要懂得，反科学的观点和信仰在有些人的意识中根深蒂固，为消除这些观点和信仰，就要有许多知识和本领，要有坚定不移的信念。在绝大多数情况下，我们的学生能胜任自己担负的启蒙重任，而工作中的失误，则更增强了他们认识科学的决心，激励了他们对知识的渴求。

学生在给别人传授知识的过程中，自己也弄清了许多东西，并产生了许多问题。他竭力想搞清楚思想的细微“转折”，搞清楚隐蔽的因果关系。在运用和发展知识方面，没有比在社会教育工作中应用知识更为积极的方式了。年轻人在确立、保护和捍卫真理的同时，更坚定了自己对真理的信念，并产生了进一步扩大和加深知识的要求。怎样使青年渴望学习呢？如果知识停留在学生的意识中成为“自己的珍宝”，不具有道德色彩，不令人感到是自己的快乐、荣耀、财富和尊严，那么这个目的就永远达不到。

29. 怎样根据季节安排学生的学习

这是关系到学生身体发育、强身健体和全面发展的重要问题之一。一年分为几个季节，每个季节人的机体生命活力是不一样的。例如，众所周知，机体的防御能力到春天就会减弱，到秋天则会增强。学校尤其要考虑到这种周期性的波动，因为我们打交道的对象，是正在成长发育中的身体，是形成中的大脑，而外部环境对人的大脑会产生非常大的影响。春天的学习和脑力劳动，特别是在低年级，应完全不像秋天那样安排。

我建议低年级学生全年的脑力劳动安排如下：大约到第三学季中期（二月底）时，应基本上结束语法和算术科目的最重要理论概念的学习。在正好进入春天的第四学季，脑力劳动应主要包括能发展、加深和系统整理早先获得的知识的一类学习。我还想建议，在春天应加强培养学生在下一学年继续顺利学习所必需的能力。春天似乎是专门用来强化观察活动的时节。春天还应为下一学年的最初两个学季要学习的理论性结论积累实例。上面谈到的知识与能力比例失调问题，正是由于春天跟秋天一样地形成复杂的理论概念造成的。

在中年级和高年级，在春天也应利用一切可能条件最大限度地减轻脑力劳动。不能不考虑到由于维生素储存的耗尽，在少年的机体内尤其如此，以致视力最容易在春天减弱，并发生眼病，而眼睛在脑力劳动中发挥着极其重要的作用。在许多学校的教学实践中，往往把阅读大部头文艺作品和为了复习而大量翻阅历史课本、文学课本的任务延期至第四学季，这种做法是不可取的。尤其不可采取机械的复习方式，使复习与初学教材毫无区别。形象地说，春天应给学生带来教学法的更新。您在备第四学季的课时，使已有的知识处于积极活动状态，应像一根红线那样贯穿您的教学法。不必因此而让学生在按教师提出的问题概括各部分教材时不断地啃书本。通过综述性的讲解概括教学大纲的一系列问题，能促使知识积极活动起来。考虑到高年级学生的疲劳程度，教师应善于采取措施减轻他们的复习负担。

多年来我给八、九年级学生布置的夏季作业，总是阅读下一年将要学习的文艺作品。这就大大减轻了他们的脑力劳动，解除了过重负担，使第四学季不至于过度紧张。

您可能要问：究竟怎样才能切实地减轻第四学季的脑力劳动强度？要知道，许多学校的学生在大量作业的压力下“呻吟”。如果前三个学季的脑力劳动安排得更紧张些，又会怎么样呢？

这确实是我们教育教学工作中最棘手、最困难的问题之一。但我要冒昧地说，普通中小学的教学大纲不存在负担过重的问题。我亲爱的同志们，负担过重产生于我们的实际工作中和教学方法上。如果科学地安排教育教学劳动，如果童年期、少年期和青春期（尤其是童年期）的全部潜力都被利用和开发，那么，在普通中小学里能够学好不是一门而是两门外语，并且在小学就能达到实际掌握的程度。

为了在实际工作中不出现负担过重现象，应该怎么做呢？这个问题不易回答，就像回答那种一揽子问题一样，例如，学校如何才能不培养出学习不好、教育不良、教养肤浅的小伙子和姑娘之类的问题。防止负担过重意味着：第一，从儿童三岁起，就要关心他，使他有丰厚的智力底子，从而在家里获得智力的发展，因此，要不断提高父母的教育修养。第二，不允许出现技能与知识比例失调的现象，要切实保证学生掌握知识和学习技能的过程，因为这是学生从事脑力劳动的最重要手段。第三，要在实践中贯彻教育心理学的原理，也是教学法的最重要原理之一，即没有抽象的学生；要授予深刻的知识，意味着要察看每个孩子的脑力劳动。第四，要关心知识的不断发展，使知识“流通起来”，不让知识滞留在脑子里成为僵死的负担。第五，不可使学习变成没完没了地补习落下的功课，不要无休止地去“拽尾巴”。总之，不造成学生负担过重，就意味着要做到上面所说的一切。但还有两个十分重要的条件，这两个条件也跟已经谈过的许多问题一样，确实是与学校的全部工作有关联。关于防止负担过重的这两个条件，我想作为专门的建议提出。

30. 关于学生的智力生活

这个问题与学校的全部工作有关。如果教师考虑的只是怎样迫使学生更多地啃教科书，怎样把他们的注意力从其他一切活动上转移过来，那么，学生的负担过重就是不可避免的。除上课、教科书、家庭作业、分数之外什么也不考虑的学生，其命运不会令人生羡。不可让您的学生充满学究气。除一些通常的学业、观念、兴趣之外，学生应有丰富多彩的智力生活。这里指的是学生的课外阅读，特别是少年时期的课外阅读。

如果任命您当五年级的班主任，或像人们说的，当教导员，您要把形成学生的这种精神需求当作主要任务之一。您要拟出您的学生在中学期间应阅读的书目。您要努力使班级的藏书中有这些书。

如果少年、小伙子和姑娘们没有自己喜爱的书和喜爱的作家，我真的无法想象他们会得到真正的全面发展。我在培养学生和设计他们的个性时，总是力求让学生在小学阶段就有自己的少量藏书。

在中年级和高年级，他们的藏书就相当可观了，会有100—150册。像乐师不拿起自己喜爱的乐器便无法生活一样，好思考的人若不反复阅读所喜爱的书籍，便不能生活。

把每个学生引进书籍的世界中去，培养他们热爱书籍，使书籍成为其智力生活的指路明灯——这一切都取决于教师，取决于书籍在教师本人的精神生活中占据什么地位。要让您的学生感觉到您的思想在不断丰富，确信您今天没有重复昨天说过的话。只有在这样的条件下，课外阅读才能成为学生的精神需求。

如果教师的智力生活停滞、贫乏，产生了可称为对思想不尊重的表现，就会明显地影响他的教育教学活动。我认识一位教师，他已经"厌烦一切"了，据他说，他不愿意经常老调重弹。学生们从他的话中感到他的思想处于停滞、僵化状态。他们用不尊重教师来回报教师对思想的不尊重。但最危险的是，他们也像教师那样不愿意思考。

不能把个人的智力生活看成是狭窄的、封闭的小天地。一个人使集体的智力生活丰富时，也享受着集体的精神财富。我们力求使自己的学校有许多能生动活泼地开展智力生活的集体。这首先是各科目的课外的科学小组，如数学科学小组、科学技术小组、化学科学小组、生物科学小组、文学小组、哲学小组。也许"科学"这个词用得有点夸张，但它毕竟能反映一个真实情况，即少年、小伙子和姑娘们走上了科学思维的道路。在任何情况下都不可以把这些小组看作是各门科目的附属品或防止成绩不良的手段。这些小组是智力生活的基地。小组中洋溢着求知好学的精神。学生在各学科小组活动时，自然要讲讲他们正在读些什么（作报告、汇报），但这里有一个赋予思维真正创造性的特点：他们珍重自己给青少年同学们所讲述的道理和规律，把这些道理和规律当成像通过个人努力得来的财富一样，而且，关于劳动和创造、关于未来的想法，也与这些财富联系在一起。

参加科学小组和晚会活动的，也有学习困难的男女学生，对他们来说，负担过重是特别可怕的危害。浓厚的智力兴趣气氛能促使他们去阅读，而阅读是使他们改进学习的最重要的补救手段。

31. 为了不造成负担过重，必须有闲暇时间

“学生不把全部时间用于学习，而是留出更多的闲暇时间，只有如此才能学习得好。”此言听上去似乎自相矛盾，但并非如此，这是教育教学过程的逻辑。学生的工作日越被学校的课业所填满，用于思考与学习无直接联系的事情的时间留得越少，就越有可能造成负担过重和落后。

闲暇时间，不仅在教学方面是个极重要的问题，而且在智力培养和全面发展方面也是最重要的问题之一。学生需要闲暇时间，犹如健康需要空气一般：之所以需要闲暇时间，是为了使学生能顺利学习，不必时时感受到落后的威胁（您是知道的，只要学生病上几天，往往他就落后一大截）。闲暇时间是使学生智力生活丰富的首要条件，也是使他的生活中不单纯只有学习的首要条件，而这意味着学习是富有成效的。

学生的闲暇时间产生于课堂中，智慧的、爱思考的教师是这种

时间的创造者。教师在创造闲暇时间方面的第一助手是学生本人，知识处于什么状态——是积极活跃状态还是僵死状态，在很大程度上取决于学生本人。但是，是否有闲暇时间还取决于一个条件，这个条件就是作息制度。

根据多年的经验，我首先想提出告诫，指出在脑力劳动制度中什么事情是不允许的。绝不允许学生在学校上完课后立即坐下来读书和做练习，一干就是几小时；绝不允许高年级学生往往在下午从事实质上与上课一样紧张的长达三四个甚至五六个小时的脑力劳动；绝不允许为了回答教师的提问而让学生每天坐 10—12 小时去读书、听讲、理解、记忆、回想、复习，这是一种力所不及的折磨人的劳动，最终会损害体力和智力，造成对知识的冷漠态度，导致一个人只有学习而没有智力生活。

经验表明，可以把脑力劳动安排成下午可以摆脱教科书和作业本。下午应成为学生的闲暇时间。在这段时间里，学生可以阅读课外书，参加科学小组的活动，在野外劳动，观察自然现象和人们的劳动。

换一种说法，下午应该进行智力活动，这是一种发展并转化知识的活动。请注意，不是无所事事，而是发展知识。在工作日的下午，学生所做的事正是使智力得到充分发展和顺利学习所必须做的事，而能否成功地完成这样的安排，取决于整个教育教学过程的水平。尤其重要的是，要在下午进行阅读，这是一种出于兴趣和求知的阅读，而不是为了必须背熟和记忆而阅读。

我尊敬的同行，您也许会问：孩子们什么时候做家庭作业呢？

早睡早起，在早晨上学之前完成家庭作业，这是我校绝大多数学生学习制度的一项基本原则。多年来，我们一直在向家长们解释被科学证明了的早睡早起的必要性，以及睡醒后的8—10小时从事紧张的脑力劳动的好处。新一代父母成长起来了，我们在家长学校向他们传授教育知识，其中首要的是孩子们脑力劳动的文明和卫生。我们做到了使90%的儿童、少年、小伙子和姑娘遵守以下作息制度：低年级学生晚上9点睡觉，中年级和高年级学生晚上10点睡觉。低年级学生早晨6点起床（睡9小时），少年和青年早晨5点30分起床（睡7.5小时）。在简短的建议中不可能充分科学地论证这种制度的合理性，但应该说，一天之末（晚上12点以前）入睡的时间越长，这种睡眠就越能解除疲劳，醒来时也就越轻松，也就能越迅速地投入脑力劳动。学生在睡醒后到去上学前有2—2.5小时的时间可用于准备功课，这是我们作息制度的核心因素，但它也仅仅是整个教育体系的一个组成部分。多年的经验使我们的教师集体坚信，高年级学生每天完成全部家庭作业的时间不超过2.5小时（中年级和低年级学生需要的时间更少些），不过要有先决条件，即：学习要在精神生活丰富多彩的广阔背景中进行；知识能在各种智力活动中不断获得发展；掌握知识的过程，形象地说，有一整套求知能力作为工具予以保证；每个学生的个人力量、天资、才干在他所喜爱的课程中都能得到发挥。因为这一切是互相联系的。没有这种条件，绝对不可能采用我讲的那种经验。如果不具备上述条件而企图只做到一件事——迫使学生早起并在上学前完成家庭作业，便会一无所获。（许多学校的大量事实使我深信，即使最宝贵的经验，由于“移植”

到不合适的环境里，也不可能有用。例如，如果学生还不会很好地阅读，教师没有看到这一点就教他们写作文，便会毫无效果。）

学生完成家庭作业后去上学。走在上学的路上，这就是一种休息。然后开始最紧张的脑力劳动周期——上课。应努力在要求智力高度紧张的各类课之间，通过改变活动性质（例如，上体育、绘画、唱歌、劳动等课），穿插 1 小时（可能的话或 2 小时）的休息。

早晨 2—2.5 小时的脑力劳动比课后花四五个小时读书和做练习的效率高得多。然而，问题不仅仅在于效率，还应考虑到学生的健康，考虑到我称之为一天脑力劳动制度中的平衡。为使一昼夜的一部分时间可以充满紧张的脑力劳动，另一部分时间就应该摆脱紧张的脑力劳动。下午应该是学生的闲暇时间，这段时间应安排能兼顾学生重大兴趣特点的脑力劳动。这些特点是什么以及怎样兼顾这些特点，下一条建议将要谈到。

32. 教孩子利用闲暇时间

儿童对时间流逝的感受完全不同于成人，对此我们任何时候都不应忘记。谁不考虑儿童的这一特点，他在通向儿童心灵的道路上常常会撞上“不理解”这堵墙。在森林里度过一个阳光明媚的夏日，对孩子来说就是整整一年，在少先队夏令营里度过的一个月，则是无限长久。不要用硬性的计划规定来束缚孩子，要让他们去细看、看够。也许要拿出整整一小时让孩子们去干各人自己的事情。孩子的天性要求这样做，否则的话，孩子就不可能去领悟和思维。

要懂得，生活的每一步都在孩子面前展现出某种吸引他们、迷住他们理智和心灵的新事物、未知事物，他们不仅想不到，而且也感觉不到时间的流逝。孩子们被童年流淌的如此波澜不惊而又不可遏止的各种事情和现象所吸引，常常忘记，并且是压根儿忘记诸如他们今天应做家庭作业之类的事……这是不足为奇的。我亲爱的同行，当您惊异地问起作业时，孩子常常会率真地对你说：“我忘了。”

他说这件事时，并没有把它当成过错，而是当成某种连他自己也感到奇怪、困惑和诧异的事情，对此您不必大惊小怪。孩子在课堂上出神地看着树影在墙壁上的太阳光圈里怎样摇曳时，他绝对听不进您所说的任何一句话。对此您亦无须大惊小怪。是的，他听不进，确实是听不进，因为流光溢彩的童年潮流吸引了他，他对时间的感觉与您完全不同。不要呵斥他，不要在全班学生面前批评他不注意听讲、不努力学习，完全不必这么做。您应悄悄地走近他，拉着他的手，使他从神奇的童年独木舟上下来改乘载着全班航行的那艘认知快艇。更重要的是，不要羞于有时自己也与孩子们一起同坐童年时代的帆船，与孩子们一起用孩子的眼光去看世界。请您相信，如果您学会这样做了，学校生活中就不会出现经常是由于互不理解而产生的许多冲突：教师不理解学生在做什么和为什么这么做，不理解他为什么那样行动，学生也不理解教师要他做什么。

我作为成年人，尚且会被某件有趣的事情所吸引，放不下让我迷恋、给我快乐的事情，但这时下意识的深处会产生使我不安的念头：要知道，没有任何人会来代替我做工作。来自下意识的这个信号能帮助我们控制时间。然而孩子缺乏这种控制，他会忘记时间。应该教孩子利用好闲暇时间。

如何教呢？难道要求他想着点儿时间？提醒他陶醉于某件事时会忘了工作？防止他与有趣的事物接触？

不可以这样做。不可以破坏儿童的天性。教儿童利用闲暇时间，这意味着力求使有趣的、令儿童诧异的事物同时也是他们的智力、情感和全面发展所不可或缺的。换句话说，应该用各种各样吸引人的活动充实孩子的时间，这样的活动既能发展他们的思维，丰富其知识和能力，同时又不损害童趣。为孩子创造闲暇时间，并不是让孩子随心所欲地想干什么就干什么。自发性可能养成懒散、懈怠的习性。

不必通过解释（小孩子还不懂得解释），而是通过组织种种活动，通过示范和集体劳动去教会孩子利用闲暇时间。

33. 把每个学生引向浓厚兴趣的发源地

您要考虑您的每个学生在哪里和怎样利用（不是度过，而是利用）闲暇时间。一定要合理地利用这种时间。

这里我们再次回到书籍上来。阅读应成为最重要的兴趣发源地。学校应成为书籍的王国。您可能在我国某个偏远的地区工作，您所在的村庄可能远离文化中心达数千公里，您学校里物资可能匮乏，但如果您那里有充足的书籍，您的工作就能达到与文化中心同样的教育教学水平，取得同样的成果。您不必担心课外书会使学生分心而影响学知识。

在一至三年级，务必在每个班级建立图书角，在那里摆放既充满智慧又能让孩子们感兴趣的书籍。要让每个学生经常去利用他人生中的第一个小小图书馆。我不建议一至三年级的学生，至少是一至二年级的学生去学校图书馆借书，因为没有任何人比这些年级的教师更了解这些学生该读什么书。有时应该让一个学生读他当时最需要的一本适合于自己的书，关于这一点没有谁比他的教师知道得更清楚。

您得记住，任何爱好如果不触动思想、内心、灵魂，就不会带来益处。我要强调的是，对书的爱好应成为首要的爱好。这种爱好应保持终生。不论您教什么科目——文学或历史，物理或制图，生物或数学，您都必须把学生引向兴趣的首要发源地（只要您希望成为学生的教育者），这一发源地就是书籍。

书，这也是学校，应教会每个学生在书的世界里旅行。因此，我建议从建立班级小图书馆开始，然后逐步教学生利用学校的图书馆。对这件事在任何情况下都不可放任自流。您要带着自己所教的学生一起去学校图书馆，向他们介绍那里的书籍，建议他们可以借哪些书来阅读。要给图书管理员开列阅读推荐书目（当然，书目应包括藏书架上摆放的书籍）。

应引导每个学生去的第二个兴趣发源地，就是他所喜爱的科目。只有当学生在求学年代有一笔最宝贵的财富——闲暇时间，他才有可能产生对某门科目的热爱和智力积极性。教师集体应该深思，如何做到在下午的时间里使激励学生深入钻研各门科学的兴趣火花在学校各处燃烧起来。这不仅是指上面说到过的各门科目的科学小组，还包括从事一种积极活动，在这种活动中理论知识成为促进创造和完成智力任务及劳动任务的主要动力。我校的两个“难事室”成了这样的智力兴趣发源地。这两个“难事室”，其中一个是物理和技术室，另一个是生物和农艺室。这里的全部工作都建立在学生自主活动的基础上。这两个“难事室”由高年级学生主管，对一至十年级的所有学生开放。这里研究解决各种工艺学和生物学课题。例如，要求学生设计出一种设备的活动模型，这种设备的一个工作部件可以用另一个来代替，设备本身还能完成几项劳动操作。生物学方面提出的任务是：在两年内把一块生荒地改造为良田，取得收成，创造条件以培养有益的微生物。

学生怎样利用闲暇时间，关系到许多事情。要培养学生养成合理的爱好。

34. 培养对劳动的热爱

几十年的学校工作使我确信，劳动在智力发展中起着特别重要的作用。儿童的智慧出在他的手指上。

这个教育信念是从观察中得到的。我发现，双手灵巧的学生、热爱劳动的学生，他们都思维清晰，爱好钻研。这里指的不是任何一项劳动，而首先指的是复杂的创造性劳动，这样的劳动包含着思考和精巧的技能和技艺。事实使人越来越相信，手与脑有着直接的联系。儿童和青少年的手已掌握或正在掌握的技艺越高超，他们就越聪明，他们深入分析事实、现象、因果关系、客观规律的能力也就表现得越突出。

我竭力去厘清这种依存关系的科学原理，读了一些学术著作，同时还研究了教育教学过程的不同方面和种种现象。我试图在实际工作中利用劳动来对在学习上遇到困难的儿童和少年进行智育，于是吸引他们参加需要掌握复杂的实际技能和技巧的工作。这种劳动的显著特点在于劳动的各阶段与工序之间存在着依从关系，要求高度注意、精神集中和进行思考。手的动作与思想之间存在着密切的联系：思想检验、矫正和改善劳动过程，而手则似乎是在把详情报告给思想，劳动发展着人的智力，教人合乎逻辑地思维，深入了解各种事实和现象之间无法直接观察到的依从关系。

吸引思维缓慢且紊乱的学生参加复杂的、需要动脑的劳动，并长期观察他们的劳动活动，这一切帮助我更清楚地看到了思维的形成途径。我明白了，如果一个人在学习上遇到困难，那么，产生困难的最主要原因，在于他看不出种种关系和相互联系，即不善于超脱“事实”进行思考。在劳动活动中能最快地看出种种关系和相互联系，也就是说，能直观地呈现这些关系和联系。

经验告诉我，为了发展学生的智力，应选择以下各种劳动。

（1）设计和安装设备、机械、仪器的活动模型。我校所有学习困难的学生，无一例外地都到学校实习工场参加精巧的机器、机械、仪器、设备的模型研制工作。在这里，理解种种关系和相互联系，是思维的源泉和动力。两年内，一个少年模型设计家小组设计出了一台木材加工万能机床。这个小组有 15 个学生，其中 3 人是学习困难的学生。不断发展构思能力，是这种激发和发展智力的劳动的一个最重要的特点。青少年学生的眼前好像总是有他们构思出来的未来机床的模样。构思是否正确、合理，通过组员们进行试验来检查：他们不断地试验各个零部件在不同的设计方案中怎样发生相互作用。在一种条件下情况可能会怎样，在另一种条件下情况又会怎样，弄清诸如此类的问题，能促使学生瞻前顾后地反复琢磨，进行分析和比较。

理解劳动过程中的相互作用，对于发展与因果关系、从属关系、时间关系有联系的思维的重要方面，我认为是极好的、无可替代的手段。思考相互作用的特殊价值在于，思维处于运动中，处于探索中，于是在人的思维视野面前就出现了与概括性结论有联系的一些直观表象。这里发生了从具体到概括的过渡，没有这种过渡就不可能有思维，而学习困难的学生缺乏的恰恰就是这种过渡。

（2）选择能量和运动可以传递、转变的方式。这里指的是设计和安装某类模型、机械、设备、仪器或机器装置。在这类东西中，例如，电能可以转变为机械能或热能，直线运动可以转变为圆周运动，或者相反。这里，思维好像刹那间就从抽象概括转向具体事物，即表象、形象、图像。怎样把概括性的观念转化为现实的、具体的行动呢？深入探讨这个问题，便会激发出学生的思维力量，促使他从已知的东西中去寻找建设性的解决办法。对传递和转变方式的选择，是对智力进行观察力和钻研精神的培养（这正是学习困难学生所缺乏的）。这种工作要求人仔细察看一个整体中的各项零件、部件、元件，从具体中探寻一般，学习把一般观念从一个具体场合转用于另一个具体场合。这一切应在手的熟练操作和技能中反映出来。我们力求做到使旨在发展智力的劳动对象是一种活动的、变化的东西，使构思者和实现构思的能手为同一个人。尽量多做实验和试验，尽量让手和手指多做灵活的动作，这是在劳动过程中培养智力的原则之一。

（3）选择材料加工的方式，选择加工用的工具、机械和工艺方法。我们力求使工具与手融为一体，成为手的一部分。不学会用自己的手和思想精巧地对劳动对象进行加工，却企图培养出机敏的、富于创造性的智力，这只能是痴心妄想。手和思想所进行的这种加工体现了脑的思维和手的劳动的实际结合。当一个人借助于手工工具或机械用双手对某物进行加工时，便出现了一种极复杂的现象：信号在每一瞬间多次从手传到脑，又从脑传到手，脑教导手，手又发展和教导脑。人的构思在这时不仅付诸实施，而且不断地发展、深化和变化。思路在这时是不能中断的。用手工工具和极简单的机械对材料进行加工，是“医治”学习困难学生的好药方，因为这些学生不善于在脑子中扫描需要花费很长时间的劳动过程。

（4）为植物和动物生长过程的正常发展创造必要的环境并控制这种环境。学生在农业试验（作物栽培和畜牧业）中应从事这方面的劳动。这是从具体表象过渡到概括性结论，以及从概括性结论过渡到实践的好办法。这种劳动在教育方面的特征是，人可以从思想上掌控在不断变化的条件下长时间进行的过程，同时，还要有意识地影响并改变这种条件。我坚定地认为，农业劳动是最有智慧的劳动活动之一。在我们学校里，加入少年作物栽培学家、育种学家、生物化学家、农业技术学家等小组的成员中，有最“困难的”学生，他们在求知道路上遇到了似乎不可克服的障碍。饱含智慧的农业劳动教导他们怎样思维。

在一个少年实验员小组里，学习困难的儿童和少年参加创造性劳动已有 15 年以上。这个小组主要解决两个问题：环境对种子的发芽能力和植物发芽初期生命力的影响；土壤和外部条件对结果实的影响。

为了让手去促进智力的发展，当然应经常阅读，书不仅能养成聪明的头脑，而且能养成灵巧的双手。

35. 怎样使学生集中注意力

我带领 27 个小学生去草地，让他们看看各种植物是怎样传播自己的种子的。我和孩子们要看的植物在草地远处的边缘。要让所有的孩子围拢在这些植物的周围，我就得用很细的丝线拴住男孩和女孩们的注意力。所谓的丝线其实是无形的“缰绳”。在这些植物中间，紧挨着这些植物的地方，还有好几十种多姿多态的有趣的东西，只要有一个孩子去看其中的某件东西，那么拴住注意力的那条丝线就会被扯断。于是，我给他讲的和指给他看的东西，他就看不见、听不到了，因为他的思想已经开小差了。譬如说，一只彩色蝴蝶翩然起舞，万尼亚、科利亚、尼娜和娜塔洛奇卡好奇的眼睛就盯住了这只蝴蝶，于是，四根丝线就断了。一只小青蛙从脚下跳出来，结果，又有几根丝线被扯断了……

这种情况在课堂上也是常见的。怎样才能把这群不安分的、好奇心强的、随时准备去捕捉蝴蝶的孩子都吸引在自己的身边呢？当您开始讲述一些枯燥无味的事物时，孩子的脑海中却盘旋着其他什么有趣的、令人神往和动人心弦的东西，怎样才能吸引住心不在焉的孩子呢?

掌控学生的注意力，是教育教学工作中最细致且研究得还很不充分的领域之一。要掌控注意力，就应深入了解儿童的心理及其年龄特点。多年的学校工作经验使我深信，首先必须使孩子形成、确立并保持一种心理状态，即与对真理的驾驭感和智力自豪感相联系的一种情绪高涨和智力振奋的状态，唯有如此才能掌控儿童的注意力。

这种心理状态的形成应当动用整个智育系统。仅仅用课堂上某些专门的方式，如选用恰当的直观手段，是不可能形成上面所说的情绪高涨状态的。这种状态的形成取决于许多因素，如学生的思维和情感修养水平、见识的广度等。

掌控注意力，意味着教师对学生的思维施加非常微妙而细致入微的影响。例如，我知道学生要学一年生物学，学习其中许多初看起来很无趣的知识，如蠕虫的机体结构和生命活动。在教这些教材内容时，如果孩子们的意识中没有所谓能“挂上钩”的思想，那么教师就无论如何也掌控不住他们的注意力。在这里，学生的注意力受制于他们所懂得的一些常识。教师如参照这些常识来讲解教材，学生就会把枯燥无味的教材看成有趣的。例如学蠕虫这部分内容时，学生应知道的常识有：益虫（如蚯蚓）对土壤的构成和植物的生长起着有益的作用，自然界的现象之间存在着普遍平衡状态，一种现象与其他现象之间有着隐蔽的依存关系。

为使学生具有必要的情绪状态，以便细心理解这部分教材的内容，我总是把一些关于自然界和土壤的有趣的书籍推荐给他们读。我在讲解那些初看起来枯燥的内容时，我说的话全是针对学生的思想的。我仿佛触动了他们的思想，因而讲述的东西引起了他们的兴趣。这种兴趣首先是由内部的刺激和动机引起的，即学生在阅读过程中形成的思想似乎活跃起来了，得到更新并与我的思想趋于一致。也就是说，学生不是单纯地听讲，接受他们所不知道的新教材，而是在自己意识的深处搜索事实和现象，并思索它们。

无意注意应与有意注意相结合。只有当学生边听讲边思考时，才会出现这种结合，而能够实现这种结合的唯一条件是，学生心中有“引起思维的导火线”。也就是说，对于所学的科目，学生已略有所知。学生在理解教材的过程中思维越积极，学习起来就越容易。通过阅读培养起来的注意力，是减轻脑力劳动最主要的条件之一。只要做到在课堂上把学生的无意注意与有意注意结合起来，他们就不会感到疲劳和倦怠。

如果教师不想方设法使学生进入情绪高昂和智力振奋的心理状态，就急于传授知识，那么，这种知识只能使学生产生冷漠的态度，而不渗透感情的脑力劳动带来的是疲倦。即使是最认真的学生，尽管他有意要集中精力来领会和记住教材内容，他也会很快就“越出常轨”，丧失理解因果关系的能力。而且他越努力，就越难控制自己的思想。那些除课本之外什么书也不读的学生，对课堂上所学的知识掌握得很肤浅，并把一切都推到家庭作业上去。他们的家庭作业负担过重，没时间阅读科学作品和杂志，结果就形成“恶性循环”。

众所周知，直观教具能提高学生对所学科目的兴趣和注意力。但是，作为教学原则的直观性具有更加广泛的意义，如果把直观教具仅仅看作是引起学生注意的手段，那就不仅对教学，而且尤其对智育，都是很有害的。

36. 直观性是认知的途径和照耀此途径的光芒

培养注意力的唯一手段，是对思维施加影响，直观性只有在促进思维过程时，才有助于发展和提高注意力。物体的直观形象本身，能长时间地吸引学生的注意力。然而，应用直观性的目的，绝不是要在整堂课上捆绑学生的注意力。课堂上使用直观教具是为了使学生在认知的某个阶段能脱离形象，进而领会概念和理解规律性。在实际工作中常常会发生一些相当意外的情况，如果直观教具的某个细节吸引住了学生的注意力，这时它不仅不能帮助孩子去思考教师想要引导他们理解的抽象真理，反而阻碍他们去思考。有一次，我给孩子们带去了涡轮机活动模型。推动轮子转动的水流，飞溅起水花而形成水雾，在阳光的照耀下映射出一道彩虹。我没发现彩虹，孩子们却看见了。他们的注意力全都集中到当时完全是偶然出现的这个有趣的自然现象上，而没有集中到我想引导他们领会的概括性结论上，导致了这节课的效果不好。

采用直观教具，要求教师从科学和教育学方面做好充分准备，要求教师了解儿童和青少年的心理状态，了解知识的掌握过程。

第一，应记住，直观性是小学生脑力劳动的一个普遍原则。乌申斯基说过，儿童是用“形式、声音、色彩和感觉”①来思维的。这一年龄规律，要求在自然环境中发展小孩子的思维，使他们同时能看得见、听得见、感受得到，并能进行思考。直观性是一种发展注意力和思维的力量，赋予认知情绪色彩。由于同时能看得见、听得见、感受得到并进行思考，儿童的意识中就形成了心理学所说的情感记忆；沉淀在记忆中的每个表象和概念不仅同思想有联系，而且同情感和感受也有联系。如果没有形成发达的、丰富的情感记忆，就谈不上童年时代有充分的智力发展。我建议，低年级教师要在思维的源头，在自然界和劳动中去教儿童思考。要让进入儿童意识中的词汇具有鲜明的情感色彩。直观性原则不仅应贯穿在课堂上，而且应贯穿在教育教学过程的其他方面和学生的全部认知过程中。

第二，采用直观教学法时要思考的问题包括：如何由具体过渡到抽象，在课堂教学的哪个阶段已不再需要直观教具，在什么时候学生不应再关注它。这是智育方面的一个很重要的时间节点，因为直观手段仅在使思想活跃起来的一定阶段才是需要的。

第三，应逐渐由实物的直观教具过渡到造型的直观教具，然后再过渡到物体和现象的象征性图形。在一、二年级时，要逐渐让儿童摆脱实物的直观教具，但这绝不意味着可以完全不要直观。有经

① 引自《乌申斯基文集》第六卷，1949 年俄文版，第 266 页。

验的教师在一至十年级的整个教学过程中，都运用直观性原则，而且把这一原则体现在一年比一年更复杂的工作方法和方式中。即使在十年级，有经验的语文教师仍把自己的学生带到森林、河畔或鲜花盛开的花园里，可以说在这里进行着的是雕琢词汇情感色彩的工作，是加深和发展年轻人的情感记忆的工作。

由实物直观向造型直观的过渡，是一个较长的过程。这一过渡并不是让教师上课时带一张小猫的图画来代替活猫。即使造型直观教具确切地传达出了实物的形式、颜色和其他特征，但它毕竟是一种概括。教师的任务，是要在采用造型直观教具时逐渐过渡到越来越复杂的概括。尤其重要的是，要教会儿童理解象征性图形，如草图、示意图等。这类图画对发展抽象思维起着很大的作用。说到这里，我很想就使用黑板的方法问题谈几点希望。

教室里的黑板不仅是为了在上面写字，也是为了让教师在叙述、说明和讲课的过程中可以在黑板上画些草图、示意图、简图等。我在教历史、植物、动物、物理、地理和数学时，几乎在所有的课上（约 80% 的历史课，90% 的植物课、动物课和地理课，100% 的物理课和数学课）都使用黑板和彩色粉笔。我认为，不这样做就无法呈现抽象思维的发展过程。我把这种造型直观性，不仅看作是使观念和概念具体化的手段，还看作是走出表象世界而进入抽象思维世界的手段。

造型的直观性，同时也是智力自我教育的手段。我的学生在二、三年级，都把算术练习本分成两栏：左边解题，右边是习题的直观图形、简图。学生在着手解题之前，先画出图解。让学生学会图解，意味着使他们学会从形象思维过渡到抽象思维。起初，孩子们画实物（苹果、篮子、树和小鸟），然后过渡到画简图，用方块和圆圈等表示这些实物。让我特别操心的是让学习差的学生画图解习题。如果不采取这种教学方式，他们未必能学会解题和思考习题的条件。而如果孩子学会了画图解习题，我可以把握十足地说，他一定会解答习题。有的学生几个月都学不会把习题的条件用图形表达出来，就是说，他们不仅不会抽象思维，而且也不会用“形式、声音、色彩和感觉”来思维。应先教他们形象思维，然后再逐渐转向抽象思维。

如果您教的低年级里有些学生数学学习差，不妨试试教会他们学习画图解习题。应引导孩子由鲜明的形象过渡到象征性图形，再由图形过渡到理解各种关系和从属性。

第四，从造型直观性逐渐过渡到词汇形象直观性。词汇形象，是由用“形式、声音、色彩和感觉”进行思维过渡到概念思维的一个步骤。有经验的低年级教师，不仅能用词塑造出不可能指给学生看的东西的形象（例如，北极地区的浮冰群、火山喷发等），而且能塑造出在自然界和在我们周围的人类劳动中可以见到的东西的形象。这些词汇形象，对于形成情感记忆和丰富心理学所说的内部言语，具有极其重要的意义。

这里还要再谈谈对学习困难的学生做工作的问题。经验表明，这些学生的智力发展，很大程度上取决于由形象思维向概念思维的过渡，需要多长时间和经历怎样的步骤。有些学习困难的学生总是处于“不可救药”的状态，教师不知道拿他们怎么办，不知如何激发他们的思维。这主要是因为他们从未经历过长时间的“形象思维”训练，教师就催促他们快些转入抽象思维，而这些学生对此完全没有准备。要知道，学习困难的学生往往不会举例说明自己费了九牛二虎之力才记住的规则，这是形象思维和概念思维脱节的后果之一，是教师操之过急造成的后果。

第五，直观手段应使学生把注意力集中于最主要的、最本质的东西上。

我再说一遍：运用直观性原则要求教师有很高的教育教学艺术，要了解学生的心灵和思想。

37. 给刚参加工作的教师的建议

我记得，我在学校工作的头十年觉得时间过得很慢。后来，时间跑得越来越快，而现在我觉得，似乎学年刚刚开始，就好像快要结束了。我谈个人的体验，是为给新教师提一个醒，告诉大家一个很重要的道理：不管青年时期的工作多么热火朝天，多么不平静，总能找出时间来逐渐地、一步一步地积累我们的精神财富——教育教学智慧。要记住，您的二十年教龄会在不知不觉中来到，您会迈进自己生命中的第五个十年，感到时间不够用的时期也就到来了。那时候，您就会忧伤地说："唉，我要是知道的话，年轻时就该开始这样做，那么，年老时工作就会轻松些。要知道，我还得再工作二十年哪！"

为了在进入老年时不致后悔，青年时期应着手做些什么呢？

要做的事情很多，首先应点点滴滴地积累教育者的精神财富和教育教学智慧。人生大道在您的面前延展，在这条大道上，您会遇到种种始料未及的人生命运。青年人会向您投来火热的求知目光，他们在寻找对诸如应当如何生活、什么是幸福、真理在哪里等问题的答案。要回答这些问题，就应了解人们追求真理、渴望人类理想胜利实现的辩证法，应领会并用心去感受人类为争取美好的未来（共产主义思想及其在生活中的体现）而斗争的最终目标。

要成为真正的教育者，就应毕生学习科学共产主义理论，用马克思列宁主义世界观教育自己。您要记住，为使自己学会用共产主义者的眼光来看待世界和人，需要付出经年累月的努力。您个人的藏书中，应当有马克思、恩格斯和列宁论述社会、革命和教育的最重要著作。形成共产主义世界观，并不意味着会背诵马列主义经典著作中的词句。我再说一遍，这首先是要学习用共产主义的观点去看待世界和人。

年轻的朋友，我想与您分享我过去和现在是如何从马克思、恩格斯和列宁的著作中寻找对在实际工作中遇到的最复杂问题的答案的。每个学生的生活命运都历历在目，他们每人都是一个独一无二的人生世界。我认为自己最重要的教育任务，是要把共产主义理想在这个世界上体现出来，独特地、极具个性地反映出来。每当我看到不可重复的人生命运中出现细微的转变时，我都感到有必要反复思考马克思、恩格斯和列宁奋斗终身所追求的共产主义的人的标准和理想形象是什么样的。形象地说，如果不反复地冲向马列主义奠基人关于人的英明论断的思想海洋中去求教，我就不能深刻地思考具体的人生命运。因为在他们的著作里，有共产主义人学的百科全书。他们的英明思想，能帮助我们理解共产主义理想的发展逻辑，例如，理解关于每个人的全面发展的观念。马克思、恩格斯和列宁的著作，曾帮助我辨析清楚，培养人的兴趣和志向所依赖的错综复杂的条件。无论您能多么容易地从图书馆借到任何所需要的书籍，我还是劝您建立起自己的藏书。我有自己的个人藏书——这些书是我的英明老师，我每天都向它们请教：真理在哪里？怎样认识真理？怎样才能把人类创造的、积累的和获得的道德财富，从年长一代的心灵和智慧中传授到年轻一代人的心灵和智慧中去？这些书是我的生活的老师，我每天都带着这样一些问题去求教它们：怎样生活？怎样成为学生的楷模？如何使理想的光辉照耀到学生的心灵中去？

年轻的朋友，我建议您每月都要购买三种书籍：（1）关于您所教科目的科学原理问题的书籍；（2）关于作为青年楷模的人的生平和斗争的书籍；（3）关于人，特别是儿童、少年、小伙子和姑娘的心灵的书籍（心理学的书籍）。

希望您的个人藏书中有这三类书籍。您应年年充实您的科学知识。您在从事教育教学工作满十年时，应该觉得教科书像识字课本一样简单。只有这样您才能说，您一辈子都在为教好书而备课。只有经常不断地充实自己的科学知识，您才能在讲课的过程中看到学生的脑力劳动，这时，您的注意力不是集中在考虑授课的内容，而是在考虑您的学生的思维。这是每个教师力争攀登的教育教学技艺的高峰。

您要像寻找宝石那样去寻找关于杰出人物的生平和斗争的书籍，这样的人物诸如：费利克斯·捷尔任斯基、谢尔盖·拉佐、伊万·巴布什金、雅科夫·斯维尔德洛夫、尤里乌斯·伏契克、尼科斯·别洛扬尼斯。这些书籍要放在您的藏书中最显眼的位置上。要记住，您不仅是某门科目的教师，而且还是学生的教育者、生活的导师和道德的引路人。

您要用心理学书籍充实自己的藏书。教育者应是受教育者的知心人。每当我听到或看到对人采取区别对待的说法时，我脑子里总是联想起另一个概念——思考。要进行教育，首先得有生动的、好钻研和探索的思想。没有思想，就不能想象会有所发现，即使是微小的、不易觉察的发现，也是不可能有的。而没有发现，就没有教育教学工作的创造性。要记住，心理现象的规律尽管很多，但每条规律都能在无数人的人生际遇中得到反映。我坚信，刚从师范学院毕业的大学生，只有当其在整个教育教学生涯中都在研究心理学和不断加深自己的心理学知识时，才能成为教育教学工作的真正能手。

您在整个教育教学生涯中都应成为教育者，而要进行教育，离开美和艺术是不可思议的。如果您会演奏某种乐器，又稍有音乐天赋，您作为教育者就有了许多优越条件，在教育方面也就能得心应手，因为音乐能沟通人们的心灵，能打开学生内心最隐秘的角落。如果您不会任何乐器，你手上和心里就应有另一种影响人类心灵的强大手段——文学作品。要建立并丰富自己的文学作品的藏书。要根据您所教孩子的年龄，每年购置数十本能帮助您找到通向学生心灵的小径的文艺书。不要忘记，您的学生读过的文艺作品，是他们用自己旺盛的求知欲和敏感的心灵去感知的，往往能起到教师力不能及的作用。它们犹如在道德的天平上加上的一个小小的砝码，能使道德天平向着您所希望的方向倾斜。在充实自己的藏书时，应记住的最主要的事情是：在您要给学生读的书里，应当有关于如何生活的教导。这种书中的主人公的形象，应能使学生倾倒并受到鼓舞，从而确信：人是伟大的和强有力的，共产主义思想是真理和正义的最高理想。我在书店中为自己的教育藏书选购图书时，总是考虑哪本书最适合我的哪个学生读。

应记住，要进行教育，首先是要敏锐地、深思熟虑地、谨慎地触及年轻人的心灵。为了掌握触及心灵这门艺术，应多读书和多思考。您读过的每本书，都应该作为一件精巧的新工具，设法收入您的教育工场。

教育者必须有非常细腻的美感。您应当热爱美，创造并保护自然界和学生心灵中的美。您要知道，如果您喜欢种植树木，如果去您亲手栽培的鲜花盛开的树丛中的蜂巢附近倾听蜜蜂发出的嗡嗡的鸣叫声，能够给您带来快乐，您就会找到通往人的心灵的捷径——在创造美的劳动中与人的精神交往。

您在学校工作的每一年里，都应不断地扩充您的教育教学劳动工艺实验室。教师必须既为全班学生也专门为个别学生储备大量习题和例题。应年年收集这样的材料，按照教学大纲的各课题和各部分配套成册。我认识一些有经验的数学教师，他们在十五年的教师生涯中汇编了独一无二的成套的代数和几何习题。这种习题集被他们得心应手地用来对学生进行个别指导。

38. 对准备任教一年级的教师的建议

您在小学工作，现在教三年级。不久后您就要去教一年级学生。他们都是五岁半至六岁的孩子，受到家庭和幼儿园的培育。还有一部分孩子在上学之前唯一的教育者是他们的父母。正是在上学前一两年这个时段内孩子的教育状况，与他们以后的发展有很大的关系。您应很好地了解自己未来的每个学生。

了解儿童的含义是什么呢?

首先是要了解儿童的健康状况。在儿童入学一年半以前，我就有了未来学生的名单。我很了解儿童的父母，我推测有哪些疾病可能遗传给儿童。当然，这种推测要得到医生的验证。这样我就掌握了我未来学生的身体一些重要器官，如神经系统、呼吸器官、心脏、消化器官、视力器官和听力器官等状况的材料。

不了解学生的健康状况，就不能正确地进行教育。从事学校工作三十年的经验使我确信，不仅需要依据健康状况区别地对待每个学生，而且需要采取一整套爱护和增强体质的保护性措施。经验表明，教育应促进人的疾病痊愈，使他摆脱往往在童年时期患的疾病。对于心血管系统活动不正常的孩子，要采取特殊的教育方法和专门的医疗教育学措施。

我认为，必须懂得，家庭中良好的相互关系有助于预防孩子患病，如果孩子由于某种原因得了病，也有助于治愈。孩子的神经系统和心脏的健康状况，尤其取决于家庭的情况。那些在叫喊、责难、凶狠、不信任和侮辱的气氛中成长起来的孩子，是很难进行教育的。这种孩子的神经系统常常处于不安状态，很容易疲劳。对于患神经官能症的孩子，要予以特殊的、经常的关照。应采用医疗教育学的专门方法来教育和培养他们，预防有害的刺激，防止从一种情绪状态急剧地转向另一种情绪状态。

我建议准备教一年级学生的教师，提前一年半（如可能，两年更好）就召集家长到校（请父母亲务必双双出席），与他们谈谈家庭中的相互关系问题，这种相互关系应有助于孩子健全的神经系统的发育，从而养成良好的道德心理品质。

家庭的智力气氛对于儿童的发展至关重要。儿童的一般发展和记忆，在很大程度上取决于以下因素：家人有怎样的智力兴趣？成人读些什么书籍，考虑些什么问题？他们对儿童的思想留下些什么影响？您要告诉学生的家长："您的孩子的智力取决于您的智力兴趣，取决于书籍在家庭的精神生活中占据什么地位。"

我深信，必须至少用一年时间来研究每个孩子的思维，只有这样，才能为教一年级的课做好准备。

39. 怎样研究学前儿童的思维

人类的思维有两种基本类型：一种是逻辑思维（即数学思维），另一种是艺术思维（即形象思维）。伟大的生理学家巴甫洛夫的这种分类，对解决儿童的智育问题以及个人爱好和能力的形成，具有极其重要的意义。[①] 请您在 9 月的一个晴朗的日子里，召集您未来的一年级学生一起去秋天的森林，您立即就会发现，孩子们鲜明地表现出这两种思维类型。森林特别是早秋的森林，总是能吸引孩子们的注意，他们在这里不可能无动于衷：他们情绪激动，惊叹诧异，这就是对周围世界产生了逻辑认识和感性认识，即用理智来认识和用心灵来认识。高高的蓝天，装扮得绚丽多彩的树木，披上了明亮的早秋色泽的林边和密林——这一切都吸引着孩子们的注意力。但是他们对待周围世界的态度却是各不相同的。只要细心观察，您就会

① 参见《巴甫洛夫文集》第三卷，1951 年俄文版，第 346 页。

看到两种认知类型——这是两种思维类型的表现。一部分孩子陶醉于十分和谐的大自然的美景中。他们惊叹和赞赏美景时，是把各种物体当作一个整体来认识的。他们既看见了日出，也看见了披上秋装的树木所呈现的美不胜收的早秋的色彩，又看见了神奇莫测的密林。然而，他们把这一切都看成像多种乐器奏出的复杂音响中的和声一样，他们没有听到个别的声音，没有从周围世界中区分出个别的细节。而当某个物体或某种现象吸引着他们的注意力时，他们以为这个物体或这种现象就包罗了一切。例如，孩子注意到了一簇点缀着银白色露珠并长满琥珀色果实的野蔷薇，于是，除了这簇花，他再也看不见其他任何东西了，他以为自然界的这一创造物就是整个美妙的世界。

这就是对周围世界的艺术认知或形象认知的最典型的特征。具有这种认知的孩子，会兴致勃勃、津津有味地讲述着自己所见到的情景。他们的叙述，形象鲜明。他们是用画面、形象来思维的，即用色彩、声音和动作来思维的。他们对周围自然界的声音很敏感，而且一般说来，对自然界的美很敏感。他们的知觉中，似乎情感因素占优势，他们似乎更多地用心灵而不是理智来认知事物。要注意，这会对他们在学习过程中的脑力劳动产生影响。明显表现出艺术思维的孩子，读文学很有兴趣，喜欢读书，热衷于诗歌创作。他们学习数学时，常常会遇到很大的困难，往往学不好这门科目。

对另一些孩子而言，似乎不存在什么和谐的美。请想象一下，在一个暖洋洋的秋日，松树林边夕阳西下的景色：火红的晚霞，强壮得宛如铜铸的老树干，以及平静的湖面上变幻莫测的色彩。但在一群学龄前儿童中，总能找到一两个所谓不理解这种美的孩子。他会问：为什么太阳落山时变成了红色的？它夜里躲到哪儿去了？为什么秋天有些树叶变成红色，有些变成橘红色，有些变成黄色？为什么橡树叶子在霜冻前很久都还是绿色的？他们的目光首先看到的不是世界的形象方面，而是它的逻辑方面，即因果关系方面。这就是逻辑思维，或叫数学思维。具有这种思维的孩子，容易发现事物的因果关系和依存关系，容易抓住由某种关系连接起来的一串事物和现象。他们容易进行抽象思维，喜欢研究数学和其他精密科学。他们对抽象概念的逻辑分析的兴趣，恰如具有艺术思维的孩子对鲜明形象的兴趣。

这两种类型的思维是客观存在的，教师应当了解在每个孩子身上哪一种类型占优势。这对于从教育教学上正确地指导学生的脑力劳动极为重要。教他们学会思考、发展思维，意味着一方面要让每个学生发展形象思维和逻辑思维这两种思维形式，不可有片面性，另一方面又要善于把每个学生的智力发展引导到最符合其天资的轨道。

孩子的思维也有速度上的区别，可以说是思考的快慢不同。

有些孩子的思维很灵活。有的孩子刚刚还在想蜜蜂怎样采集花蜜，当教师介绍花朵的复杂结构时，他的思想就会很容易地转移到另外的目标上去。再拿解算术题时的思维情况来说，有的学生在思想上能抓住习题条件中所讲的一切——筐子、苹果和果园中的果树，我想称之为稳定集中性的思维。而另一些孩子的思维方式就完全不一样，我称之为顽固性专注。如果他的思想集中在某一件事上，他就很难转移到其他事务上去。他思考问题时，常常会顾此失彼：想着每千克苹果的价格时，就忘记每筐苹果有多少千克和总共有多少筐。教师往往错误地把思维的这种特点看作是智力发展的异常现象。无论是具有形象思维的孩子，还是明显表现出逻辑思维的孩子，都常会发生智力活动迟缓问题。教师往往不加分析，草率地对儿童的智力发展得出完全错误的结论。对思维过程明显迟缓的学生的误解，尤其令人痛心。他们常常是一些聪明伶俐的孩子，但其思维的缓慢引起教师的不满，于是，孩子着急上火，思维似乎变麻木了，而且完全不能再思考什么了。

教师在开始上课前，应该对这一切了如指掌。在开始上课前，研究儿童思维的特点，会容易得多。我向将要担任一年级教学的教师建议：在孩子入学前的一年内，要带领他们到大自然——思想的源头去旅行二三十次。把孩子们带到这种环境中去，那里既可以看到鲜明的形象，又可以看出各种现象之间的因果联系，让孩子们欣赏美、赞叹美、惊讶于美，同时，也能进行思考和分析。

40. 如何发展孩子的思维和智力

怎样发展学生的思维，提高他们的智力，我认为这通常是学校教育中最尖锐却研究得不够的问题之一。传授知识，只是智育的一个方面，对这个方面的探讨离不开另一个方面，即智力的培养和发展。发展思维和智力，就是发展思维的形象和逻辑分析的成分，影响思维过程的活跃程度和消除思维的迟缓现象。

多年的经验表明，必须开设专门的思维课。在学龄前期就应经常上这种课。从一年级开始，思维课就应成为智育的一部分。思维课是对周围世界的形象、画面、现象、物体的生动、直接感知，也是学习进行逻辑分析、获取知识、练习思维和寻找因果关系。

如果您想教会“头脑迟钝”的学生学会思考，请您把他们带到思维的源头去，在那里可以开启“现象链”，揭示出一件事情的结果是另一件事情的起因。思维过程缓慢的孩子在思想上抓住这根链条，尽量记住一些事实、事物和种种关系，这就是在经历任何东西都不能替代的思维训练。这是因为，在这个“现象链”中一个发现接着一个发现，孩子的眼前似乎燃起了思想的火花，思想的火花激发了思维过程的活跃性。思想的火花一经点燃，孩子就想知道更多的东西，想深入了解新的现象。这种想法和愿望，就是加速思维过程活跃程度的动力。

41. 怎样培养记忆力

培养记忆力是学校教育教学工作实践中的尖锐问题之一。大概我们每个人对“健忘”的孩子都感到过束手无策：他今天记住了，明天又忘记了。我打算提出的关于培养记忆力的意见和建议，都是以实际材料和经验为依据的。

靠自己的努力、靠顽强的意志力获得的知识越多，逻辑认知越深刻地触动学生的情感，记忆就越牢固，新知识在头脑中就越有条理、越严谨。

儿童在开始记忆之前，应该经历过我上面所说的思维训练。对记忆提出的任务越复杂、越困难，对思维、思考和智力的培养就应当越精心、越细致。一个孩子如果只看得见所有人都一目了然的事物和现象的表面，在考察事物的内部实质时没有任何“发现”，没有体验过各种现象发生意外的相互联系时的惊奇感，那么这样的孩子是很难记住什么东西的。

我坚信，当孩子还没有到达熟背和记住课堂上或家里教的东西的年龄时，就应特别关心培养他的记忆力。学龄前和小学学习时期，是为牢固的记忆力打基础的黄金时代。应设法使孩子无须专门去熟背和死记，而是在直接观察的过程中，去掌握有关周围世界的现象和规律的重要原理。

我们每个人面对下面这种奇怪的现象可能都会感到莫名其妙：一个孩子在低年级时学习很好，小学毕业后学习立即变差了。这是怎么回事？为什么这样的现象屡见不鲜？原因之一就是在小学没有专门进行以发展思维、培养智力和为记忆力打基础为目的的工作。在小学阶段应为记忆奠定牢固基础，这种基础就是儿童在教师的指导下，直接认识周围世界时所获得和掌握的知识。

42. 爱惜并发展青少年的记忆力

死记硬背总是有害的，在青少年时期尤其不可以这样做。在这种年龄死记硬背会导致幼稚病——使成年人稚气十足，使他们智力愚钝，妨碍能力和爱好的养成。死记硬背的产物和不良后果之一，就是书呆子气。这实质上是把典型的儿童教育的方式和方法照搬来教育青少年，导致青少年智力稚嫩却又企图掌握严肃的科学知识。这会使知识脱离生活实践，使精神活动和社会活动的范围很狭窄。

造成这种恶果的主要原因之一，是青少年获得知识的手段与儿童一样：分批背熟课本上的材料，为的是后来再分批把自己的知识说给老师听，以便得个好分数。刻意的有意记忆简直可以使人变成傻瓜。

必须把书呆子气清除出学校，这是非常重要的教育任务之一。然而，如果中、高年级的大部分教材恰恰要求进行有意记忆，让学生坐下来背熟，不然就什么都不知道，这里不能耍什么花招，那么，又如何能做到清除书呆子气呢?

清除书呆子气的唯一办法就是：确定有意记忆和无意记忆的合理比例。如果八年级学生应记住的教材数量用 x 表示，那么，在这个时期内学生应理解和思考的教材就应该多几倍，为 $3x$。同时，要记住的教材内容和只要求理解而不是非记住不可的教材内容之间，应有一定的联系——不一定是直接的联系，但最好是与问题相关的联系。例如，解剖学和生理学中研究人的神经系统。这部分教材里有许多完全新的知识，几乎都应当记住。为使学习不致变成死记硬背，可推荐学生读一些关于人体的有趣书籍，以了解人体的各种器官、神经系统以及杰出科学家在这些方面的研究成果。学生阅读时并未刻意去背诵、记忆，然而从阅读中记住了许多东西，这完全是另一种记忆，是无意记忆，这种记忆与学生有意地去记住教材内容是有质的区别的。这种识记建立在生动的兴趣、思考和爱好的基础上，认知的情感因素在这里起着很大的作用。读有趣的书籍引起的无意记忆，有助于活跃人的思想。人的思想越活跃，有意记忆就越发展，就越能保持和再现大量材料。如果理解的教材内容比应按课本背熟的材料多好几倍，那么，按课本记（背）教材内容，就不再是死记硬背，而成为有理解的阅读和有思维的分析过程。多年的经验使我确信，如果有意记忆以无意记忆为基础，即以阅读和思考为基础，那么，少年学生在学习课本的过程中就会产生许多疑问。他知道得越多，他不懂的地方就越多；不懂的地方越多，他按照教科书学习就越容易。

无意记忆和有意记忆的合理比例关系的确定，首先取决于教师。

您作为教授科学基础知识的教师，不应是单纯的知识传授者，还应成为青年思想的引领者。您对新教材的叙述和讲解，应含有能激发学生勤奋好学和渴求知识欲望的火花。学生听了您的课后，便热切地想去阅读您顺便提到过的书籍。他应念念不忘这种书，千方百计要找到它。

由此可见，青少年记忆力的发展，取决于中、高年级教学过程的一般智力素养。

43. 培养孩子对绘画的热爱

小学里如何安排图画课，以及教师在教学过程中赋予它什么地位——这个问题与学生智力的发展有直接关系。我在教小学生时把绘画看作是发展创造性思维和想象力的手段之一。我深信，儿童绘画是通向逻辑认识道路上的必要阶梯，且不说绘画有助于发展对世界的审美观。

起初，我教孩子们写生。我们画树木、花朵、河流、动物、昆虫、鸟类等。无论孩子们的构图有多么简单，但图中总是反映了每个人在认知、思维和审美评价上的特点。有一次，我们画长着三叶草的田野。有些孩子力求把鲜花盛开的整个庄稼地、云彩、蓝天和欢唱的云雀都画出来。我看到，另一些孩子则仅画一棵盛开鲜花的三叶草，和落在花瓣上的一只蜜蜂。还有个小姑娘在整张纸上画了展开着小翅膀的熊蜂、三叶草的小花瓣和太阳……

我们多次举行野游，让学生接触大自然这个思维源头，纯粹是为了使孩子们对周围世界的感知渗透着鲜明的审美情感。我们画池塘边的朝霞和晚霞、草地牧场上夜间的篝火、向温暖地方迁徙的鸟群和春汛的情景等。我得出了一个令人高兴的结论：描绘令人激动、赞赏和惊奇的东西，就是对周围世界的一种独特的审美评价。当儿童画出体现美的东西时，他对美的体验似乎要诉诸语言并激发他的形象思维。

我逐步地教孩子们掌握绘画的基本技能，使他们学会了表达明暗和远近的画法。早在一年级的儿童绘画中，创作就占有了重要的位置。孩子们用图画编故事，画童话。图画成了施展创作想象力的源泉。我深信，绘画过程中发展的想象力与儿童的言语有着直接的联系。可以毫不夸张地说，图画“打开了话匣子”，使沉默寡言、非常腼腆的孩子说起话来了。

在二、三、四年级，孩子们开始把图画嵌入创造性书面作业中，即嵌入根据对大自然现象和劳动的观察材料写成的作文中。我发现，当孩子找不到确切的、有足够分量的词汇来表达自己的思想时，就会采用画图的办法。有个男孩力图表达他在刺猬的“仓库”里看到的种种宝藏时的惊讶，就直接画出了这些宝藏：苹果、土豆、绿色的甜菜叶和各种颜色的落叶。

我力求使绘画在儿童的精神生活中占有一席之地。在我们坐车沿第聂伯河向基辅行驶的途中，孩子们欣赏并赞美沿岸的草地、山岗、森林和远方草原上的丘陵所构成的美景，他们尽力用线条和色彩把所有的美景描绘出来。

没有绘画，我不能想象怎样上地理、历史、文学和自然课。例如，我讲述遥远的大洋洲的动植物时，我们不可能把一切都画成现成的图画带来上课。因此，我很快地在黑板上画出许多植物和动物来。这样做，不仅没有打断孩子们的思路，而且激发了他们的想象力。上历史课时，我一边讲，一边用粉笔在黑板上画出从前人们的服装、劳动工具和武器。经验告诉我，在历史课上，尤其是在四、五年级的历史课上，在讲课的过程中随手在黑板上画些能表明主题的情节画，可发挥很大的作用。例如，在讲到斯巴达克起义时，我就在黑板上画出设在山顶上的起义者的军营。这种在讲解过程中随手画出来的图画，比起现成的画，甚至比彩色画，有更大的优越性。在低年级的数学课上，有时候还有必要把应用题画出来——这一点，我已在前面讲过。

44. 怎样训练孩子流利地书写

阅读和书写是学生最需要的两种学习工具，也是通向周围世界的两扇窗。孩子如果不能流利地、快速地和有意识地阅读，不能流利地、快速地和半自动地书写，他就会像个半盲的人一样。我认为一个很重要的任务，是要在三年级（在四年级则是必需的）就使学生学会笔不离纸地写出较长的单词，能不看练习簿就写出单词（甚至短句）。半自动地书写的过程，是学会读写以及自觉地掌握知识的极其重要的条件。学生不应再去思考怎样写某个字母和如何把它同其他字母连接起来的问题。只有达到了这种程度，他才能去考虑语法规则的运用和他所写的东西的意义。流利地书写还会逐渐培养语法规则方面的半自动化：孩子已不再考虑某个单词怎样写，因为他已经多次写过这个词了。

快速书写字母和单词，逐渐做到半自动地掌握正字法，书写时考虑含义——这一切都应同时进行。学会流利地书写，首先要求手的小肌肉群受到一定量的训练。多年的经验证实，这种训练应先于书写。我指的是用双手——右手和左手从事细致的劳动操作。上学前一年就应让孩子进行以下几种劳动：用小刀（雕刻刀）和剪刀剪硬纸板和纸张、木刻、编织、用木块制作小模型等。精细的劳动动作能使手指的动作形成必要的配合和节奏，使手指灵活并对小型图画有敏感性（字母实质上也是小型图画）。

应尽量使年幼孩子的劳动动作成为审美的创造活动。在孩子制作的物品中，要多让他们重复圆、椭圆和波浪形的线条，让他们从幼年起就习惯于谨慎而平稳地使劲，这要求他们具有高度的“工具灵敏性”。

经验证实，如果儿童完成了足够数量的精细的劳动动作，就为流利地书写做了一定的准备。当然，系统的书写练习也是不可或缺的。

45. 教孩子用左右手工作

人类发展的历史过程造成这样的结果：与思维相联系、靠手指尖传达思想的最灵巧的劳动操作，都是用右手完成的。左手在创造性的劳动过程中只起辅助作用。我们用右手拿工具，用右手持钢笔和铅笔，画家用右手创作出不朽的绘画作品。

人只使用右手就足以攀登上他所能达到的精神文化的顶峰。如果所有的人都会用右手做细活，有些人还会用左手做，那么，这些人的劳动技巧的提高和智力的发展就会快得多。这里所谈的不仅是劳动教育的又一个前提。手脑之间有着千丝万缕的联系：手使脑得到发展，使之更有智慧；脑促进手的发展，使手成为从事创造活动的灵巧的工具，成为思想的工具和镜子。我多年的经验证实，如果最细致、最灵巧的劳动不仅右手会做，而且左手也会做，那么，这种手脑之间的联系就会增多，反映事物、过程和状态的相互作用和相互联系的智慧的经验，会由手传导到脑。这一结论是根据经验得出的，它反映了一条实际存在的规律：借助双手的创造性劳动活动而理解和领会的相互作用，会给思维的活动带来一种新的特质，即人能够用思考的眼光观察一系列有相互联系的现象，把它们看成统一的整体。

七年来我一直教孩子们（从 7 岁到 14 岁）用双手工作。他们学会了掌握两种刀具，能用左右手装配复杂模型的部件，用左右手操作木材加工车床。我看到，在这些孩子的活动中，创造性的因素逐年发展起来。这些孩子的创造性的典型特点就是新的构思频出，有发明才能。会用双手从事劳动的能工巧匠们，与只会用右手干活的人相比较，能在同一现象中看到更多的东西。我的学生在使用工具加工材料时，其动作具有极其精细、柔和、优美的特点。他们都爱上了这种洋溢着智慧气息的创造性劳动。

46. 对在大型学校里工作的教师的建议

在有几十位教师的学校里工作的教师，完善自己的教育教学技艺要比在小型学校里工作的教师容易得多。大集体里总会有一些经验丰富的教师。不过，教育教学经验的借鉴是一项极复杂的事情，这是一种创造。

譬如说，您已大学毕业，有了担任低年级教师的证书。在您任职的学校里，除您以外还有 16 位低年级教师，他们之中有些人被校务委员会会议评为优秀教师，另一些人表现一般，还有些人则不时被指出缺点。您作为教育园地里的新手，几乎每位教师，即便是在学校里才工作几年的教师，他们身上都有值得您学习的东西。但借鉴别人的经验时，应注意节约时间。如果您依次去听所有教师的课，那就很难抓住教育教学技巧的要领。

我建议您先去看看低年级各位教师的学生练习本。如果您看到绝大多数孩子的字迹漂亮、清秀、正确，这就是直接的标志，说明在这个班里能学到许多东西。学生的练习本是全部教育工作的一面镜子。您应该去听这位教师的课，不仅听书写课，还要听其他课。练习本反映了整个教学过程的成果。书写也取决于儿童的阅读状况：他们读了什么，读了多少。

您若不深入了解教师的全部工作，不了解他对孩子们所施加的影响，就无法理解教育教学经验的任何一个方面。最初，您去听经验丰富的教师的课，仅仅是为了去了解他是如何教孩子们书写的，但您看到了许多似乎与您要观察的对象没有直接联系的东西。您不必因各种现象的复杂依存关系而不知所措。理解经验，首先意味着要理解一件事取决于哪些条件。否则，就无法理解，也不可能借鉴别人的经验。要知道，借鉴优秀的经验，并不是把个别的方式、方法机械地搬用到自己的工作中去，而是运用其思想。要向优秀教师学习，就必须有某种信念。

在学生的练习本引起您注意的那位同事的班上，您发现学生阅读也很出色：他们能迅速地阅读词句，能边读边思考，因此朗读带有鲜明的情感色彩。您仔细研究了阅读教学法，并没有发现任何意外的、新的东西。您又听了一堂课，以后又继续听，并把那位教师的课与自己的课做比较。您完全照他的样子去教，结果却大相径庭。您就得去探索，持之以恒地去探索：优异的成绩究竟取决于什么。

您要征询学生的意见，尽可能地深入了解他们的家庭生活情况，您就会逐渐发现，学生出色的阅读取决于许多因素：既取决于家庭的精神生活、学生在童年时代听过什么童话和他们的课外阅读情况，也取决于教师对学生的知识与实际技能的比例关心到什么程度。您会得出一个结论：教育教学工作中没有任何一项结果仅仅取决于某一个因素（似乎只要您这样做，就一定会有这种结果）。每项结果都要取决于数十种、数百种因素，这些因素初看起来似乎与所研究、观察、探索的对象风马牛不相及，没有直接联系。

领会优秀教师的经验能帮助您看到自己工作实践中的各种依存关系。

完善教育教学技艺，首先要靠自修，靠您个人去努力提高自己的工作素养，而且首先是提高思想修养。没有个人思考，不深入研究自己的劳动，则任何教学法研究工作都是不可思议的。

您对年长同事的经验研究和观察得越多，就越需要进行自我观察、自我分析、自我完善和自我教育。在自我观察和自我分析的基础上，将会产生您自己的教育教学思想。例如，您研究所做的事与其结果之间的联系时得出结论：种子今天播在耕耘得极好的土壤里，并不一定明天就可望发芽。今天所做的事，往往若干年后才可以进行评价。这是教育教学工作的十分重要的规律之一，它要求我们以长远的眼光来看问题。

47. 对复式制学校教师的建议

现在和将来很长一段时间内还会存在孩子数量不多的学校——只有一个班级或两个班级的复式制小型学校，学校中只有两位甚至只有一位教师。

如果您在这样的学校里工作，您要很费力气才能在自己周围形成并长期保持丰富多彩的精神生活气氛。您要知道，做到这一点是至关重要的，因为没有文化和普通教育方面的高度素养，就可能走下坡路，使自己所在的偏远的居民点成为穷乡僻壤。如果发生这种情况，只能归咎于教师本人。在远离大城市的最闭塞的角落里，也能燃起文化、思想和创造的熊熊火焰——这一切都只能取决于您。您恰恰应倾注全力使这种火焰燃烧得更炽烈。这对于您的学生的教养、文明行为和知识，也起着决定性的作用。

为使文化和思想的烈火熊熊燃烧永不熄灭，您应特意去做许多事情。在偏远的居民点没有大图书馆，而在这里像需要空气那样需要的恰恰就是书籍——最新的书籍。

因此，要使自己学校的小图书馆成为大文化中心的大图书馆的长期客户，例如，成为苏联国立列宁图书馆或国立乌申斯基国民教育图书馆的长期客户。您要阅读《图书评介》周刊，把任何您需要的、感兴趣的书借出来，花两三周的时间把它们读完。我知道在偏远的农村里有多年不外出的教师，但那里建立了为集体农庄庄员服务的“人民图书馆”。您也可以考虑一下这件事，在学校里创建人民文化中心。

在复式制学校中，儿童的课内阅读极其重要。您应同公众一道，设法使学校图书馆里有可供儿童借阅的所有必读书籍。即使是最小的、最偏远的学校，也都应配备列入世界儿童文学名著宝库的书籍。要做到这一点并不太困难，只要热爱儿童和有勤奋精神。我相信，即使在远离大城市的学校里也可以创造条件，使阅读成为学生精神文化的主要源泉。

应设法购买电影放映机和幻灯片放映机，及时订购新的教学用电影和幻灯片。

对于您这位来自偏远地区的小型学校的教师来说，同大村庄或大城市的好学校保持经常性的联系是非常重要的。我建议您每年去拜访那种学校两三次，每次与自己在那所学校里的同行相处三四天。您应去听课，同教师们交谈。您必须亲眼看到每位勤于思考和有创造精神的教师所向往和追求的成果。您应以这种成果（学生的知识、能力和书面作业）为标杆来衡量自己学生的成绩。如有可能，邀请您的同行中的一位优秀教师到您的学校里来，哪怕只待两天也好。

春季和夏初，您应带领学生远途旅行，让他们看看城市的生活，看看工厂尤其是印刷厂。要利用每次旅行来丰富学校的图书馆和影片库。

夏天，您不要只待在学校里，要去大城市看看。您应做个计划，在您任教这所偏远学校期间去莫斯科、列宁格勒（今圣彼得堡）和其他大文化中心看看。您在城市逗留期间生活要过得很充实：应该去剧院、音乐厅去看演出，见识一下我国杰出演员的表演艺术。我再重复一遍，不要忘记买书！

我建议您还要完成几次旅游，去看看乌拉尔、西伯利亚、阿尔泰山、中亚细亚、高加索、俄罗斯北方——阿尔汉格尔斯克州和诺夫哥罗德州。您的见闻越多，您用来影响学生的教学法手段的宝库就越丰富。

48. 教师应制订哪些计划

有一个很尖锐的问题是：有时候教师被一些没有必要的文牍压得喘不过气来。但是，往往在对“官样文章”的批评甚嚣尘上时，有些教师会得出不必制订任何计划的结论。

这两种看法都不正确。对工作有益的计划是应该制订的。

对小学教师来说，制订为期数年的远景计划是很重要的。这种计划应包括哪些内容呢？根据自己的工作经验，我发表一些意见。

（1）孩子在小学阶段应阅读的文学作品的书目。当然，只有当学校图书馆有这些必要的儿童读物时，计划里的这一点才能实现。

（2）孩子在学校里应欣赏的音乐作品（学校里最好有一间音乐教室）。

（3）与学生座谈时使用的绘画作品。

（4）要求学生背诵的课文和文艺作品的片段。

（5）最低的词汇量，也就是要求小学生牢固记住且永远熟记其正确写法的那些词汇。

（6）为扩大学生的知识面而需要阅读的科普读物的书目。应专门为学习困难的学生（思维迟滞的儿童）列出阅读书目。

（7）“思维课”（带领学生到思维和本族语言的源头去旅行）的主题。

（8）孩子在小学期间要写的作文题目。

（9）教师和孩子要制作的直观教具的大致清单。

（10）小学期间要安排的参观。

我建议中、高年级各学科的教师也要制订这样的远景计划。当然，制订这种计划时要考虑到学科的特点。例如，生物教师在远景计划里列入在自然界进行系统的观察，使学生形成一些必要的概念。地理教师可以把必须记忆的术语列入远景计划。物理教师的计划里要列入观察工农业生产劳动。

远景计划是一个重要的方向标，教师根据这种计划每年在翻阅和思考教学大纲时，就像是在检查自己的工作，什么已经做完，什么还需要去做。根据远景计划完成的情况，可以判断学生的知识质量。

每位教师还应制订专题计划或每节课的计划。专题计划的制订要根据教学大纲分配给本专题的课时。专题计划只适用于不大的课题（2—5 节课能讲完的）。在专题计划里要注明授课的宗旨和方法，应避免对讲课的内容做冗长的书面抄录。教师要给学生传授的知识，应记在教师的脑子里，无须详细记录在计划中。专题计划是一种教学预见和根据，而不是详细的讲稿。计划里应写明对教材所进行的创造性加工，例如，检查家庭作业时要让孩子回答的问题，学新教材时要独立完成的作业种类。布置给学生的习题和练习，通常不列入计划（教师通常把它们抄在专门的卡片上或练习本里）。

写专题计划的练习本，必须留有空白，以便在出现意外偏离计划的情况时，对原计划做相应的修改。

有些教师不喜欢制订专题计划，而宁愿制订每节课的计划。他们对课题反复思考，预先制订初步方案，但仅仅安排一节课的内容。每位教师都可以按照自己认为最适宜的方式去做。最主要的是要以远景计划为标杆，不要忘记最终的目标，经常考虑到教学大纲及其说明，并把它们与远景计划相对照。

担任班主任的教师，要制订教育工作计划。关于这种计划，会在后面关于教育问题的建议中阐述。

49. 关于写教育日记的建议

我建议每位教师都写教育日记。教育日记并不是在形式上有什么要求的正式文件，而是一种个人的随笔和札记。这种笔记对日常工作很有用，它是进行思考和创造的源泉。记了十年、二十年甚至三十年的日记，就是一笔巨大的财富。每位善于思考的教师都有自己的体系、自己的教学素养。如果一位精通业务、富有创造性的教师在结束其一生的创造活动时，把他在长年劳动和探索中的一切成就都带进坟墓的话，那将失掉多少珍贵的教育财富啊！我真想把教师的日记当作无价之宝珍藏在教育博物馆和科研所里。

我记了 32 年的日记。我作为一名小学教师刚跨进学校的大门，在开始从事教育教学工作的第一天，我就在思考一件事。那时候在我们村里有一位医士，大家都说他是个古怪的人。我看到，这位古怪的人在检测一年级新生的身高和体重时，详细地记录了所有的数据。我们俩聊了一会儿，我翻阅了他的记录。使我惊叹的是，这样的统计工作他已经持续了27年。

我问："您为什么要做记录？"

医士答道："这是一项很有意思的事。您看，27年来，孩子们的身高平均增加了4.5厘米。是啊，我要能再活30年该多好啊……"

当时，还没有任何人想到过孩子会加速成长的问题。战争开始时，这位医士患了重病，他把自己的记录交给了我。我从学校工作的第一天起，就开始记录孩子们的身高、体重和他们的智力发展情况。现在，我掌握着59年来该村儿童发育的资料，我认为这是极为珍贵的材料……

32年来，每年开学后的前两周内，我都要记录有关儿童的知识面和概念的一些材料。每年都要让孩子们回答同样的一些问题。

例如：从1数到100……说出你知道的植物、动物、鸟类的名称……叫出你所认识的机器的名称，说说它们安置在哪里，有什么用处……

我觉得，孩子们对这些问题的回答，同样具有重要的价值。这些资料是很有意思的。例如，在1935年，35名一年级新生中仅有1人能从1数到100；能数到20的有5人（当时儿童是8岁入学）。到1966年，36名一年级学生中有24人能数到100，其余的12人能数到20、30、40（儿童7岁入学）。儿童对机器和工艺流程的知识逐年增多。但遗憾的是，儿童对于植物、动物和鸟类的知识逐年减少。

1935年时所有的35个孩子都在夏日看到过朝霞，能描绘日出的情景。1966年时36名一年级新生中只有7人在6月看到过朝霞和日出。

我在自己的日记里还记录着，学生家里有哪些书，学生家长的受教育程度，父母花多少时间来教育孩子。把这些材料进行比较，也是很有意思的。

在我的日记里，关于“困难”学生的记载占有重要地位。我认为，注意观察他们在课堂上和家庭中的行为和脑力劳动方面最细微的差异，是非常重要的。把观察结果记录下来并进行思考，对教师的工作有很大的帮助。例如，我考虑到思维迟滞的孩子，其知识面相对受到限制，从而得出一些结论，说明这样的孩子应该读哪些科普读物，以及他们应怎样阅读。

记日记还有助于集中思想，深入思考某件事。我在日记本中专门留出几页，用于记录有关知识的巩固性的想法。对这些记录加以研究、比较和分析，就能看出知识的巩固性取决于许多前提和条件。记日记能教会我们思考问题。

50. 关于对自己孩子的教育

遗憾的是，现实生活中存在一种应该避免的怪现象：教育别人孩子的教师，却没有时间去教育自己的子女。我想对身为父亲和母亲的教师提些建议。

请您不要忘记，在家里，您对于自己的孩子来说既不是教师，也不是班主任，而首先是父亲或母亲。因此，请您不要把自己的家变成小型的学校，而应竭尽全力把学校的气氛搁置在家门外，使您和您的孩子们单纯地拥有一个温馨的家。

教育首先是一种生活方式，而并非某种专门组织的和人为安排的“措施”。教师的手里拿着一件强有力的而又不无危险的工具，这个工具就是“管人”的权力。教师在使用这件工具时，必须具有高超的聪明才智和审慎精神，教师只能在学校里理智地、谨慎地使用这件工具，切不可把它带回家去。教师应该把自己的许多传统的习惯和做法都留在学校里。您要避免对自己孩子的“教师化”。如果您的孩子通晓教师职业的全部细节，知道教师应做什么和为什么做，知道教师怎么做是对的，怎么做是不对的，知道教师有权做什么和无权做什么……那就很不好。您绝不可当着自己孩子的面，毫无顾忌地评论某些学生和教师。因为教师的孩子要是听多了这类议论，就会变得傲慢自大，会滋生出凌驾于其他学生之上的优越感。他们往往会对教师说话粗鲁无礼，以后对自己的父母也会这样。到那个时候，你们这些家长即便是有经验、有才智的教师，也会丧失对自己孩子的管控。任何时候都不要让自己的孩子在与其他学生相处中有任何特殊的表现。

如果有可能，要把您的孩子编到同事任教的班里，而不是编在自己的班里。这样做会更好一些，这使您作为父亲或母亲，能更亲近自己的孩子。

尽管我们一辈子时时处处都在做教育工作，但仍然需要专门抽出时间来教育子女。您每天都要抽出一些时间来和自己的孩子聊聊天，同他一起谈读书，与他一起到大自然中去散散步。这对于当父亲的尤为重要。

切不可把您对教育教学过程的某个方面和学生行为的恼怒、不满情绪，从学校带回到家里。否则，这对您的孩子来说是个很坏的榜样。如果孩子从幼年起看到的是学校带给父亲或母亲的只有种种不快，他们就会逐渐产生对教育工作的反感。这种情绪的恶劣后果，会使您的孩子长大后不愿意当教师。如果仅是这样，后果还不算太严重，而实际上问题却要复杂得多：学生如果对教师工作怀有反感，就会逐渐变成口是心非、夸夸其谈的人。

您拥有优越的条件来培养自己的孩子热爱劳动、爱读书、爱科学。教师的劳动，实质上是一种品德崇高的榜样。要让您的子女感觉到您的劳动和您对别人命运的诚挚关怀是高尚的。

您有自己的藏书。您的孩子一上学，就要给孩子留出书架。您要培养孩子热爱读书，尊重文化珍宝。

下　篇

51. 谁在教育孩子，什么在教育孩子，在教育中什么取决于教师，什么取决于其他教育者

过分片面和绝对地把某种因素确定为教育中的唯一主要因素，有时候会使年轻教师迷失方向，因为在教育过程中，一切都是重要的，一切都有自己的意义。

我想把我们开始教育和培养的孩子，比作一块大理石，几个雕塑师带着自己的雕刻刀同时来到这块大理石旁边，想把它雕刻成一座塑像，使它具有灵性，并体现出人类的理想。这些雕塑师到底是谁，有多少人？

有许多力量参与人的教育过程：第一是家庭，而家庭中最细致和最有才干的雕塑师是母亲；第二是教师，他有精神财富、智慧、知识、能力、爱好和生活经验，有智力、审美和创造等方面的需要，有自己的兴趣和志向；第三是对每个人产生强大教育影响的集体（儿童集体、少年集体、青年集体）；第四是每个受教育者个人（自我教育）；第五是受教育者在智慧、审美、道德等珍宝的世界中的

精神生活——我在这里首先指的是书籍；第六是完全意想不到的雕塑师。（您的学生在街头结交的少年；来做客一周却使儿童一生都酷爱无线电技术或迷恋于星球世界的亲朋好友。）

如果所有这些起教育作用的雕塑师，始终像一支步调一致的交响乐队那样演奏，那么，使教育折戟沉沙的许多问题就会迎刃而解。

但是，每个雕塑师都有自己的性格、风格和长处（有时也有短处）。往往有这样的情况：一个雕塑师喜欢对另一个雕塑师的技艺和创作持批判态度，不仅力图用雕刻刀在未加工的大理石上精心雕刻，而且总想对另一个巧匠刚刚成功地加工好的地方乱加修补。然后，大理石就不再是“一块石头”了，逐渐变成有思想的生物，不仅认识自己周围的世界，而且认识自己本身，不仅用理智来认识，而且用心灵来认识。接着，“大理石块”流露出想照镜子的愿望，它说：“瞧瞧，尊敬的巧匠们，你们干了些什么呀！”我们的半成品雕像便拿起自己的雕刻刀，照着镜子（即端详周围的人们，对有些人赞美，对有些人毫不在意，对有些人愤怒），自己开始雕刻起来，甚至修改别人已雕刻好的部分。创造热情如火如荼：刀剑交锋，大理石碎屑飞舞，有时从洁白大理石上劈落下来一片片碎片……

您看到这种刀剑交锋并听到金属的敲击声和雕塑教育家的“对骂”时，心想：这种关于主要和次要教育因素的论断是多么天真幼稚！这种天真幼稚会给整个教育事业带来多大的危害呀！所谓某个雕塑教育家万能的奇谈怪论，倘若没有渗透进家长的意识中去，那我们怎能听到诸如这样的论断：“我把自己的孩子交给您，您去教育他吧！您和学校就是专门管这种事情的。”

您跨进了学校的大门，决心把自己的一生献给培养人——培养新的、共产主义社会的建设者的事业。请您记住，您不单纯是一座活的知识贮存库，也不单纯是一名善于把人类的智力财富传授给年轻一代，并在他们的心灵中点燃求知欲和热爱知识的火花的专业人员。您是一位创造未来的人的雕塑师，是一位不同于他人的特殊的雕塑师。教育，创造大写的人，这就是您的职业。社会把您看成雕塑巧匠，我们国家的未来在很大程度上取决于您这样的雕塑巧匠。您要记住，您的每个错误，都可能使人性扭曲，造成心灵的痛苦和煎熬。作为人的创造者的您，应以自己的技艺、能力、艺术，成为其他雕塑师的榜样。为使我们在苏维埃学校里创造出来的人，能攀登上道德、理智和审美完善的顶峰，所有能接触“大理石块”的雕塑师必须协调一致地行动，必须使大写的人的创造工作达到和谐的程度。那么，谁应当是形成这种和谐的敏锐的、明智的、有经验的、细心的和勇敢的指挥者呢？是教师。

您作为教育者的任务，首先是要看到这个由雕塑巧匠组成的整个乐团，要敏锐地听到每个成员的演奏，捕捉到不准的音。换言之，您应该厘清在困难重重的教育过程中的各种依存关系。必须看到，每个雕塑教育家在共同努力创造的人的身上留下了什么。我年轻的朋友，您要记住，雕刻刀轻轻地接触一下洁白的大理石，就会留下永远也磨灭不了的痕迹。您应知道，谁在什么时候是怎样接触了您的创作。因此，仅仅热爱儿童是不够的，像神话中的雕刻家皮格马利翁，爱恋上了自己亲手雕刻成的加拉忒亚一样热爱自己的创作是不够的。应当有深入的了解。应当有对因果关系进行逻辑分析的能力。

成为雕塑巧匠乐团的明智的指挥，并不意味着您要锱铢必较地去分配任务和职责：这由家庭负责，这由学校负责，这由少先队组织负责……。一个人不是一部分一部分地创造出来的：不是有的人雕刻耳朵，有的人雕刻前额，有的人雕刻鼻子，如此等等。在我们复杂而艰难的事业中不会有这样的事情。您从学校工作刚起步时起，就必须时常同家长交谈——不仅在家长会上交谈，更多的是个别交谈。任何时候都不要试图严格地分配职责，说什么这是你们家长应负责的，这是我们学校应负责的。对孩子的智育负有责任的不仅仅是学校，家庭也能够并应该做很多事，以使我们的孩子成为聪明睿智的、能敏锐地理解和深刻地感受的人。您要记住，对我们创作的加拉忒亚身上的同一个点，有时候各种不同的力量会用完全不同的方式去接触。您刚刚教导自己的学生要正直诚实，要爱护社会主义财产，突然窜出来一个您和家长始料未及的、根本就不认识的“雕塑师”，这个人教唆孩子去偷窃和欺骗。教育过程指挥者的才智和本领，就在于不让对你们的创造物的任何一次接触不被察觉。

乌克兰哲学家和教育家格·斯科沃罗达教导说，了解原因就是了解一切。[①]我年轻的朋友，您要认真考虑这个教导。教师往往还没有搞清楚学生行为的原因就得出了错误的结论，这样的情况在生活中是屡见不鲜的。常常发生这样的事情：过错方是学校，却把家长叫到学校里来，说服家长相信是自己对子女照管不够，对子女溺爱，

---

① 参见《斯科沃罗达文集》第二卷，1961 年俄文版，第 259 页。

等等。

有时候善与恶错综复杂地交织在一起，很难理出头绪来，然而，必须分清善恶，这是教师的神圣职责。年轻的朋友，您参加了崇高的人民教育工作，不仅是能进入造就共产主义新人工场的若干雕塑巧匠之一，您还应成为其他巧匠的老师。您的优势，在于您可依据教育科学来认识自己的学生。假如我不相信教育人的科学的力量，那我连一天也不可能在学校里工作，也不可能写这本书。您应成为教育科学知识的传播者，教育科学知识的光辉应照亮正在创造人的其他雕塑巧匠的工作。您作为教师和班主任，用什么办法去影响学生的家庭呢？学生的自我教育怎样进行，教师在这方面的任务是什么？教师的自我修养如何？集体具有巨大的教育力量的秘密何在，在什么条件下有集体，在什么条件下没有？书籍应怎样教育人？怎样使意外的教育者对少年心灵的影响与学校的方向一致？我感到，就这些问题提出建议，对青年教师将大有裨益。

52. 怎样使母亲和父亲做好家校合作教育的准备

在我们的时代，在培养共产主义社会的人方面，我认为没有比让母亲和父亲学会如何教育孩子更为重要的任务了。我们从自己多年的工作实践中得出一个结论：不关心家长的教育修养，就不可能完成任何教学和教育任务。家长教育学，即关于父母怎样培养子女成人的初步知识，这是全部教育教学理论和实践的基础。在我校的母亲教育学陈列室里，在醒目的地方写着尼·伊·皮罗戈夫的话："让妇女们懂得，她们照料摇篮中的孩子，创造他童年时代的游戏，教他牙牙学语，因而成了社会的主要建筑师。她们的双手砌就了基石。"[①] 这句话表明了我们整个家长工作的基本思想意图。

我校开设了家长教育学校，分成以下几部分：学前部，一至三年级学生家长部，四至八年级学生家长部，九至十年级学生家长部。

① 引自《皮罗戈夫教育文选》，1952 年俄文版，第 83 页。

在送自己孩子入学前三年，母亲和父亲就开始在家长教育学校里学习。他们每两周听一次课，由校长、主管教育教学工作的副校长、主管课外工作的副校长和三年后将教一年级的教师讲课。下面就是家长教育学校学前部 1964—1967 年的工作计划（在这里学习的家长，其子女于 1967 年秋季入一年级学习）：

（1）4—7 岁儿童身心的发育。

（2）怎样预防儿童患病。

（3）儿童的生活制度、饮食和身体锻炼。

（4）4—7 岁儿童的智育。

（5）母亲和父亲如何关心儿童语言和智能的发展。

（6）怎样预防儿童的神经官能症。

（7）4—7 岁儿童的劳动教育。

（8）怎样培养儿童尊敬长者。

（9）学前儿童的大自然教育。

（10）学前儿童的需求和兴趣的发展。

（11）学前儿童对现实的认识和情感的发展。

（12）怎样培养儿童具有人的情感。

（13）4—7 岁儿童的美育。

（14）4—7 岁儿童的创造。

（15）怎样防止儿童冷漠无情。

（16）怎样教育儿童学会克制自己的欲望。

（17）儿童对植物和动物的关心是教育的一种手段。

（18）游戏及其在学前儿童的智育、德育、情感教育和美育中的作用。

（19）母亲是儿童的第一位教育者和老师。

（20）家庭是人们相互关系的学校。

（21）父亲和儿子。

（22）母亲和女儿。

（23）儿童对学校教学的心理准备。

（24）儿童道德修养的初步要素。

（25）我们怎样看待您的孩子，您应怎样看待自己的孩子。

（26）家长在自己子女的教育方面容易犯哪些错误，怎样避免这些错误。

（27）祖父和祖母是教育者。

（28）给学前儿童教些什么和怎样教。

（29）怎样才能使家庭洋溢着善良与和睦的气氛。

（30）怎样教育儿童对人温和、亲切。

（31）怎样做到互相谦让。

（32）怎样抑制自己的感情冲动。

（33）怎样培养儿童立志做好人。

（34）怎样防止儿童任性。

（35）家长的权力是什么以及怎样行使这种权力。

（36）怎样不用惩罚来进行教育。

（37）惩罚是利多还是弊多。

（38）可以要求儿童的和不可以要求儿童的。

（39）教育子女是父母最重要的社会义务。

因为您作为教师，必须准备和讲授这些课题，所以我想对这项并非轻松的工作提出几点建议。您要教家长认识到，教育是最崇高的、人道的、高尚的创造性事业，是履行崇高的社会义务。我们有许多优秀的班主任，他们善于把创造人这种思想像一根红线那样贯穿在每次对家长讲课和与家长的谈话中，激发母亲和父亲为他们自己正在创造地球上最美好的、最崇高的东西而感到自豪。他们把家长教育学作为劳动、科学、技艺和创造加以阐述。

这些班主任从不以“批评”的姿态对教育中犯有过错的家长讲课和谈话。我年轻的朋友，我建议您也要这样。有些家庭的生活中还存在不好的现象。如果您一开始就去“揭人隐私”，把人家的不幸（不善于教育首先就是不幸）暴露于众目睽睽之下，那么，来听您讲课的家长会越来越少，您将使他们和学校疏远，而特别危险的是，他们会不再关心人和事，说：“不管我怎么做，我也不会成为好父亲，别人家的孩子都是好的，我的孩子注定是不好的。”请您永远不要忘记，您在同家长谈他们的孩子时，好像是在迫使他们照镜子。如果您对一个人说“瞧，您多么难看……”，那么这个人对您的话会采取什么态度，是不难想象的。

这条建议绝不意味着要回避和缓和教育中的尖锐问题。恰恰相反，一些人的失败可以成为另一些人的教训。没有什么比学校—家庭教育更为复杂和更为矛盾的了，这种教育充满无数冲突，需要理智地、巧妙地、策略地、不叫喊和不忙乱地加以解决。但是，对坏事也是要讲的，讲时不可以侮辱和贬低人家。我们在大庭广众之下讲坏事时，通常不说出犯过错家长的姓名。

为了深刻思考过错，为了开诚布公地讨论某个家庭具体情况下的教育，还可以采用另一种工作方式，即与家长个别谈话，特别是女教师与母亲交谈，男教师与父亲交谈。决定家长一般精神修养和教育修养的条件和前提是，没有任何两个家庭是完全相同的。每个家庭都有自己的特点。因此，与母亲和父亲的个别谈话——孩子不在场的谈话，是我们家长教育学校的一个有机组成部分。我要特别强调，这是孩子不在场的谈话。任何情况下都不要让孩子知道教育中的困难和烦恼、成功和疏忽，如果让孩子知道，那就只会有害无益。在良好的家庭中，父母的善良和睦、互敬互爱和互让，是施加教育影响的主要力量，但孩子从来不会想到对他们起了教育作用的，恰恰就是家庭中的安然无事。

我们已经成功地做到了使学前儿童在家庭中经历了一种特殊的母育学校的教育。这是任何东西都代替不了的德育、智育、情感教育和美育的学校。任何幼儿园，哪怕是最理想的幼儿园，都不能取代母育学校，或者弥补母亲和父亲在人的精神生活最敏感的领域，即个性培养方面所忽略的东西。我们非常重视母育学校中对人的情感的培养。在有关这个问题的讲座中，以及与母亲和父亲的个别谈话中，我们都用具体的例子来说明，怎样使孩子养成一种复杂的精神能力，即总是感觉到自己是生活在人们中间，要善于考虑到他人的利益而节制自己的欲望。在我们的学前儿童家长教育学校里，我们逐步突出了这个极复杂的课题——生活在人们中间的能力。

母亲的教育修养的重要性，是无论如何评价都不会高估的。我们的教师集体坚信，家长教育学是共产主义教育学的第一篇章。我们关心使母亲成为精致的、智慧的、精神美丽的、受道德美的崇高思想所鼓舞的雕塑师，归根结底也就是关心儿童心灵的敏感和富有同情心，希望她内心深处最隐秘的角落也永远能对善与美做出响应。

53. 怎样能让教育者的话进入受教育者的心坎

我们力求使孩子在母育学校里养成细腻的、温存的、敏感的、富于同情心的心灵。要使儿童不仅用头脑和理智，还要用心灵去认识周围的世界。要让孩子十分关心：有人折断了树枝；雏鸟从巢里掉落在地，无助地在草地上挣扎；花园里出现了一只不知被谁扔掉的无主的小猫。我们在家长身上花了很多时间，告诉他们怎样切实地为孩子创造自我管理的条件，使孩子在别人有需要时总能表达出自己的同情心：对某人怜悯，对某人爱抚，对某人保护，对某人关心，因为某事而焦急不安，因为某件事而悲伤。我年轻的朋友，这里指的是雕塑巧匠——母亲和父亲的最精致的雕刻刀，是他们最娴熟的动作。我在学校工作了三十多年，经验使我确信，当孩子入学后才开始培养情感，即由我这个当教师的去触动连母亲和父亲都未触动过的大理石，这样就为时已晚了。如果孩子在家里没有受到情感教育，他就不可能用心灵去认识世界和领悟教师的话。他所能理解的，只是他听到的和读到的东西的逻辑意义，而情感上、心灵上的潜台词，他是不会明白的。

这是学校—家庭教育最复杂的问题之一。为什么往往孩子已上了几天学，却依然对教师的好言好语完全没有反应？为什么教师不得不高声吼叫并用拳头敲桌子？为什么孩子入学一个月后就已被罚“立壁角”，但是惩罚也无济于事呢？祸根就在于情感培养的缺失。

我年轻的朋友，假如您希望您未来的学生能留心听您的每句话，感受您的话，那么，您就要去关心家庭情感关系是否丰富的问题。道德怕心灵的孤单，如同思想怕周围无人一样。您要设法使孩子与他人由于相互负有义务，相互爱慕、尊重和关心而联系在一起。您未来学生的道德水平，在很大程度上取决于他是为他人奉献一点自己的心灵，还是封闭在自己的小天地里过着只关心自己和自己狭隘利益的生活。个人主义始于缺乏情感教育。

您要走访自己未来学生的家长（三年期间可以走访每个孩子的家庭两三次），要去感受一下会给他带来快乐的是什么：仅仅是长者给了他什么东西，还是他用自己的绵薄之力为别人做了什么事。如果享受父母创造的幸福是他快乐的唯一源泉，那就糟糕透了；您这个学生来上学时也将是个冷漠无情的人。您可以与家长谈谈（可以分别与父母谈谈），共同思考怎样为男孩或女孩开辟其他的快乐源泉，譬如：在花园里种的树或玫瑰、供人观赏的小小的葡萄园、制作的鱼缸、建立的小图书室和可供父母休息的恬静美丽的角落。您要知道，您在操心这些事情的时候，就是在培养儿童的情操，给学生时代的德育、智育、美育和情感教育打基础。

培养学前儿童的高尚情感时，切不可对孩子进行体罚。没有什么比“暴力”强迫手段更为有害和让人惊恐不安的了。在本该用智慧的、温存的良言善语的场合，却用皮带抽打或敲后脑勺，这就等同于用生锈的斧头去替代雕塑师的纤细的、精致的、锋利的雕刻刀。体罚不仅是对人的肉体的暴行，而且是对人的精神的摧残：皮带不仅会使脊背失去知觉，而且会使心灵和情感麻木。在家里受惯了被皮带抽打和被敲后脑勺的孩子，在学校里对良言善语就会置若罔闻。我知道有些孩子是由于遭毒打而变得冷酷无情。挨打的人，自己也想打人；在童年时代就想要打人的人，成年以后就想要杀人——犯罪、凶杀、残暴的根源可追溯到童年。我在家长教育学校的学前部讲课已有十年。从事这项极有必要的教育工作使我确信，把以下真理灌输到父母的意识和心灵中是非常重要的：在童年早期播撒在孩子心灵中的一颗小小的种子，到孩子成年时就会成为一棵大树。一切都取决于播下的是什么种子和播在什么土壤之中。如果在儿童入学前三年我未能使他心灵变得敏感、温存、善良，与邪恶和谎言势不两立，不仅热爱善良，而且憎恨邪恶，我就不配称作人民教师。

同时，如果您希望您的每个学生都成为真正的人，您就应该教导家长从孩子四五岁起就对他进行劳动教育。从孩子学会手拿汤勺并把它送到自己嘴里的时候起，他就应当劳动。睿智的民间教育学教我们这样做，我们在教育工作中应遵循这个自古以来的智慧结晶。不要担心这样做是过早地迫使儿童参加劳动。谁如果担心，说“哎呀，太早了”，谁有朝一日就会懊恼地确信：已经太晚了。我们认为自己的神圣职责是鼓舞父母去让他们五六岁的孩子在春季种植母亲苹果树、母亲葡萄、父亲苹果树、父亲葡萄、祖母苹果树、祖母葡萄、祖父苹果树、祖父葡萄。当然，如果哥哥和姐姐能帮助他们，孩子就能更出色地完成这项工作。然后孩子们就会精心地照护苹果树和葡萄藤，他们向往着给母亲、父亲、祖母和祖父带来快乐——用果实招待他们。

形象地说，这一切就是按教师的话对土壤进行情感方面的开垦。对于入学前就体验到送给母亲自己亲手栽培的葡萄所产生的这种无与伦比的感情的人来说，“妈妈”这个词的含义，与那种在入学前只知道消费快乐的孩子是迥然不同的。我年轻的朋友，您要明白，只有尝到创造的快乐的孩子，才能用温暖和善良来教育，不必吼他们，也不必采取惩罚。

有的教师对此会产生疑问：教师有能力做到这一切吗？他能够既胜任日常的学生教育工作，又胜任4—6岁儿童的入学准备工作吗？

我的回答是：我们在工作中不做那种没有实际收获的事，就是说，不做归根结底不会减轻我们繁重工作的事情。对学前儿童教育的操心劳神，是会得到百倍补偿的。正是由于付出了操劳，我们的工作就轻松了一些，我们不会遇到其他学校所遭遇的许多困难。据我所知，那些学校简直无法组织正常的教学和教育活动。我校不存在学生无纪律、不想学习之类的问题。我们实际上没有其他学校所采用的处罚形式。这些成绩源于我们和学生家庭的共同工作。这种工作起了极其重要的作用。我们不命令家庭做这做那，不要求家长绝对按照我们的要求行事。问题恰恰在于，我们和家庭恰恰就像是两个并肩工作的雕塑师，有着共同的思想观念，有着共同的目标。要知道，两个雕塑师的立场不是相互对立的，这对于人的创造工作是极为重要的。

54. 怎样使作为教育者的父亲和母亲步调一致

我们应设法做到使父母的认识统一，认识到自己是与学校一起教育子女，进而使父母的要求首先是父母对自己的要求取得一致。要使作为教育者的父母在行动时步调一致，就要教给他们明智的母爱和父爱，做到刚柔相济。我们必须把握好分寸，不触及个人的往往是近乎病态的表现，力求防止家长在这个最敏感的精神生活领域中犯错误。家长缺乏教育智慧，母爱和父爱就会毁坏孩子。我们用具体的例子来说明，溺爱、专横的爱、收买的爱，会给孩子带来多么巨大的危害。

溺爱是家长和孩子关系中最可悲的错误。这是一种本能的、不理智的爱，有时简直可以说是母鸡的爱。母亲和父亲为孩子的每一举动高兴，却不考虑这是什么举动，会导致什么结果。在溺爱氛围中培养出来的孩子不会懂得，在人与人的共同生活中有“可以”“不可以”“应当”这样一些概念。这种孩子觉得，他是无所不可的。他变成了任性的往往是近乎病态的人，生活中微不足道的小小困难，对于他都是不可承受的重负。在溺爱氛围中培养出来的人，是彻头彻尾的利己主义者。他不知道自己对父母负有义务，既不会也不愿劳动，因为他目中无人，他的内心里感受不到他周围的人（首先是母亲、父亲、祖母、祖父）也有自己的愿望、自己的需求、自己的精神世界。他觉得，他活在这个世界上，他的存在就已经给双亲带来了快乐、幸福。

只有当您同时与母亲和父亲谈话时，才有可能做到防止溺爱。这里说的是对家长的情感教育问题，而情感是非常细腻的东西。为了对年轻家长进行情感教育，我们教师要请学前儿童——我们未来的学生——的母亲和父亲不仅来家长教育学校学习，而且要参加特殊的实习课。在低年级（特别是一、二年级）学生进行集体的公益劳动的日子里，年轻的父亲和母亲都来帮助我们。他们和我们一起指挥劳动，教导孩子控制自己的愿望，使之服从于劳动，服从于纪律和集体的意志。通过教导孩子，作为教育者的家长自己也在学习。

您还要告诉家长当心另一种不理智的、本能的爱。这就是专横的爱。有些家长既自私自利又不文明，二者的结合就是培殖这种爱的土壤。他们对待自己的孩子像对待物品一样：这是我的桌子，我想放到哪里就放在哪里；这是我的女儿，我想说什么就说什么，我想起了什么就要求什么。我知道有一个父亲居然发展到了这种地步：他给 15 岁的女儿（八年级学生）买了一双时髦的鞋和一条漂亮的连衣裙。他吩咐把鞋放在姑娘做功课的桌旁，把连衣裙也挂在那里。他警告女儿：如果在学季末各门功课都不低于 4 分，你就可以穿连衣裙和鞋；只要有一门功课得了3分，就别碰新装。

我年轻的朋友，在我们的社会中还有人像暴君那样样陶醉于对别人发号施令，并从中体验到乐趣。您要知道，与这种现象做斗争是非常困难和复杂的事情。然而，我们教师首先要与这种现象做斗争。

不允许哪怕仅在一个家庭发生吹毛求疵、求全责备、歇斯底里的抱怨和责难等情况，因为在这种气氛里，小孩子也会变得冷酷。我认为，这是对少年心灵的一种最可怕的打击。您在讲课和谈话中要说明白，吹毛求疵会把善良的人变成刚愎自用的人，而刚愎自用会驱散正常家庭中孩子的善良、合理的审慎和谦让所产生的心灵感动。这种心灵感动就是爱抚。童年时期未受到爱抚的人，在少年和青春期就会变成粗暴的、无情义的人。

您大概听说过有些家长的焦虑，他们说：儿子小的时候挺好的，既温顺又听话；长大后却变得粗鲁、任性。为什么会出现这种现象呢？怎样向家长解释，能给他们提供什么建议呢？我坚信，出现这种现象的原因在于不善于使用家长的权力。在这种情况下与父母同时谈话特别重要，因为，家长的权力就是母亲和父亲智慧的结合，是父母的意志、情感、愿望的统一。热爱自己的创造物的两个成年人，如果不能把两人的智慧融合在一起，家长的权力就会变成专横。只要孩子感觉到母亲和父亲对“可以”“不可以”“应当”等概念有不同的看法，那么，最合理的事情在他看来也会是暴力、强制，是对他自由的践踏。到了这种时候，父母不禁会大惊失色：为什么不揍他，不使用皮鞭和棍棒就无法教会这个孩子该怎么生活？这就是因为，孩子把经过周密考虑的、必需的要求，看作并感到是压制他的意志的一种恶势力。

还要防止家长对孩子的另一种不理智的爱——收买的爱。有的父母真诚地相信，只要保证孩子的一切物质需要，就履行了自己作为家长的义务。孩子有衣穿，有鞋穿，吃得饱，长得壮，有全套的教科书和直观教具，他还需要什么呢？这样的家长认为，父母的爱可以用花费在物质上的钱来衡量。在这种情况下，学校遇到的是少数道德和情感上厚颜无耻的父亲。他们实质上不懂得什么是父母的爱。在母亲当中，只要她们与孩子由日常共同的精神纽带联系在一起，就几乎没有这样的人。道德和情感上的厚颜无耻，对自己子女冷酷无情，并不一定是父亲教育水平低的结果。这是把教育儿童看作是与社会义务无关且完全孤立的某种现象的结果。

为了防止这种恶习，就要在向家长，特别是向父亲提出的子女教育建议中，贯穿关于教育子女是父母的社会义务的思想，即他们应对子女的未来负责的思想。

如果在家庭中，父亲把自己的义务仅理解为保证孩子的物质需要，而母亲又没有成为孩子精神生活的中心，那么，他们的孩子就会生活在精神空虚、贫乏的氛围中。孩子生活在人们之中却又不了解人们，这就是此类家庭中最可怕的现象。孩子的心灵没有体验过也得不到人与人之间的细腻情感（其中首先是爱抚、体贴、同情和仁慈）的滋润，他们就可能成为情感上的野蛮人。学校对这样的孩子承担的教育义务尤为重大：他们应在教育教学机构中经历情感教育的专门训练。这是理论教育学和实践教育学中的一个完整的问题。

遗憾的是，教育理论实质上还没有这一章节：没有人专门研究过怎样培养情感，尤其是怎样培养由于家庭环境的影响而陷于空虚、缺乏个性的孩子的情感。

55. 培养情感的学校应该是怎样的

这个话题涉及教师和家长的协同工作。我们不仅要谈有关那些在家里没被家长精心、体贴、热忱地对待的孩子的教育问题，还要谈有关所有孩子的道德情感教育问题。

教孩子用心灵去观察、理解、感受周围的人们——这可能是花园中最雅致的、最芬芳的一朵名叫情感教育的鲜花。我们对孩子的爱，应能激发孩子心中对周围世界的敏感性，对人所创造的一切以及服务于人的一切，当然，首先是对人本身的敏感性。我坚信，孩子心灵中人的高尚情操的培养，应该始于他对别人态度的人道化，始于尊重人，首先是尊重父母这种纯洁的、高尚的情感的升华。

孩子一跨进学校大门就是一名学生了。他在学校生活的最初几年里，学校与家长（我再次强调，是与父母双方）的联系，具有特别重要的意义。教师和校长同母亲和父亲进行个别谈话、一起思考和提出建议，这是我们的教育实验活动。我们共同研究，孩子应该做些什么，他从事的积极活动中应包含哪些内容，才能使他用心灵感受到自己生活在人们中间。

我们和家长合作，力争使孩子在学生时代，尤其是在低年级学习时期，受到热忱待人的训练。这种训练中最有价值的课程，是创造美和关心所享受的美。一切能使孩子得到审美享受、快乐和满足的东西，都具有神奇的教育力量。孩子为家庭、为父母和其他人创造着美。

秋天，我们要过玫瑰节。这是家庭的节日，也是学校的节日，但首先还是家庭的节日。孩子们不必聚集在一起，没有那种隆重气氛，因为在那种隆重的气氛中，很遗憾，真诚纯朴的儿童情感很少，而并非儿童本性的矫揉造作成分却很多。我们的儿童节日主要是在家里过，但让孩子为过节做准备工作的是学校。

秋季玫瑰节这一天，每个孩子要在家庭的宅旁园地里栽几株玫瑰。我们把花秧分发给孩子们，让他们拿回去栽种，好好照料，创造美，给母亲、父亲、祖母、祖父带去快乐。

孩子栽了玫瑰后，我们必须常常提醒他要松土、浇水、防冻。他还没有养成关心这些事情和从事日常劳动的习惯，离劳动成为自己的乐趣的目标还很远。我们告诉孩子栽玫瑰的成果是开出芬芳的花朵，然而在他的观念中这是遥远得不可想象的未来。孩子还不善于耐心等待，渴望立竿见影，因此，要教他怎样等待，而且要通过劳动去教他。

终于出现了第一朵花蕾，接着又有了第二朵、第三朵。花蕾开放了，鲜红的、粉红的、蓝色的、淡蓝的花瓣在阳光下争奇斗艳。

此时孩子目光中的兴奋的火花是无与伦比的。这不是孩子从家长那里得到某种礼物时所体验到的快乐，不是悠闲嬉戏、休息的快乐，不是想象旅行参观如何令人高兴而感到的快乐。这是为最亲爱的人们——母亲、父亲、祖母、祖父做好事而产生的快乐。孩子的心灵之所以为这种善而感动、激动、欢快，恰恰是因为这种善就是美。

看到孩子在摘下一朵玫瑰花献给母亲的一瞬间发亮的眼睛，我感到莫大的幸福。孩子的眼睛在这一瞬间闪耀着纯洁的人性光芒，因发自内心的欢乐而熠熠生辉。

这是培养情感所必需和最重要的功课之一。孩子初次体验到为别人创造美所带来的快乐，对美产生了新的认识。他把鲜花盛开的苹果枝条、成熟了的一串串葡萄、凝神沉思的菊花，看作是劳动、关切、焦虑的结晶。他不会随便举手去折断枝条，摘掉花朵。

当然，我年轻的朋友，我不是在用某种抽象的表达方式把美、把美“本身”理想化。只有当美因崇高的理想和共产主义人性（热爱劳动人民，憎恨阶级敌人、社会的不公正以及人压迫人并绝不与之妥协）而洋溢着高尚精神的时候，美才能成为强大的教育力量。

学校生活的第一年即将过去，孩子们就要转入二年级时，我们与他们一道建立一个“致谢园”。这是为那些在我们这块土地上工作了 40 年、50 年、60 年、70 年，而有的可能工作了 80 年、90 年的老人开辟的果园。我们通常是选一块荒芜贫瘠的土地，把这块地改造成高产的沃土，种植葡萄树、苹果树、梨树、李子树。这种劳动很不轻松，有时要运几十吨肥沃的淤泥到这里来，才能复苏土地的生机。但是，高尚的目的使这种劳动洋溢着崇高精神：我们给人们带去快乐，这种劳动的愉快是无与伦比的。

“致谢园”里的第一批果实成熟了，孩子们邀请尊敬的同村人——爷爷和太爷爷、奶奶和太奶奶们到果园来。尊敬老年人，是尊重人的最鲜明的表达。不尊敬老年人甚至对老年人冷漠无情，是对社会的一种残酷报复，表现为冷酷无情、邪恶、精神空虚、犯罪。

我亲爱的年轻朋友，请把您的学生引向这条道德发展路径，在这条路径上劳动洋溢着崇高的精神，而且您也会看到，学生在摘下“致谢园”中的果实并把它们献给在这块土地上劳动了半个世纪的人的一瞬间，会在他的心灵中留下不可磨灭的痕迹，他似乎登上了自己道德发展的第一座高峰。

儿童在体验做好事所带来的无私的快乐时，就获得了宝贵的精神财富：他的心灵会感应到生活在他身边的同学、朋友或亲爱的人在什么时候和什么地方需要他的帮助。能感觉到对做好事的需求和对人的需求的孩子（马克思说这种需求是自由的人最伟大的精神财富[①]），他就会成长为对周围世界，对人们，对各种行为、事件和人际关系非常敏感和富有同情心的人。

① 参见《马克思恩格斯早期著作》，1956年俄文版，第596页。

56. 怎样才能使孩子愿意好好学习

我坚信，能激励孩子自觉地、努力地从事脑力劳动的最有力的、最强大的激励因子，是使孩子的脑力劳动人道化，使这种劳动由于想要给亲爱的人，给妈妈和爸爸带来快乐而变得高尚。对人热情并富有同情心的孩子，会在乍看起来并无不良行为的地方也觉得有表现不好之感。四年级学生科利亚有一天对我说："我应该好好学习，妈妈有心脏病。"这个孩子感到，假如他的成绩单上出现了不及格的分数，母亲是会难过的。他想要让母亲放心。他知道，用自己的劳动可以安慰母亲的心，不让她不安。

如果您希望孩子愿意好好学习，并力图以此给母亲和父亲带来快乐，那么您就要珍惜、爱护和发展他作为劳动者的自豪感。这就是说，孩子应该看到并体验到自己的学习成果。不可让孩子因落后或某种缺陷而陷入没完没了的痛苦中。孩子的乐观主义、他对自己力量的信心，这是把学校与家庭联结起来的一条牢固的纽带，是把母亲和父亲吸引到学校来的一块磁石。孩子的乐观主义世界观一旦破灭，这就意味着在学校与家庭之间立起了一堵石墙。

为了保存这种乐观主义的火花，非常重要的是，要让母亲和父亲，形象地说，站在孩子知识的摇篮旁，直接参与他的学习，为他取得的成绩与他同欢乐，对他的成功和忧伤表现出由衷的关切。母亲教育学，不仅仅是教育，而且是教学。在学校教育开始前两年，我们就开始和家长一道进行目的明确、计划周密的家校协同工作，以使孩子学到读写和算术的初步知识。未来的学生每周要去学校一次（在开始学校学习前半年，每周去两次），将在低年级任教的教师与他们一起学习。孩子学字母，学阅读和解算术题。如果在家里不继续学习，那么每周在学校学一小时当然是没什么用的。在家长学校上课时，我们给母亲和父亲、祖母和祖父讲解怎样教儿童识字和做算术，并拟制了有趣的母亲家庭教学法。这种教学法的基础是儿童对知识和书本的强烈兴趣、游戏与有目的的脑力劳动的结合、家长与孩子之间经常的精神交往。高年级学生为识字和算术的教学还制作专用的直观教具。我们的孩子刚上一年级就能读会算，这在很大程度上减轻了后续学习的强度，使脑力劳动变得有趣。但是，问题并不仅在于此。为上学做准备可以使孩子与家长在思想上互相接近。母亲和父亲由衷地关注孩子的成功和失败，进而理解了一门精细的科学，这门科学就是对孩子学好愿望的尊重。同时，学前教学还可以防止家长产生一种不正确的想法，以为“狠狠地压一下”，孩子的学习就会得 5 分或 4 分。我们力争让父母懂得，对学业成绩的评价并不反映对道德品质的评价。如果把二者等同起来，就会深深地伤害孩子，有时还会摧残孩子的心灵。把学科评分和道德面貌等同起来，就是轻率地追求表面上不错的指标——数字的结果。我们认为，不可把一切归结为一个简单的结论：分数好，孩子就好；分数“不合要求”，就意味着学生“没有达到水平”。这种奇怪的、无知的教育观点，看不见人是许多种特点、品质、能力和爱好的和谐统一体。

遗憾的是，这种观点已渗入许多家庭和社会生活。我不无愤怒地听到和读到了大量文章，其中贯穿了一个中心思想，即认为3分表明知识差、不中用。尊敬的教师同志们，应当坚定地告诉自己，3分表明知识完全合格。顺便提一下，假如所有的教师都能正确地看待评分，那么，蒙混过关的现象就会绝迹——不及格的知识不会被评为3分。遗憾的是，这种情况依然存在。家长也不会要求自己的孩子去做力所不及的事，要知道，并非所有的孩子都具有同等的能力：一个孩子能轻松地在学习上得到5分或4分，而另一个孩子得到3分就是很大的成功了。现在我们正处在实现普及中等教育的前夜，明白这一点尤其重要。

57. 怎样随着孩子的成长和发展去深化家长教育工作

我们在学校对家长的全部工作中，贯彻了一系列教育思想。我们认为，儿童的家庭精神生活与学校教学应该统一的思想具有特别重要的意义。教师集体力图使父母们相信，家庭中应该洋溢着尊重科学、文化、书籍的氛围。我们与家庭一起举办图书节，它的用意就在于让父母为家庭藏书添置文艺书籍。我们在家长教育学校的各部讲课时，在进行个别谈话时，都要谈图书在家庭和家庭集体的精神生活中的作用。我们力求培养孩子具有多方面的精神兴趣和需求，其中放在第一位的应该是对书籍的需求。我们成功地做到使不少家庭把黄昏时分作为读书时间，儿童和少年在此时阅读自家藏书中的书或从学校图书馆借来的书。

与此相联系，我们也非常重视另一个十分重要的教育思想，即儿童、少年、小伙子和姑娘的自我教育。自我教育是离不开家庭和图书的。我们努力使正在成长中的人学会利用闲暇时间，珍惜它，深思熟虑地用发展精神需求所必需的活动来充实它。

我们向母亲们和父亲们阐述，如何从孩子懂事的初期起，就使公民的品质在孩子的心灵中形成、积淀和巩固起来。公民意识和公民情感扎根于童年；播在儿童心灵中的一粒小小的种子，会生发出茁壮的幼芽，深深地扎根。我们认为，关于如何播下这些小小的公民种子，如何使其生发出公民意识的建议，具有十分重大的意义。我们告诉家长，让他们懂得在家庭集体中，因而也就是在儿童的精神生活中反映出公共利益，是十分重要的。要培养孩子意识到公共福利、关心他人的福利，是与他这个未来公民个人利益攸关的事情，使他的思想和情感世界不囿于物质财富和精神财富的消费。这里有必要再次提醒，一个人的道德面貌，在很大程度上取决于他在童年时代体验到的欢乐的源泉之所在。生活中有很多机会能让儿童把乍看起来与自己无关的事情紧紧地放在心上。我们在帮助家长看到并用心去感受这样的机会时，就是在告诉他们，教育就是创造。例如，你家庭院前的街道上有一棵发蔫了的小树，不知是谁在什么时候栽的。如果不关心它，它就会枯死。您要让您的儿子，一个二年级学生的眼睛注意到这个他至今尚未看到，而且如果在他心灵中不激发出公民的情感，则永远也看不到的东西。要让他来照料这棵发蔫的小树，给它浇水，保护它不受害虫侵袭。您要帮助他再栽三棵小树，让他体验一下为人们做了一件事而产生的自豪感。随着孩子年龄的增长，他所做的事的意义应该越来越大，这些事情就是构成公民情感、焦虑、惦念的生活基础。

我们在对家长进行的一整套工作中，还十分重视少年和青年的社会成熟性问题。在这个也是十分细腻且难以捉摸的精神生活领域中，学校和家庭的劲往一处使具有特别重大的意义。在这方面如果撇开家庭，就不可能做成任何事情。而脱离母亲教育学的社会成熟性研究，也是白白浪费时间。少年和青年社会成熟性的最主要标志，就是对家庭收支的劳动贡献。往往有这样的情况，许多小伙子和姑娘在中学毕业前还只是一名物质财富的消费者，我们认为这种状况是完全不应该的。这是某种青年幼稚病的基本原因。我们与家长一起关心中、高年级学生的社会成熟性，力求使每个小伙子、每个姑娘都参加社会生产，真正地从事不是为了学校通常提出的教育目的的劳动，而是为了物质目的——创造物质财富的劳动。正是由于提出了这个更切合生活实际需要的目的，就把劳动从具有某种死板的赋役色彩的作业，变成了生活本身的事业。在劳动中学校教育的感觉越少，确切地说，学究式教育的感觉越少，劳动的真正教育意义就越深刻。得益于学校和家庭的理想一致，对少年和青年的劳动生活要求一致，我们形成了一个传统：

12—14 岁时，少年要挣得购买冬季衣服和鞋所需的钱；

14—17 岁时，小伙子和姑娘要挣得购买全年衣服和鞋所需的钱；

教科书和教学辅助资料，通常是学生从 10 岁开始用劳动所得来购买。

一个人怎样劳动，他做些什么和抱着什么目的，这些决定着他怎样思想。如果学生时代的劳动成了教育的某种附加品，那么任何自觉的未来计划和任何严肃的职业方向就无从谈起。如果少年、小伙子和姑娘的劳动不是一种十分认真的成年人的事情，我们甚至就不可能与家长谈论他们子女的思维成熟性、完成学业的自主性、公民的责任心、小伙子和姑娘对于建立自己家庭的精神准备等问题。

58. 怎样与家庭一起指导孩子劳动

我要再次强调，把儿童、少年、青年的劳动纳入家庭经济物质生活，使它成为其中不可缺少的有机组成部分，使母亲和父亲把它看作是子女的神圣义务，达成这样的认识具有极其重大的意义。否则，学校的任何教育妙计巧招都绝对不会有任何结果。如果家庭不需要孩子劳动，如果家长自己往往竭尽全力地使子女生活得轻松而不让他们劳动，那么，学校组织的周实习课、双周实习课、月实习课，对于儿童来说就不是劳动，而是游戏，并且仅仅是游戏而已——诚然，这是一种令人讨厌和不堪重负的游戏，是他们想尽快摆脱的游戏。劳动只有成为经济上的需要时，才具有教育的力量。如果确实是这样，那么，其他一切，就会如常言所说，迎刃而解了：学习也是劳动；父亲因病而不能工作这种状况，也会促使少年像成年人那样去认真思考。

在农村学校，解决儿童劳动的组织和教育问题是很容易的。我重复一遍，这里讲的正是儿童劳动。只有当劳动对于一个人而言不是抽象的教育练习，而是事关生计，即不劳动就没饭吃、没衣穿、没鞋穿时，他才能成为真正的劳动者，成为真正的人。我们和家长一起，千方百计地为孩子们找到力所能及而生产效率又较高的劳动。7—8 岁的孩子可以与母亲和姐姐、哥哥一起在养蚕小队劳动：采摘桑叶，把桑叶运到蚕架旁并铺放好，清理垃圾。9—10 岁的孩子除了养蚕小队的劳动，还可以挑选留种的玉米果穗，采集蔬菜种子，捡拾农家肥并施到菜地里去。11—12 岁的孩子可以晾晒干草，采摘蔬菜和水果，放牧牛羊。

少年可以照料畜牧场的牛，种植饲料作物，清理种子。有些 12—14 岁的男孩，还可以驾驶菜地用的拖拉机。小伙子和姑娘们可以操作各种农业机器，耕地，给经济作物和蔬菜行间松土，播种，收割庄稼。

我年轻的朋友，您可能会觉得，早早地吸引儿童参加真正的生产劳动是非同寻常的。我知道，有些教师对我们的劳动教育制度有疑虑：儿童有休息时间吗？他们不会负担过重吧？这样的疑虑我们是没有的。这种制度并非我们想出来的。这是民间教育学的悠久传统：孩子帮助家长劳动，家长在劳动中没有孩子的帮助也玩不转；只要儿童学会了用手把汤勺从盘子里送到自己的嘴里，他就是在劳动，这不是为了练习劳动，而是因为儿童周围的任何人如果不劳动就不可想象能生活下去。

学习民间教育学就知道，什么是孩子力所能及的，什么是他力所不能及的。因为民间教育学把生活的智慧与母爱、父爱有机地结合在一起。民间教育学对于劳动带来疲乏并不害怕，它知道，劳动不可能不流汗水和不长老茧。

深谙劳动魔力的民间教育学，为我们开掘了书本教育理论所不知道的教育智慧的新源泉。我们深信，只有通过流汗水、长老茧和费劲儿的劳动，人的心灵才会变得敏感、细腻。通过劳动，人才拥有用心灵去认识周围世界的能力。作为劳动者的儿童和少年对人们的看法，与从未真正劳动过的人是完全不一样的。

59. 怎样通过劳动去升华心灵并培养人性

我记得一个名叫卓娅的小女孩。母亲宠爱自己的宝贝女儿，纵容了她的一切刁钻古怪的愿望。后来，母亲病了。她患的是使人体力衰弱的慢性病，病情时而好转，时而又突然恶化。卓娅所在的三年级，打算去第聂伯河进行一次为期五天的有趣旅行。卓娅的母亲到学校里来咨询要为女儿的旅行做些什么准备。母亲感到自己的身体状况很差，但她尽量不去理会病痛的折磨。我好不容易才说服了这位母亲不让卓娅去旅行：难道可以丢下处于这种状态中的母亲不管吗？我把这个小女孩从课堂上叫来并告诉她，她将不参加旅行。卓娅大哭起来。

“难道你没有看见妈妈现在这个样子吗？”我问道，“要知道，她病得很重。她得使出多大的劲来装出没病的样子——难道这没让你感到不安吗？”

女孩子不解地看着我。

“我哪里会知道这种事？”卓娅漫不经心地说，“妈妈没有说，她病了还是没有病。”

这个女孩对于自己不能与同学们一起去旅行显然很不满意。理智在提醒她，不能丢下母亲不管，可是，心灵什么也没有说。这就是不幸。

我不得不用不止一年的时间来使这个小女孩的心灵醒悟。从教育上我首先关心的是，要让卓娅体验到为母亲和为同班同学而劳动的自豪感。见到了她眼里闪烁着这种人性的自豪感后，我才能说，现在，这个人身上的人性诞生了。

卓娅现在已是成年人，是两个孩子的母亲。她的大儿子是学前儿童，我们已经同这位母亲一起在对他进行教育。

学校在培养共产主义社会的人。在我们建立的社会里，人与人应是朋友、兄弟、同志。只有当一个人为他人的幸福而献出自己的一点心灵时，才能养成这种崇高的品质。只有奉献精神财富，才能同时获得精神财富。人与人的关系在劳动中显露得最为鲜明，这时，一个人在为另一个人做着什么。劳动是个无限的概念，因为它是人类的概念。劳动不仅仅表现在人们种庄稼和栽树木的地方，最细腻、最复杂的劳动还表现在这种时候，即一个人到另一个人那里去，从他的眼神里看到和在他“言外”之意中听到求助的呼吁。这种劳动是人类精神活动的最高阶段。但是，为了登上高峰，必须经历起步阶段——为家庭的物质福利而劳动，为创造人的吃、穿、住（设备完善的住宅）所必需的物质财富而劳动。

60. 怎样与家长一起培养未来的母亲和父亲

这件事只能与家长一起来做。学校培养的人，不仅是公民和劳动者，而且是未来的父亲和母亲，即自己子女的教育者。我们的教师集体还在为一件事操心，那就是要防止对婚姻、爱情、生儿育女持轻率的、不严肃的态度。遗憾的是，这种态度在青年中还时常见到。我们让家长来分担这种担忧。在家长教育学校的讲课中，我们要给母亲和父亲讲，在他们的子女接近性成熟时期，家长面临着什么任务。在关于怎样使性本能变得高尚的问题上，我们力求同他们达成一致的观点和信念。后来，当孩童成长为小伙子和姑娘时，我们就与他们座谈——男教师、父亲与小伙子座谈，女教师、母亲与姑娘座谈。多年的学校工作使我深信，这是十分必要的一件事。这可以说是最温柔地、最细致地、最谨慎地，同时又是最必要地去接触年轻人的心灵。我们教小伙子和姑娘们怎样生活，教他们成为真正的人。这个使命只能委托给最有同情心和人性的教师去承担。

我们告诉青年和家长，没有什么专门的爱情“科学”，然而有人性科学。谁掌握了这门科学，谁就为崇高的精神心理和道德审美关系、为创造新人做好了准备。爱情是对人性的最严格的考验。但是，一个人在童年和少年时代把自己的一点精神力量奉献给他人时，他就是在完成这门科目的初步考试。

我年轻的朋友，我建议您在培养人去从事最睿智的创造，即创造人的时候，要从紧密联系和相互依从的角度培养他的智慧、意志和情感。在精神生活这个领域中，智慧和意志应成为情感——性欲——的特别警觉的卫士。某些作家和评论家认为不能给感情下命令，说任何人都无力驾驭自己的欲望。请您不要相信他们的这种论调。他们是想把这种论调用作柔软的遮羞布，来掩盖被列宁激烈反对过的性放荡和所谓的“爱情自由”。

我年轻的朋友，您要把人类的伟大真理教给站在生活门槛上的青年。这个真理就是：爱情首先要求对你所爱的人的命运负责。在爱情上只求寻欢作乐的人，是好色之徒和恶棍。爱，首先意味着奉献，意味着把自己心灵的力量献给所爱的人，为自己所爱的人创造幸福。

要让您的学生终生牢记，男女婚前关系的性质、这种关系中精神心理和道德审美的因素占优势的程度，决定着他们一生的道德纯洁性。

不要害怕与小伙子和姑娘们谈论什么是家庭生活，不要害怕谈论精神和物质的东西怎样交织在家庭生活中。我们要告诫小伙子和姑娘们，不要让感情淹没了关于未来家庭物质福利的理智的、清醒的想法。俗话说:“与亲爱的人在一起，窝棚也是天堂。”这话今天不灵了。假如连生活最必需的东西都没有，那就不是天堂，而只能是磨难。我们要教导小伙子和姑娘们，在考虑成家前要先掌握专业知识，有工资收入，能自立。

言语在教育中起着重大的作用。但是，要让年轻人把如何去生活的谆谆教诲听到心里去，需要具备很多条件。应当再重复一遍，只有从事劳动并把为人们造福的愿望倾注于劳动之中的人，只有已经体验到为人们创造幸福的快乐的人，才能对言语心有灵犀一点通。只有在刚进入青春期之前，即在少年时代，就已经具有相当多的劳动道德经验的青年人，言语才能渗透进他的心灵的最隐秘的角落。起初是唤醒心灵，让心灵体验到为人们造福的快乐，然后再运用能振奋和鼓舞人心的言语，这就是教师对年轻人的心灵施加教育影响的逻辑。在施加这种影响时，言语要与积极的精神活动有机地融合在一起。当讲到对未来的丈夫和妻子、父亲和母亲的教育问题时，这种融合尤其重要。在人类生活的这个领域中，受教育者的积极精神活动与教师言语的融合，始于世界上最洁净的一条溪流，它的名字叫尊重妇女。没有学校和家长的合作，这条溪流很快就会干涸，为它供水的源泉就会枯竭。

61. 怎样培养对妇女——姑娘、母亲的尊重

我年轻的朋友，您要善于使您的学生的心灵和理智接受一个真理：爱国主义的神圣情感始于母亲。您要善于教自己的学生观察生活，而生活中有大量极其复杂的人际关系在直截了当地对青年人说，有时甚至是在对青年人大声疾呼：不要袖手旁观一走了之，要干预你们所见到的。

在一月的一个严寒的日子里，到处都是雪堆，我的八年级学生好不容易跋涉到了学校。他们聚集在学校的暖和走廊上，抖掉身上的雪。有人想起了我们教学楼旁的小房子里住着一位老太太，她现在怎么样啦？雪已经下了一天多。让我们去她家看看吧！难道我们可以安心地坐在暖和的教室里，而想不到雪会封住有人住的小房子吗？很可能连给老太太送水的人都没有。

我们越过雪堆，好不容易走到了小房子前，把门打开了一看，老太太在发烧。怎么办？我们给医院打了电话。

需要把病人送去医院。集体农庄派了汽车，可是由于厚厚的积雪，汽车无法开出院子，而老太太在呻吟，烧得难受。年轻人急得眼冒火星，这是我从未见到过的情景。这反映了他们要帮助人的勇气和决心。我们做了一副担架，给病人裹上皮袄，6 个人一起把她抱到担架上。6 个人抬着担架，12 个人在前面扫雪开路，每走 200 米轮换一次。我们做了安排：由一批人抬到前面某个雪堆，再由另一批人抬到下一个雪堆。我们的眉毛上挂着雪花，室外是零下二十摄氏度的严寒，我们却浑身大汗，不觉得冷，也不感到累。我们奋斗了五个小时，来到了医院，黄昏时，才终于把病人安置在病床上。

在这一天里，男子汉诞生了。14 岁的少年登上男子汉气概的第一级阶梯。他们永远不会忘记这一天。现在，他们已打开心扉，贪婪地领悟我关于妇女、母亲、姑娘，关于美和勇敢的话语。我们连续几天在寂静的傍晚，聚集在被称为“思想室”的房间里。我觉得，高尚的行为在言语的伴随下震惊了灵魂，开垦了心田；言语在某些场合下是强大的教育力量，而在另一些场合下却是空话，尽管是同样的言语，说的是同一件事……要使关于妇女的言语令年轻人怦然心动，就得让少年登上男子汉气概的第一级阶梯，让他们为妇女做高尚的事情。

我给少年讲身为人母的妇女，我说：儿子永远不要忘记，她是生命的创造者。她给了你生命，哺育了你，在你面前展开了世界的美和母语的美，向你的心灵灌输了善恶和荣辱的初步概念。儿子们要懂得，母亲为孩子、为孩子的命运倾注了全部心血、关怀和焦虑。孩子们有善良的心地和行为，这就是她的幸福；如果是邪恶，那就是她的痛苦。每个妇女都是母亲或者未来的母亲。她按自己的方式深刻而完美地体会到对整个人类负有责任。母性使妇女变得美丽而聪慧。从妇女成为母亲的时候起，她的情感就具有崇高的意义，除她之外谁都达不到如此崇高的程度。

62. 作为教育者的教师应具有什么样的品质

只要学校还存在，乌申斯基的这段文字就是颠扑不破的真理："在教育中，一切都应当以教育者的个性为基础，因为教育的力量仅仅来自人的个性这个活的源泉。任何规章制度和纲领，任何人为设置的机构，不管它设想得多么巧妙，都不能取代教育事业中的个性……没有教育者个人对受教育者的直接影响，就不可能有深入人性的真正教育。只有个性才能影响个性的发展和定型，只有性格才能养成性格。"①

生活使人们确信，受教育者是教育者的一面镜子。教育的艺术和技巧就在于，能够在受教育者的形象中看到自己，在那个我们从小培养起来的有思想、有感觉、有体验的人身上看到自己。"有教养

---

① 引自《乌申斯基文集》第一卷，1948 年俄文版，第 63—64 页。

的人，是其身上人的形象占优势地位的人。”[①] 卢那察尔斯基的这句妙语，促使我们去思考教师的真正作用。一个人的教养，不仅是他的知识，而且是他这个人的具有多样性的完整形象。教师个性的教育力量，就在于并取决于他身上把教书和育人有机融合的程度。如果我们说，学校用知识进行教育，那么，知识的教育力量首先就隐藏在教师的个性中。

我年轻的朋友，您要知道，把自己留传给自己的学生，并不意味着机械地把知识从自己的头脑移到我们所教的人的头脑中去。须臾不要忘记，在帮助别人认识周围世界时，我们自己也作为周围世界的极重要的部分呈现在别人的智慧和心灵面前。一个人在认识世界时，不可能不去认识我们。我们教给他的知识，不是什么可与人的个性分离的东西，而是与人的情感和体验的世界融合在一起的。这种融合中隐藏着一个“秘密”：人的形成过程——变知识为信念的过程，是教学和教育工作中最难捉摸的因素之一。问题在于，我们的学生对于在学校中获得的知识所持的态度，很大程度上取决于学生对待教师——知识的明灯——的态度。热爱自己学科的教师，他的学生也深爱知识、科学、书籍。教师的言语中不仅传达着科目的意义和内容，而且饱含着思想的情感色彩；只有热爱科学的人出现在学生面前时，才能激发学生的情绪、情感。

什么叫热爱一门科目？这种爱来源于何处？怎样培养对科学的热爱？我坚信，这首先是教师智力财富的无穷尽性。只有把自己所

① 引自《卢那察尔斯基论国民教育》，1958 年俄文版，第 61 页。

知的 1% 用于课堂讲授就够了的教师，才是真正热爱自己所授科目的人。教师的知识越丰富，就越能鲜明地表现出他个人对知识、科学、脑力劳动、智力生活的态度。这种智力财富，就是教师对自己所授学科，对科学、学校和教育学的热爱。

热爱自己所授科目的教师，具有一种非常宝贵的品质。他不仅向自己的学生传授事实知识，而且激发他们的求知欲望。所有努力用知识和对科学的热爱来进行教育的教师，都力求做到这一点。他们把教师个人对学生的影响，看作是一个人把自己的智慧、思维的清晰性、根深蒂固的求知欲望和需求留给另一个人。教师在课堂上似乎在必要的知识和超出教学大纲范围的知识之间架起了一座小桥，并引领自己的学生走上这座小桥——只有在这种情况下，教育者的个性对受教育者的个性的教育影响才能达到高水平。我把课堂上传授给学生的基本知识看作种子，这种种子能生长出茁壮的思想幼芽，提供丰盛的收获——渴求知识，力争成为更聪明、发展得更好、精神更丰富的人。如果没有这种收获，学习就会变成读死书，上课会变成对死记硬背的检查，学生会变成会背诵知识的听话机器。我认为，只有当学生产生了想获得比在课堂上得到更多知识的愿望，这种愿望成了推动他学习和掌握知识的一个主要刺激因子时，教师才能成为寻求知识的明灯，因而也成为教育者。

我力求做到，在我上课时把知识的种子播撒在翻耕得很好的土壤中以后，便开始丰富的智力生活，我的学生在这种生活中，从知识的江河游向知识的海洋。如果把学习局限于课堂、课本、从某页到某页的家庭作业等，那么我就不可能成为一个教育者，知识也不会起到教育作用。只有课后学生燃起无数强烈的求知欲望的火花时，知识的种子才能破土而出，成为茁壮的思想幼芽。

求知欲望的火花，首先是在书的世界里进行个人阅读和精神上的充实（关于这个问题，回头我还要讲）。第二个非常重要的求知欲望的火花，是学习小组，由于有了这种小组，教师就成为教育者，学生成为受教育者。我坚信，如果没有这样的精神生活发源地，上课就会变成枯燥无味的、令人沮丧的知识搬家，从教师头脑中转移到学生头脑中。我们大家，不论教师还是学生，都是科学知识海洋中的遨游者。我们准备有关科学最新成就的报告和报道，评介科学杂志中的论文。

我年轻的朋友，我想对您说：您的知识、您的求知渴望和阅读爱好，就是您个性教育力量的强大源泉。您自己要善于看待这个源泉，并把自己的学生引向这个源泉。您要做自己所教科目的主人，让教学大纲和教科书只成为您最基本的知识，如同字母表对于已掌握修辞学奥妙的人一样。您要孜孜不倦地经常充实自己的科学知识，在您的个人藏书中，关于您在学校教授基础知识的那门科学的书应当非常多，多到您能够在四至五年间给您的学生每人每个月（有的人也可能是每周）提供一本新书阅读。您要发现并培养自己的学生。您要培养与您相近的年轻人——爱好、兴趣、志向、才能相近的年轻人。让每个班级都涌现出热爱您所教的这门知识领域的学生。让每个教师都有自己的学生：语文教师有自己的学生，历史教师有自己的学生，地理教师、生物教师、数学教师也都有自己的学生。

您的学生越是深深地爱上您所教的科目，您这个教师也就越优秀，育人者和教书者的角色也就越加有机地融合在您的个性中。如果教师的个性不能直接影响学生的个性，就不可能切实解决能力、志向、才干的培养问题。能力只能由能力来培养，志向只能由志向来培养，才干也只能由才干来培养。

这里，稍微离题远一点。应当说，好教师始于当学生时；只有那些热爱儿童并具有教育大智慧的人，才有能力去点燃对教师职业的热爱之火。具有这样的教育智慧的人，善于在年轻人的心灵中不断激起做好人的愿望、渴望今天比昨天做得更好的愿望，并激发他的自尊感。

我心目中的理想学校，是每个教师都有我们以上所述意义上的自己的学生。有人可能会问：如果每个教师都力图给自己的学生创造一个在某种程度上独特的智力世界，是否会削弱基层集体和全校集体呢？这里不仅没有任何危险，而且恰恰相反，如果每个教师都有自己的学生——可以对之留传自己的学生，那么，只是在此时才可能有作为教育力量的真正集体。

63. 如何建立和维护作为教育工具的集体

集体——儿童的、少年的、青年的集体，是很复杂的统一体。这是由成千上万条溪流汇合成的江河。集体是逐渐地、一步一步地建立起来的。我对一年级学生的生活观察了 32 年，亲自教过从一年级到四年级好几届孩子。我想，我有资格说，在孩子跨进学校大门后的一段时期内，班级里还没有，也不可能有符合我们所定义的集体。集体是逐渐产生的。有一种观点认为，维护集体的主要是严格要求和组织上的从属制度。我感到这种见解很幼稚。严格要求、责任心、服从和领导，都是集体得以维护的非常重要的基础，但如果没有其他同样重要的基础，那就没有也不可能有集体。有些教师希望，从学生中选出一些领导者，进行职责分工并提出要求，集体就建立起来了。这种希望在实践上是虚幻的。一般来说，在像学校集体这样极其复杂的精神共同体中，绝不允许把某一个因素绝对化。绝不允许普遍化和绝对化：这样做肯定好，那样做肯定不好。集体并不是一种不知来自何处的东西。集体是教师的创造。在集体中，如在水滴中一样，反映出的是教师的教育理想和他的世界观。

我认为，形象地说，集体是建立在几个基石之上的，这些基石就是：思想的一致性、智力的一致性、情感的一致性、组织的一致性。

集体的形成和这些基石的奠定，取决于教师。在有些情况下，集体的要素在儿童过学校生活的第一年就已出现，在另一些情况下则晚些。一种基石的稳定性和坚固性，取决于其他基石的稳定性和坚固性。例如，组织的一致性——严格要求、服从、领导、管理、从属制度，取决于思想的一致性、智力的一致性和情感的一致性的统一。因此，不要急于建立某种组织依附结构——领导和被领导。不要指望，如果您的班里选出了学生的领导机构，进行了职责分工，一切就会自动地走上轨道。

我认为，集体的建立起始于思想的统一，它是我们所谓的组织统一这块基石的依靠。我一向是从儿童对于善与恶，换句话说，对于“什么是好与什么是坏”，有了一致的、共同的概念、观点和认识时才开始建立集体。对于奠定集体的最初基础来说，非常重要的是要让儿童努力与人为善，为善而斗争，通过集体活动来确立善；同时，要绝不容忍邪恶，与之势不两立，憎恨恶，用儿童所能具有的最大决心和意志力去与恶做斗争。如果您能成功地在儿童的思想和心灵中确立起善良即美、不容忍恶的概念，您就能成为儿童的教育者。我尽量让每个孩子都懂得并感觉到，只有在集体中才能成为一个真正卫护善的斗士，集体斗争能带给人以极大的快乐，帮助人感觉到自己的力量和自己的美。在共同斗争的同志关系中，相互认识会产生一种极重要的精神需要——对他人的需要，需要他人的支持和帮助。一个人在管（领导）别人之前先要学会管自己，迫使自己做自己的良心吩咐的事情。要成为对良心感召反应敏锐的人，就应成为对善恶反应十分敏锐的人。而这种敏锐感唯有在下面这样的状况下才能获得，即一个人，哪怕他还幼小，但已经是人（这一点永远不要忘记）——已具有为善而斗争的某种道德经验，体会和尝到了这种斗争的快乐。这种快乐在初期只有在对美好的共同创造中才能体验到；否则，什么都做不成。

学生的年龄越大，他的乐善仇恶就越有意义。我们教师集体认为非常重要的是，让每个人在童年和少年时代都经受过这种集体斗争的锻炼。这首先就是用自己的双手劳动、创造和确立善。在对集体进行的教育中，没有什么比“口头上热情”、口头上对恶不容忍……而实际上无所作为更坏的了。要知道，我们生活中的邪恶，首先是懒惰、懈怠、对社会主义财产漠不关心、自私自利、市侩习气。我们努力使集体的成员在其童年、少年时代和青春期，被为人们创造物质财富和精神财富的思想和体验团结在一起。在寸草不生的土地上培育出一片小橡树林，使不毛之地变成肥沃的高产田——这种劳动只有集体力量才能办得到，集体的巨大教育作用就表现在这里。正是这种劳动，通过一致的信心和一致的情感把人们联合起来。正是在这种劳动中，奠定了思想的一致性和情感的一致性这样一些集体的基石。学生把各自奉献的点滴力量汇集在一起时，感觉并意识到集体是一股巨大的力量。只有在集体中，才能真正认识到人性的美。

我年轻的朋友，您要善于通过能鲜明地反映出为人民服务、为人民造福思想的劳动把学生团结起来。从事这种劳动的机会，在我们周围比比皆是。例如，学生眼前就有一块空地，他们已经习以为常，居然对路边的这块成了垃圾场的空地视而不见。您要设法让他们看见这块空地，产生在这里营造出一片枝繁叶茂的小树林以供疲惫的行人躲避酷热稍事休息的愿望。请记住，为人民造福的集体劳动，就是真正思想教育入门。在这种劳动中，集体的思想基石和情感基石会合龙。但在任何情况下都不要让您的学生把已开始做的事半途而废，尽弃前功。这会使人变坏的。同样也不要让您的学生一味地说这也不好，那也不好，或别人那里好，我们这里不好，而自己一点好事也不去做。空话是教育不了人的。集体是在实践活动中，在斗争和劳动中产生并巩固起来的。

智力的一致性是集体的一块基石。但这并不意味着在认识领域中，所有的人应有相同的具体兴趣。恰恰相反，成功的“秘诀”就在于，集体的成员有不同的兴趣和爱好，因而他们阅读不同的书籍。智力一致，指的是大家都渴求知识，尊重科学思想、书籍，尊重聪明的、有教养的人。在我的心目中，集体真正的智力一致性是这样的：比方说，七年级或八年级有 35 名学生，其中 8 人爱好数学，热爱数学教师，7 人喜欢物理，8 人喜欢文学，9 人喜欢生物、土壤学、植物栽培学，等等。这就是真正的智力一致性。每个人都有自己的爱好，有自己的“干劲”，人人都用自己的某种东西充实集体。有了如此多种多样的爱好，集体的智力生活就十分丰富了。少年们上课前或者课后在回家的路上聚集在一起，相互争论、憧憬着科技的未来；有趣的是，他们不仅谈论教学大纲上的材料，不仅谈论教科书，课堂上没有学过的东西激荡着他们的智慧。整个集体全力以赴地去不断丰富知识，这是非常重要的。这种意图的强烈与否，完全取决于历史、地理、数学、物理、生物、文学教师在多大程度上成为教育者，他们在多大程度上用自己学科的智力财富赢得学生的智慧和心灵。这种对集体的教育，首先是教师为争取学生的心灵而开展的一种聪慧的、讲究策略的斗争。这实质上就是要在学校里建立若干个智力生活的基地或中心，由聪慧而热爱自己那门科学的教师来领导。每个中心还要有自己的组织形式——例如，在我们学校里，就是各学科小组，不过，也可以有其他的组织形式。

64. 集体如何成为个人全面发展的手段

人是一个不可分割的整体（道德的、智力的、情感的、审美的、创造的）；只在一个集体中要找出能揭示、表现和发展这个整体的形式，是无法完成的任务，因为这个集体在成员相互关系的组织上具有局限性。例如，基层的班集体就不可能成为完成个人全面发展任务的唯一的组织形式。一个学生有研究数学的兴趣，另一个学生喜欢生物学，第三个学生爱好文学，第四个学生爱好技术创造。此外，每个学生还有一种或几种爱好，如音乐、绘画、木刻等。随着成年期的接近，有些学生正在发展的志趣所要求从事的活动，与其他人的活动完全不同。所有这些复杂多样的兴趣、爱好和活动，是基层集体工作的组织形式所不可能容纳的。上面已讲过，如果教师成为教育者，他就必然是有共同智力兴趣的青少年集体的核心。各学科小组，是保证人的全面发展的最必要的集体形式之一。这种小组可以由六、七年级的学生组成，而在有的学校里——在丰富的智力生活蓬勃开展的地方，也可以把四、五年级学生吸收到这种小组来。这种小组通常应是同龄人的集体，但并不排除七、八年级的学生或八、九年级的学生在同一个学科小组里共同活动的可能。

除了对知识、科学和书籍的兴趣，学生还有其他方面的兴趣，如劳动兴趣、创作兴趣。劳动以及与劳动相联系的创作，是发展个人志向、能力和才干非常重要的方面。我校有劳动创作小组，如技术小组、农业小组。这些小组是按年龄构建的，如有三、四年级的少年机械师小组，五、六年级的少年机械师小组，六、七年级的少年无线电技师小组，一、二年级的少年园艺师小组，三、四年级的少年园艺师小组，五至七年级的少年育种师小组，八至十年级的少年机械师小组，等等。每个小组的学生少则 8—10 名，多则 15—20 名。这是一种非常稳定的组织。我校的有些课外小组已有二十多年的历史，一批学生在某个小组活动两三年之后，就转到年龄较大的学生小组去，而由另一些学生来接替他们。劳动创作，也像智力一致性一样，是把学生联合起来的有利因素。

无论是学科小组还是劳动创作小组，都有自己的物质基础。学科小组有思想活动室（或者图书室），在这里，学生度过精神生活中最丰富、最充实的时刻，与书打交道的时刻，即马克思称之为智力活动[①]的时刻。劳动创作小组有工作室、实验室和活动室，少年在这里完成劳动任务（设计、装配）。学科小组的领导人是教师；劳动创作小组的领导人，或是教师，或是高年级学生。这是保证主动性原

① 参见《马克思恩格斯全集》第二十三卷，俄文第二版，第 189 页。

则的重要因素之一。

还有另一种类型的课外活动小组——艺术活动小组、文学创作小组、音乐小组、戏剧小组、文艺阅读小组。在这里，学生表现和发展种种兴趣，这些兴趣不仅从审美方面，而且从道德、情感和智力方面丰富了个人的精神生活。我们的教师集体坚信，这些小组的活动对学生的心灵和理智产生了一种敏锐而温柔的触动，没有这种触动，就不可能有基层集体这种精神统一体的生活。如果学生在其中的某个集体中表现得不积极，这会令我们非常担忧。

我们把这种集体称为艺术文化集体。我们觉得，这个名称最充分地反映了这种集体所开展的活动的实质。艺术文化小组甚至吸收最年幼的学生。我们学校有两个童话小组，共有 15—20 名一年级孩子。小组领导人是高年级学生。孩子们来到童话室，由高年级学生给他们朗读或讲述有趣的童话。小家伙们还排演一些民间童话故事，他们最感兴趣的活动形式是编新童话。

我们认为，在艺术文化集体中，儿童木偶剧具有特别重大的价值。参加这个集体的，有 40 多个低年级学生（分为 3 个小组）。这个集体的领导人是高年级学生——共青团员。

65. 怎样培养服从和领导的能力以及高度严格要求的精神

如果说学生的全面发展是在许多集体（而我所讲到的远不是全部的集体）中进行的，那么就会形成这样一种状况：每个高年级学生都会成为领导者、教育者；许多少先队员也会获得领导经验。如同数学中的导数那样，领导是从活动中派生出来的，似乎是在活动过程中产生的。当一个人的表现证明自己很在行时，他往往就会被推选为领导者。孩子们乐意服从这样的领导者，因为这种情况下的服从等同于希望今天比昨天更好的愿望。在学校里，游离于在一致的目的鼓舞下的整个集体所从事的积极活动，就不可能有服从和领导。在这里非常重要的是，你用高度严格要求的精神对集体进行教育的活动，应该具有鲜明的社会意义、公民意义。

服从，首先意味着命令自己。这种表现出意志力的举动，需要有高度的自觉性。一个人在青少年时代，尤其是儿童时代，只有当他不仅了解活动的意义，而且了解活动的情感潜台词时，才能理解活动的崇高目的（而社会的、公民的目的永远是崇高的）。只有在产生了自我服从的情感举动时，才可能有服从的意志举动。简单点说，儿童和少年只有服从自己的心灵时，才会自觉地听从同学的话。在这项细致的工作中，把领导者的意志建立在崇高的道德情感基础之上，是非常重要的。换句话说，领导者号召集体所从事的活动，本质上是为人民、为社会服务的活动。在这里，我们看到了集体的所有基石——思想、智力、情感和组织的一致性——之间的密切联系。如果学生把将要进行的活动看作是激励他的心灵、振奋其精神的事，那么他根本就不可能允许有不服从领导者的意志——命令或要求——的念头。因此，我向青年教师提出以下建议。

要通过富有道德和思想的劳动，引导学生懂得服从。让领导者的要求或命令与学生自己的心声融合在一起。让明天的公民在从事具有重大社会意义的劳动时，能从自己今天的劳动中感受到公民因素。让他用同龄人和年长同学的眼光看自己。让集体在自己的规则、规范和要求中表现出社会——我国全体劳动者的社会主义大集体——的理想。

一旦我的年幼学生的集体分成若干个组织（大组、小组），能够独立地从事公益劳动，我就力图使这种劳动有明确的核心思想，让每个孩子不仅懂得，而且能感觉到自己活动的崇高性质。

66. 如何培养少年列宁主义者，教师在少先队组织生活中的作用

从孩子加入少先队组织之时起，他们就开始了社会政治生活的新阶段。多年的经验使我深信，基层集体的教师、教育者的主要任务，是用崇高的公民理想来鼓舞少先队中队。少先队中队是儿童和少年的公民生活、社会政治生活的最重要的组织形式。少先队集体的生活应做到：用比一个人的志向、能力、兴趣和他对劳动与创造的热爱更重要得多的东西去振奋儿童和少年，丰富他们的精神，把他们团结起来。

我们教师集体认为，少先队组织是培养公民觉悟的学校，是苏维埃爱国者社会政治关系的学校。我们认为，少先队和共青团的主要教育任务，都是要使青少年的心灵洋溢崇高精神，向他们灌输这样一种思想：每个苏维埃人最宝贵和最神圣的东西，是我们的伟大祖国、社会主义制度、革命成果，为建成共产主义而奋斗。要帮助少年列宁主义者安排好自己的组织生活，让这些最珍贵的东西在他

们的心中扎根。

怎样付诸实施呢？首先是要让儿童和少年的活动具有充实的社会政治内容、思想内容。祖国、故乡、革命成果、共产党、伟大卫国战争的神圣的事物——这些都应作为最宝贵的、与个人攸关的、促使心跳加速的东西铭记在少年心中。为此，必须使事情、行动、相互关系和社会活动富有思想性。

我校的优秀教师历来就注意，不让无数的实际事务排挤掉少年列宁主义者的意识和情感中伟大的、神圣的、崇高的东西。在过少先队组织生活的整个时期（五年）内，我们经常向少年列宁主义者阐述以下思想：先辈传给我们的一切物质财富和精神财富，都是付出了宝贵的代价赢得的，每一寸苏维埃土地都浸透着我们祖先的血汗；我们每个人如果没有祖国就什么也不是；只有祖国的强有力的双臂，才是那种能使我们每个人精神振奋、道德高尚的神奇力量；如果没有两千万英雄在争取祖国自由和独立的反法西斯战争中流血牺牲，我们就不会享受到安宁的童年和少年时代的幸福；我们的神圣义务，就是要为伟大苏维埃祖国的尊严和强盛而奋斗，了解并珍爱我们的无与伦比的神圣的祖国。

我们认为，列宁少年先锋队组织最重要的任务之一，就是认识祖国，用理智和心灵去认识祖国。要让每个明天的公民在认识最宝贵和最神圣的事物时，都震惊于祖国的伟大、富饶和强盛，并因此而振奋。要让每个少年默默地在心中问自己：我为祖国更伟大、更富饶、更强盛做了些什么？我们力求把用理智和心灵认识祖国与积极的活动结合起来。

我校的每个少先队中队都举办在祖国各地旅行的演讲活动。这是关于我国自然资源和各族人民的一种有趣的、激动人心的口头介绍。少年列宁主义者面前放着一张地图。每次的演讲集中阐述我国的某一个角落。孩子们从自己故乡的村子出发，一路向东越走越远，进行着一次又一次的想象中的旅行。我们给他们放映有关苏维埃人生活与劳动的影片和幻灯片。少年的眼前展现出一幅幅各族人民团结友爱的令人惊叹的景象。在祖国各地旅行的演讲活动要持续若干年。到儿童成长为少年和准备加入共青团时，旅行仍在继续。这就加深了他们对我们祖国伟大和强盛的印象。

在祖国各地旅行的演讲活动，不仅可以用理智和心灵去认识现在的情况，而且可以回顾过去。我们给孩子们讲述各族人民反对社会压迫和外国侵略者的斗争。统一大家庭的情感、各族人民友好的情感，是一种最复杂和最深厚的情感；各族人民为摆脱剥削和外国的奴役与侵略而并肩战斗，表现了团结和兄弟友爱的精神，如果对这种精神的伟大和美好缺乏个人信念，就不可能有这种最复杂、最深厚的情感。

为了培养这种情感，还必须开展洋溢着崇高精神的活动。我们的少先队员同我国各兄弟民族的孩子们交朋友。孩子们与俄罗斯和白俄罗斯的少年列宁主义者的友谊特别牢固。我们的孩子与住在第聂伯河沿岸的斯摩棱斯克和白俄罗斯的少先队员的友谊已持续了15年以上。每年在同一天的同一时间，乌克兰、白俄罗斯和俄罗斯的孩子，都到这条大河的岸边去栽种友谊树。少年列宁主义者立下誓言：我们三所学校存在多少年，我们在第聂伯河岸边就种下多少棵树。

在友谊日（我们这样称呼这个节日），孩子们体验到激动人心的兄弟情。这种情感由于与兄弟民族的孩子的会面而加深。我们的少先队大队近十年来每年都派代表参加令人激动的旅行：我们到白俄罗斯兄弟——戈梅利州科尔米亚寄宿学校的少先队员——那里做客。白俄罗斯兄弟也每年一次到我们这里来。孩子们由于这样的会面而体验到的深厚情谊，很难用言语来表达。每个人都有自己的远方朋友。几天的会面活动很快就过去了，分手时，孩子们眼里都噙着泪水。

我们的教师集体深信，各族人民友好的情感是人的心灵的一种最细腻、最尊贵、最高尚的感情，社会情感和个人情感都有机地融合在这种感情中。我们认为十分重要的是，要让男孩和女孩们把这种情感灌注到劳动中去；每个少先队员在友谊日都要栽种一棵橡树来纪念与自己的同龄人的永恒友谊；时间一年一年地过去了，树木不断生长，如儿子关心母亲般地对树木的照料，使人的心灵得到升华。

每个少年先锋队中队都有一个神圣纪念地——国内战争或伟大卫国战争年代进行过战斗的地方。在纪念地，为烈士建立了活的纪念碑：孩子们种下了从二百岁的老橡树上采来的橡实。少先队员们受一种思想所鼓舞：他们建立的活纪念碑会屹立五百年以上，不仅能使人们缅怀英雄，而且也可以给疲劳的行路人带来快乐。

在离第聂伯河岸不远的地方，少先队员寻踪者找到了埋在土里的一块大石头。从法西斯侵略者手中解放乌克兰的战斗的目击者讲述，有两名苏军战士最先从左岸向右岸强行渡过第聂伯河，在这块石头旁防守了一个多昼夜。少先队员找到了不少被子弹打下来的碎石片。他们在石头旁栽了两棵橡树，以纪念为守卫国土献出了生命的两位英雄。经过长期寻访，少先队员找到了这两位烈士的亲属，他们从遥远的西伯利亚来到我们学校做客。少先队员加入共青团时，把纪念英雄的活纪念碑，像传接力棒一样传给了下一代少年列宁主义者。

缅怀为苏维埃祖国的自由和独立而牺牲的烈士，已成为少先队大队和每个中队生活中极重要的思想。少年列宁主义者用几年时间建立了一个永垂不朽纪念室。这里悬挂着在伟大卫国战争的战场上牺牲的我们的同乡的照片。少先队员把陆海空战斗参加者的讲述郑重地记录下来，作为人民光辉业绩的宝贵点滴。“谁都不会被忘记，什么也不会被忘记。”——这句话已成为我们学生的座右铭。

67. 怎样把共产主义思想传送到少年列宁主义者的心坎上

有句古老的拉丁谚语说：话语开导人，榜样吸引人。我们的教师集体认为，以能体现最高的人性美的鲜明形象为榜样，向儿童的意识和心灵展示共产主义思想，是极为重要的教育目标。这种人性美就是为争取人民的幸福而奋斗，在奋斗中表现出自我牺牲的精神，对信仰忠贞不渝，百折不挠地克服困难，对共产主义意识形态的敌人毫不妥协。我们尽力使每个学生的心灵在童年和少年时代就受到真正为共产主义而奋斗的人们的鼓舞。孩子们刚刚戴上红领巾庄严地宣誓之后，我作为老师，就与他们一起每周进行一两次共产主义阅读课。我校的每位教师都深信，这是极其重要的工作。这是教师与自己的学生亲密地进行精神交流的时刻，是少年列宁主义者极其信赖地向您敞开心扉的时刻，在这样的时刻如果不与孩子们在一起，就无从了解他们内心深处的许多想法，因而也不可能用自己精致的雕刻刀在你所创造的那个人的塑像上刻画出精致的线条来。

共产主义阅读课既是读书，也是生动活泼、引人入胜的故事会。读书和讲故事活动，多年来已形成了一套固定的主题。我们阅读和讲述关于杰出的共产主义战士的故事，如关于捷尔任斯基、斯维尔德洛夫、拉佐、台尔曼、季米特洛夫、卡莫、伏契克、尼古拉·奥斯特洛夫斯基、尼科斯·别洛扬尼斯的故事，朗读和讲述关于伟大导师列宁的生平及其为人类幸福而斗争的事迹。

在共产主义者的形象中，特别能鼓舞和激励孩子们的，是他们对信仰的忠诚、坚贞不屈，对敌人和思想上的敌人毫不妥协的精神。每当我向少年列宁主义者朗读和讲述共产党员——列宁主义者卡莫在监狱的刑讯室里经受拷打时英勇不屈，最残酷的折磨未能使他呻吟一声，不能逼他说出一句求饶的话，这时我看到学生们的眼睛里闪烁着钦佩的神采。这样的阅读越多，共产主义的真理就越能深入孩子们的心灵。

我的朋友，您要像爱护神圣的无价之宝那样爱护青少年心中对共产主义思想的伟大力量和真理所怀的惊叹和钦佩之情。您要知道，年轻人在用理智和心灵认识周围世界的真相时，总是力求去理解神圣的事物。他们力求在自己面前有看得见的榜样、指路的灯火和光明的道路。您不要去扑灭年轻心灵中的长明的火焰。这种长明的火焰就是对神圣的、颠扑不破的真理——共产主义思想的真理——的信仰，立志为这种思想而斗争，必要时甚至不惜牺牲自己的生命。这是最伟大的人的勇敢精神，是最伟大的美。

共产主义阅读课点燃了孩子们对神圣的、不可动摇的事业的信仰之火，对勇敢精神之美的信仰之火。这种信仰，只有在学生努力用自己的言行表现出共产党员光辉灿烂、英勇豪迈的生活使他们赞叹和钦佩的美德时，才会燃烧成光彩夺目的火炬。不仅要让学生做些什么，还要让他们用自己的行动和劳动来证明些什么——这是共产主义教育和自我教育的一条非常重要的原则。我们认为自己的教育任务是，用儿童和少年在用理智和心灵认识共产主义的伟大真理时所产生的崇高精神去鼓舞他们从事劳动。如果说，儿童的生活中可以有共产主义劳动，那么，这种劳动就是明天的公民可以用它来证明些什么的劳动，并且他今天因此而成为一个公民。我们尽力使我们的学生用自己的劳动去证明：

在我们的社会里，人与人是朋友、同志和兄弟；

自由的劳动者希望在劳动中看到自己，希望在亲手创造的事物中留下自身的美；

社会主义社会的公民通过劳动，并且只有通过劳动才能确立自己的荣誉和尊严；

在任何最平凡的事情中，劳动都可以成为崇高的创造活动，成为诗篇，成为新的鼓舞力量的源泉；

每个公民都能以自己的劳动来加强祖国的实力和强盛。

要使劳动受这些崇高动机的激励，我认为，这是对少年列宁主义者进行思想教育的高水平表现之一。

怎样才能使劳动的这种思想性成为现实呢？

在这方面，生活中存在着无穷无尽的可能性。在建设公共园林的活动中，我们中队的每个少先队员都栽种了一棵树。劳动变成了不声不响的竞赛。每个人都力争在自己种植的那棵小树上注入某种自己的、十分个性化的东西。

我深信，每个学生都会满怀喜悦地像看自己亲手制作的东西那样，看自己栽种的那棵小树，仔细地端详它，这就是热爱劳动的开始。人人都想证明，自己能够用双手创造美。

我坚信，如果一个人能通过自己的劳动来确立崇高的思想，那他就会成为一个自豪的、坚持原则的人。这样的人能够珍爱神圣的事物。社会生活中没有任何事物是与他个人无关的。这样的人能够成为脚踏实地而不哗众取宠的社会活动家，处于少年时代的他在道德上就已经日趋成熟。

我的朋友，您可能会感到困惑：作者开始说的是怎样向少先队员灌输共产主义思想，怎么转而谈起劳动来了。要知道，我们的时代是创造性劳动的时代。应该教育年轻一代首先在劳动中成为英勇无畏的人。在我们这个时代，真正的人正是在为共产主义的胜利而进行的劳动中脱颖而出的。

68. 怎样使小伙子和姑娘在把印有伟大列宁肖像的共青团证按在胸前时激情澎湃，怎样使他们珍惜共青团员的称号

您是一位年轻的教育工作者，一定会有机会去做高年级学生的工作。我想根据自己的亲身体验，向您提几点建议。

一天的工作结束后，我回到家里，打开记事本，就想起了我的少年朋友们，一双双聪明的、笑眯眯的、快乐的和淘气的、沉思的、忧郁的眼睛跃然面前。我建议您也经常独处一会儿，并喜欢上这种对年轻人的命运进行思索的快乐的和不安的时刻。

您要记住，共青团组织是志同道合者的组织，是在思想、信念、世界观上一致，对待生活、他人和自己的态度一致的兄弟姐妹的组织。鼓舞小伙子们和姑娘们并把他们团结在一起的思想和信念是：我们大家志同道合，聚集到共青团这座壮丽辉煌的宫殿里，我们已做好准备为我们的思想和信念贡献一切，如果有必要，甚至献出自己的生命。这是共青团教育中的一条黄金法则。

那么，什么是志同道合呢？怎样才能在实际生活中确立这种志

同道合呢?

意识形态和思想上的一致，是共青团员的灵魂和心脏。每个持有共青团证的人，都应该认识到自己是个共产主义战士。伟大、美好和崇高的思想开始起鼓舞作用的表现是：我们的思想和观点向往着未来，我们共青团员是为未来而奋斗的战士；我们日常的平凡无奇的生活被未来的光辉所照耀，变得光彩夺目、令人神往和富有豪迈精神。意识形态上的一致，就是为未来而奋斗，在这一斗争中怦然跳动着的是一颗颗富有共青团员豪迈精神的心。让我们回顾一下列宁的党和列宁共青团的英雄们的历史：是什么力量引导我们这些饥寒交迫的人们与武装到牙齿的干涉者进行殊死的战斗？是什么力量鼓舞人们在最初几个五年计划期间夜以继日地突击劳动？是什么力量在垦荒运动初期支持人们忍受艰难困苦？是对未来的憧憬，是对最公正、最美好、最合理和最人道的制度——共产主义——的向往。

可是，怎样真正地向每个人展示共产主义的远景呢？显然，并非每个人都能飞往太空，或者在22岁时就能通过博士论文答辩，或者成为世界知名的歌唱家，或者能够破译出学者们多年潜心钻研却一无所获的古文字。我们大多数人不是宇航员和科学院院士，而是庄稼汉、畜牧业劳动者、泥瓦匠和旋工。亲爱的朋友，让我们一起想一想，怎样才能在平凡无奇的日常劳动中向少年儿童的心灵揭示一个伟大的理想，从而使每个人不仅把自己的劳动看作是获得生活必需品，而且能够在其中发现某种更大的无可比拟的意义。

达到思想一致、意识形态一致的途径，存在于劳动之中，存在于平平常常、初看起来毫无亮点的劳动之中。这种劳动既可以成为令人厌倦的沉重的负担，也可以成为一种美，成为使人精神高尚、为创造世界的美和自身的美而进行的斗争。我认为，共产主义战士的思想一致，就在于要走在时代的前面，担当未来的侦察兵，能在自己的劳动中看到未来，能在自己的双手使劲干活时感受到这一未来。

我记得，集体化初期，村里的第一位拖拉机手感到多么自豪。因为他跨入了从未有人体验过的世界，他挣脱了生产资料私有制世世代代以来对人的束缚；他打破了地界，深耕土地，让不可思议的怪物——机器服从他的命令。当我每年来到十四五岁的共青团员们的小组中，告诉他们我们老一辈人建议他们干些什么、从哪里做起的时候，我仿佛又看见了我们的第一位拖拉机手那双神采奕奕的眼睛。姑娘们都叫他热情的亚什卡，她们都悄悄地爱上了他。

亲爱的朋友，我要对您说说我校共青团组织刚刚成立时的情景。当时，我们有 25 个人……我们所要从事的劳动，是我们的父亲、祖父、曾祖父们干过千百次的劳动：播种 1 公顷小麦，培育出种子，交给集体农庄。可以千百次地重复前人在我们的土地上所做过的一切，但也可以前进一步，像未来共产主义社会的人们那样劳动。我们这个地区 1 公顷肥沃的土地，在最好的丰收年也不过产 35—40 公担[①]。而我们却提出了收获 70 公担的目标。这是前所未有的，但是，大自然的力量和秘密还远远未被人们揭示。如果让小麦的本性充分

① 公担，俄国计量单位。1 公担 = 100 千克。——译者注

发挥出来，它的产量可能提高一倍。年轻的朋友，这将是一种不平凡的劳动，而我们也会成为不平凡的人。到了共产主义社会，将不只是1公顷土地，而是广阔的田野都会奉献出这样的财富。我们在今天，就要获得这样的财富。

我们的劳动确实是不平凡的。这不仅是就劳动过程的性质而言——在许多方面不得不采取与大面积种植小麦不同的做法。我们的劳动之所以不平凡，首先是因为它触及男孩和女孩们精神生活的各个方面。劳动变成了为某种思想而奋斗，这种思想在鼓舞着我们，把我们团结成一个志同道合者的大家庭。男孩和女孩们感到自己不是平凡的人，不是为了果腹而干活，而是要在人迹罕至的地方开出第一条垄沟。

如果没有思想上的一致，如果没有崇高的共产主义思想对大家的鼓舞，那么集体中的任何组织联系都是松散乏力的。我设想：在我们从壕沟中用双手收集腐殖土，把它装在大车上，运到农田里去的那些日子里，如果我们的共青团中有人拒绝参加肥料厂的劳动，那会出现什么情况呢？假如发生了这样的事，这个犯错者就会被批评得体无完肤，同学们会骂他是懒汉、瞌睡虫、娇生惯养、好逸恶劳。孩子们这样做全是襟怀坦白的，并未经过任何“准备”，因为人的心灵一旦受到崇高思想的鼓舞，就会对周围世界中发生的一切十分敏感，会维护理智，提示人们应该做什么和说什么。年轻的朋友，请您记住，要使人的心灵不沉睡，就要时刻守护着自己的良心——这也是共青团教育中一条非常重要的原则。……孩子们说，我们那时真是拼着命干活。倒进壕沟里的牲畜粪变成了细碎的腐殖土，我们就把这种肥料运到农田，像撒种那样撒在土地上，使每一窝苗都能得到养分。我们从科学杂志上知道，塘泥是小麦的好肥料。我们的池塘里淤积了大概有几百万吨的塘泥，我们就把那里的塘泥运到地里去。冬天下雪之后，我们到地里把雪集拢到我们那一公顷土地里，让土壤喝足水分。春天，我们追肥。夏天，每个共青团员都有自己的工作要忙，有些人在畜牧场，有些人在蔬菜队，还有些人养蚕。种小麦是我们的附加劳动，清晨或者晚上，我们集合在一起干活。我们用小锄在行间松了几次土，以便保持土壤的水分和促使小麦分蘖。茁壮的庄稼结出了沉甸甸的麦穗，给我们带来了喜悦。我们数了一株麦穗的颗粒，在收割前又称了一株麦穗的重量。收获是我们大家的喜庆节日：我们穿着节日盛装来到田野，每个人心里都充满胜利的欢乐。但同时我们也感到激动不安，心里想：我们这 1 公顷土地到底能产多少呢？大地慷慨地报答了我们：1 公顷收了 70 多公担。

在这欢欣鼓舞的时刻，小伙子们和姑娘们是多么地互相吸引啊！粮食颗粒收尽和过秤之后，共青团员们晚上不约而同地来到学校。我们愿意待在一起，畅想未来。我们感到自己是刚刚打了一场胜仗的胜利者。我们仿佛攀登上了一个高峰，在我们的面前展现出了许多阳光灿烂的新高峰。我们向往，有一天我们的土地每公顷会产 80 公担、90 公担。农业技术一定会发生变化，新的机器一定会出现在我们的土地上，粮食作物的行间也将像中耕作物——甜菜和玉米——那样进行耕耘。作物的颗粒将增大两倍。展望未来，油然而生的自豪感令我们激情澎湃。

69. 怎样培养共青团员的上进心

我看见过小伙子和姑娘们如何笑脸相迎，似乎在审视着对方的眼睛。

伟大思想的鼓舞作用，能使我们创造自身的美。我年轻的朋友，让我们一起思考，深入地想一下我们共青团教育中的一条真理：对青年的教育要使他们每个人都感到自己是美好的；要使道德的美感培育出人的崇高的自豪感和公民的尊严；要使人们不仅能够仔细观察周围的事物，而且也能看到自己。假如一个人不能为自身的美而感到自豪，那么，他就不可能懂得良心的责难，长者的好言相劝或批评都将是对牛弹琴。而这种自身的美感，只有在集体受到共同思想的鼓舞时才能培养出来。

我们的确向未来迈出了一步，我们的确是在崇高的共产主义思想的鼓舞下劳动的。然而，金玉良言不能再三重复，否则，就会成为陈词滥调，变得像一个懒散匠人手中的工具那样拙钝。如果一遇到困难就去动用这一脆弱而精致的工具，那就会使伟大而神圣的事物庸俗化。比方说拔草，要在烈日之下干一天活，教师就会及时提醒学生去想：保尔·柯察金是在怎样的条件下采伐树木的？阿穆尔共青城的第一批建设者经历了怎样的艰难困苦？这样做行吗？不行，不能这样来教育人。这样做，锋利的工具只会剩下木把儿，对年轻人的心灵起不到任何作用。要力争使共产主义的高尚精神永驻每个人的心间，成为内在的和自动的道德力量，使最锋利的工具尽可能少用，只有这样，这些工具才能对青年产生影响。

然而，感觉到自身的道德美并不意味着自我欣赏。一个人在感到自豪的同时，也会对自己感到不满意。他想做得更好，否则，就不可能有对自身的道德尊严感。这是青年道德发展的一条很难捉摸的规律。因为，只有当一个人今天比昨天更好，只有当他在同志们和自己身上发现了完全新的东西，并且想成为更好、更完美的人时，他才是有上进心的。一条非常重要的共青团教育原则就是，要使青年始终处于成长过程中，不断地起变化，从不依然故我。要让一个人意识到并感觉到自己的成长，这也是很重要的。我年轻的朋友，您要提防自己的学生在道德发展过程中出现止步不前的现象，要防止道德上的僵化。不可让一个人长期地感到自己改不掉某种缺点。

70. 怎样激励人不断地发展和完善道德

这是一个非常有趣的，并且在我看来是青年教育工作领域中研究得还很不够的问题。在我校的教师集体中，制订了可概括为下面两句话的一条原则：为使一个人力争自身达到道德美和完善，他应该在自己周围，即在自己的同学身上看到这种美和完善；一个人只有在与他人交往的过程中通过对待他人的态度，才能养成自己独特的品格。正如马克思所说，为了培养自我意识，“人起初是以别人来反映自己的。名叫彼得的人把自己当作人，只是由于他把名叫保罗的人看作是和自己相同的”①。学会对待自己像对待别人一样——难道这不是集体中教育艺术的秘诀之一吗？遗憾的是，许多教育者无论如何都理解不了这一秘诀。

我们坚信，集体的教育力量的源泉，首先存在于集体劳动的过

① 参见《马克思恩格斯全集》第二十三卷，俄文第二版，第 62 页。

程中。在这个过程中，从集体的丰富精神生活中，一个人今天在自己同学的身上，看到自己昨天没有发现的东西——这就是发现人，并且由于这个原因，形象地说，他自己看到了自己，自己评价自己并进行比较：我过去怎样，今天怎样。这是集体精神生活中极为重要的一点。在教育年轻人时，要努力使您的每个学生在集体劳动中能从自己同学的眼睛中看到被崇高目标点燃的火花。即使是最无生气、似乎最冷漠的人，看到同学的眼睛时，也会像照镜子一样看到自己的思想和志向；让他惊奇地停住脚步，在心里燃起为自己的同学而感到的充满人性自豪的烈火。您要知道，只有做到这一点，您才能在自己学生的心灵里播下他的思想火种。

因此，使集体受到劳动的崇高精神的鼓舞，在教育工作中具有重大意义。您要善于通过使人变得高尚的具体活动来联络小伙子们和姑娘们的思想和情感。您要让每个小伙子和每个姑娘，从自己的同学身上看到真正的人性美后，都能扪心自问：我达到这种美的境界了吗？我能得到这样的美吗？我明天能比今天更好吗？一个人的精神面貌，取决于能否严格要求自己。年轻人追求神圣的公民业绩和公民美的途径，也取决于此。

71. 怎样不让年轻人漠不关心地对待我们的生活和斗争

这里所谈的，是年轻人心中的神圣事物。每个年轻的共产主义者在自己的思想和心灵中，都应该珍藏着某种极其宝贵的、无与伦比的神圣事物。他的心灵和思想中的这个神圣事物，就是我们的苏维埃祖国，是祖国的光荣、荣誉和强盛。其他任何东西在祖国面前都会黯然失色，都是过眼云烟。

培养爱国者和公民，是我们共青团教育的一项最主要和最复杂的任务。怎样使每个小伙子和每个姑娘都能珍视神圣事物，内心里爱护它，使祖国成为每个人的明灯，这盏明灯能照耀所有的一切，在它的光芒下，一个人能看到整个周围世界，而主要的是能看到自己。

这里，我们就谈到了公民情操的培养问题。我心中总是把它称为教育的最神圣任务。一个具有同情心和勇敢无畏的人，才能成为爱国者和公民。爱国主义，形象地说，是情感和思想结合的产物。

它不仅要求用理智，而且首先要用心灵去理解祖国的神圣。这种理解始于一个人发现周围世界中有某个人成为他至亲至爱的人，并准备为这个人献出自己心灵的一切力量。爱国主义始于对人的爱。爱国主义的视野、对世界的感知、家国情怀，都来源于对世界上最亲的人——母亲的爱。别林斯基写道："自然界最伟大、最崇高的东西是人。"[①]而这种伟大和崇高的桂冠就是母亲。在世世代代人们的意识中，爱国主义这一概念本身并非偶然地就是从人性的这一瑰宝——生养和抚育我们的母亲——的形象中结晶而来的。三十多年的青少年工作使我有资格坚信，培育对人性的桂冠和顶峰，也就是对母亲真挚恳切的、发自肺腑的细腻的态度和无微不至的关心，是共青团组织的一项极其重要的思想和政治任务。在一个对待自己的母亲冷酷无情、铁石心肠的人的心中，任何美德都没有立足之地。抛弃土地上留着母亲坟茔的祖国而投奔他国的人，是卑鄙的叛徒。飞廉草绝不会开出玫瑰花。与热情、温柔和真挚无缘的人，是不可能成为爱国者的。

我年轻的朋友，我们要懂得共青团教育中一个最基本的真理：一个人要爱别人，要细腻地体察身边人的情感，与他同甘共苦。这种对别人的体贴应该从对待母亲开始。大家想想，星期六和星期日的义务劳动、各种活动周和活动月、突击检查和远足，举办了不知有多少次，但是，您能找到哪一个单位的书记向共青团员们提出过这样的问题："朋友们，你们最近为自己的母亲做了些什么？"因

---

① 引自《别林斯基文选》，1973 年俄文版，第 207 页。

此，我向从事青年工作的教师们进一言：

请您在我们极为丰富的语汇中挑选出如露水般清澈纯净的词语，这样的词语像淙淙的清泉，像童话里的活水那样，歌颂人的忠心、忠诚这样永恒的美，这样的词语就是：妈妈、亲爱的、可爱的。让每个小伙子、每个姑娘把这种美带回自己亲爱的家，把自己心灵的力量奉献给亲爱的母亲。

我对男孩和女孩们说：“今天是我们的一个重要的日子——你们领到了共青团团证。你们要与母亲分享这一快乐。给你们每个人一株奇妙的苹果树苗，你们拿去吧！这可不是普通的品种：红得透明的苹果将映出柔和的朝霞，在刮风天到来前映出深红色的晚霞。我们给这个品种的苹果取名叫母亲苹果。让我们精心培育这些小树苗，要像爱护母亲的名字那样爱护它们。”

这是最有思想性、最有政治性和最富有集体主义精神的教育。在七月的一个晴朗的傍晚，当我的学生，我的一个少年朋友从母亲苹果树上摘下果实，并把那些果实献给母亲的时候，这是一个令人兴奋的时刻，我登上了教育智慧的一个高峰。

爱别人，这是能盛开为祖国服务的爱国主义花朵的沃土。为了让这种欢乐花争奇斗艳，每个男孩、每个女孩都应该用理智和心灵去理解我们伟大的祖国。每个人都应该感到自己是祖国的儿女，都应该因为自己是祖国几千年的荣耀和精神财富的继承者，是祖国英雄的今天的创造者而感到自豪。

作为教育青少年的教师，怎样才能切实做到这一点呢？

要用火一般的语言对青少年说话，您的言语要像明亮的火炬那样，照亮我们的国家从古至今所走过的艰难而光荣的道路，照耀通向光辉未来的崎岖道路，使年轻的公民感到自己正在进行一场千年历史的接力赛——他要对前辈们交给他的一切负责，他有责任把接到的一切无价之宝完好无损地传到未来，绝不遗忘在为我们伟大、光荣的祖国而进行的斗争中所获得的任何一条英明的真理。

要用火热的语言赞美我们祖国的英雄儿女，他们的名字像永恒的星辰在祖国的天空闪烁，过去是，将来也永远是新一代人的指路明灯。

也许有人读了这段话会哑然失笑。有人可能会想：您是否夸大了语言的力量，把愿望当成了现实？不，一切正是如此。语言是率领人们冲锋陷阵的统帅，是拨动人们心灵琴弦的乐师。您要懂得拨动哪一根琴弦才会发出美妙动听的乐音。在与学生谈起内心深处的思想和议论伟大的事物时，我们拨动的琴弦叫作公民性、人性、诚实和尊严。我直截了当地触动每个人灵动的灵魂。我面对的不是什么抽象的受教育者，而是朝气蓬勃的、目光炯炯的科利亚和柳芭、万尼亚和加利娅、季娜和舒拉。教师的话语，只有在不是以培养抽象的爱国者（这样的人是根本不可能有的）为目的，而是要促使科利亚和柳芭、万尼亚和加利娅、季娜和舒拉的内心产生共鸣的时候，才能成为火热的语言。

这也是我们共青团教育中的一条黄金法则。

我们有几十个关于祖国英雄儿女的鼓舞人心的故事。我向青少年讲述遥远的过去，也讲述不久之前热火朝天的日子。我的青少年朋友们屏住呼吸，聆听我对他们讲述扎波罗热哥萨克的故事：敌人活活地剥去他们身上的皮，用烧红了的烙铁烫他们的伤口，要他们背叛祖国或者哪怕是默不作声地服从，他们却骄傲地冲着敌人铁骨铮铮地只说一个像烈火一样的字：“不！”我向学生们讲了谢尔盖·拉佐的故事：敌人因为他坚信共产主义，把他活活地扔进了火车头的锅炉里。我还讲了我们的两个同乡——英雄的少先队员的故事，法西斯分子对他们使用了令人发指的酷刑也没能迫使他们说出游击队的秘密，就把他们活埋了。我看到我的青少年朋友的眼睛里燃烧着对敌人刻骨仇恨的火焰。如果向他们说，青年朋友们，我们的苏维埃祖国号召我们为自由和独立，为荣誉和强盛而战，那么，他们每个人都会高喊着为了祖国去进行殊死的战斗。

只有痴呆和道德上的堕落，才能堵塞语言通向人们心灵的道路。语言是争取人们心灵的坚强战士。一切都取决于您这位教师的话语怎样。有的话语像呆小病患者那样瘦弱难看，有的话语像枯草的影子那样没有力量和感情。有的话语则像永恒的星辰那样光辉灿烂、永不熄灭，为人类指引着道路。努力使您的话语成为指路的明灯吧！

72. 怎样使共青团员胸怀社会主义祖国

这里要谈的又是一个微妙而复杂的问题，即怎样使每个学生都受到为祖国服务这种伟大、美好和崇高的爱国主义精神的陶冶问题。这种陶冶能引人深思，使人激动不安，甚至彻夜难眠。假如我的那些 14 岁的学生科利亚和柳芭、万尼亚和加利娅、季娜和舒拉不如痴如醉地思索人生的目的和意义，并为此而通宵达旦地读书——阅读关于马克思、列宁、亚历山大·乌里扬诺夫、尼古拉·基巴利契奇、费利克斯·捷尔任斯基或尤利乌斯·伏契克的书籍，我简直无法想象共青团的教育工作。在教师用火热的语言阐述了要以爱国主义精神为祖国服务以后，每个学生都深受鼓舞，都去寻找并找到了自己所要读的书，都在祖国的苍穹中发现了自己的灿烂明星。忠于祖国的光辉榜样，震撼着每个学生的心灵，令他们着迷。在春天的夜晚，人人都伏案阅读自己的妙不可言的书，激动得心潮澎湃。他们在沉思：我是谁？我是什么样的人？我以前是怎样生活的？将来我要怎样生活？我将为社会主义祖国做出什么贡献？如果学生不深入思考这些问题，真实的共青团教育就会变成空话连篇。

我年轻的朋友，如果您希望成为共青团员的一位名副其实的教育工作者，请您留意关心一下，当男孩和女孩们、小伙子和姑娘们独处时他们各自都干些什么，忙些什么，读些什么，想些什么。要了解他们是否喜欢有独处的时间。如果他们没有这种愿望，那就很糟糕，那就意味着没有个人的精神世界，没有个性，因而也就没有集体。

我校有一间名叫“思想室”的房间。这里总是很安静。书柜里摆满了关于祖国英雄儿女的各种书籍。学生可以随意去翻阅自己要读的书，找到自己的明星和指路明灯。要使每个青少年都对这些书籍产生兴趣，我认为，这是从事青少年教育工作的教师的一项极为重要的任务。我每次同青少年座谈爱国者的事迹之后，他们敏感的心弦受到触动，总是有几个男孩和女孩去“思想室”。我的青少年朋友们，祝你们成功！你们正在登上自我教育的一个最艰难的台阶。我忽然第一次看见蓝眼睛的大个子（同学们都这样称呼万尼亚）站在窗台下的玫瑰花丛旁。他才 14 岁，可长得比他的父亲还高。万尼亚对事物的看法那样幼稚，这让我很担心。我焦急地盼望着成人的思想能激励他的心灵和智慧。瞧，我终于看见他手里拿着一本关于尤利乌斯·伏契克的书。……要成为男子汉呀，万尼亚。把书带回家去阅读，去思考，哪怕彻夜不眠，但愿成人的思想能打动你。

青少年的自我教育就是由此而开始的。

当然，这还仅仅是个开端。要使青少年达到精神上的成熟，还需要付出巨大的劳动。

73. 如何使青少年在精神上成熟起来

有人争论青春期从什么年龄开始：是 14 岁还是 16 岁？什么年龄加入共青团更好些：是 14 岁还是 15 岁？小伙子和姑娘们的生理发育速度加快，然而他们在社会、精神和道德方面的发展却滞后——这种现象近年来让学者们感到不安。

我们的教师集体坚定不移地认为，青春期开始于十二三岁。如果您希望孩子成为精神上成熟的人，那么就请您帮助他在自己的公民生涯中迈出最初几步。全然无忧无虑的童年和少年时代，是造成精神幼稚的根源。青少年在生活中应该有要他操心的事。我指的是要为我们的人民、社会和祖国操心和担忧。要让我们的男孩和女孩身边的一切事物在他们的青春早期就能刺激、惊扰并激励他们的心灵。生活中的任何事物，无论是近在身旁的，还是远在天涯海角的，都不应该与他们毫不相干。培养少年以公民的视角看待世界，这是教育智慧的一个高峰。最主要的是让男孩和女孩们关心社会，把社会的事务看成个人的事务。

怎样切实做到这一点呢?

公民的成熟，伴随着对以下问题的思考：自己为他人做了什么?为他人做出了什么贡献?这是青少年精神财富极其重要的源泉。只有在十二三岁时就已取得精神财富的人，才可能用自己的理智和心灵去理解祖国。如果没有取得这样的财富，您所说的话就会显得苍白无力，就不能成为鼓舞青年人心灵的火热的语言，不能促使小伙子和姑娘们去思考为什么活在世界上这个问题，从而在想到谢尔盖·拉佐的功勋时联想到自己，由于意识到自己正在领略伟大和神圣的事物而肃然起敬，心潮澎湃。您也许听到过教师们的抱怨，他们说：你给学生讲神圣的事物，讲英雄主义，英勇无畏、自我牺牲，可是，不知为什么，你的话就是进不到他们的心坎里……这只不过是因为他们的心灵充斥着消费的乐趣，而实际上心灵却很贫乏、空虚，缺乏为人们进行创造而感到快乐这样的精神财富。

青少年的精神财富是点点滴滴地积累起来的，要从童年和少年时代就开始积累。一个十二三岁的人在回首过去时，应该看到自己曾为他人做了些什么，并为自己的劳动成果而感到自豪。这种自豪就是青少年接受共产主义思想的表现和达到思想一致的基础。

在我的少年朋友们十来岁的时候，我们就决定为大家建一个葡萄园。我们面前有一片被灼热的阳光晒焦了的、毫无生气的南山坡，土地很贫瘠。但从这里的一公顷地里可以收获几十公担的“阳光浆果”——葡萄。于是，我们开始劳动：清除山坡上的杂草，挖了几百个坑，在每个坑里施上塘泥和腐熟的厩肥。此外，我们还采纳了老年人的建议，把能杀死葡萄藤害虫的植物根部的土壤弄来放到挖好的坑里（这是一种民间的“植物医学”）。我们搬运了几百吨土，在每一窝葡萄藤周围筑起土埂，防止水土流失。对于教师而言，这是最艰难的时期，因为单调的体力劳动本身不可能是愉快的，它不能给学生带来任何乐趣。那么，是什么力量促使孩子们从事这项劳动的呢？是语言，是能够在年轻的心灵中点燃以公民的态度为大家服务的火一般热情的语言。我相信洋溢着共产主义信念的语言的巨大力量。

一些葡萄藤长出了嫩绿的新叶。这时，我们已经可以欣赏自己的劳动成果了。我已经不再担心繁重的体力劳动会摧垮某个学生的精神力量，使他产生鄙视劳动的情绪了。可是，我们的劳动才刚刚开始，以后还要浇水，保护葡萄藤不被太阳晒死和严寒冻死。

几个月、几年过去了，关心葡萄园渐渐成为我们每个人心头的牵挂。我们对土地产生了深厚的感情。葡萄藤结出了第一批果实，我们的公民情感胜利的日子也随之到来了。一些小孩和老人到我们这里来，我们就用葡萄招待他们。我们把亮晶晶的葡萄送给病人吃，而当人家向我们表示感谢和祝福的时候，我们的心跳加剧了。

让十三四岁的男孩和女孩们听到别人对他们的热忱、真诚和人性所表达的感谢，这是教育智慧的一个高峰。很难找到什么力量能比这些朴实的言语更具有鼓舞作用了。我的学生因为为他人做了好事而体验到无与伦比的快乐。这时，火热的言语已经在他们心中扎根，激励他们从事新的劳动的灵感，已变成每个人内心的精神力量。我坚信，在这种情况下，每个学生不仅在集体中，而且当他独处时也能够表现出公民的忘我精神。

我年轻的朋友，只有当自己的良心不允许对他人冷漠无情时，公共的事情才能成为个人牵挂在心的事情。

我们为大家建起的葡萄园，成了我的学生进行公民自我教育的场地。在这里，他们学会了以公民的眼光看世界的本领。世界上没有任何与他们每个人毫不相干的事情。艰苦的体力劳动在精神上锻炼了他们。小伙子们成长为真正的男子汉。我高兴地看到，当体力劳动特别紧张的时候，小伙子们思考问题的方式与平常有点儿不同了：他们想的是如何克服困难，而不是能否克服困难。

74. 哪怕困难再大，也不要害怕困难——没有困难就没有对青少年的思想教育

克服困难，能培养英勇无畏的精神，陶冶人的高尚情操。在克服困难的过程中，人不会变得冷酷，恰恰相反，会变得体贴、温存、富有同情心，而对邪恶则变得毫不妥协、毫不留情。

我们向自己的学生所展示的生活，并不是一条坦途。年轻人，特别是小伙子们，应做好应对一切的准备。要准备经受最严峻的考验。要把小伙子们培养成英勇无畏、坚忍不拔的人，使他们在生活的道路上碰到艰难困苦（对此他们应随时做好这种准备）时不至于惊慌失措、软弱无能。精神上的坚强与结实耐劳的体格是相联系的。我年轻的朋友，您不妨检查一下，您的学生——一个16岁的小伙子，能否在酷寒中待一整天，并且不是单纯地待着，而是还要干活；或者试验一下，他能否在烈日炎炎下步行40千米以后还可以劳动几个小时，他能否强忍着半天不喝水。不要用人为的练习方式进行此类考验。在生活中，在日常的劳动中，有可能经常碰到这样的艰难

困苦。我们不要一味地对小伙子们说，你们要练习吃苦耐劳。我们可以让他们完成与他们同龄的农庄庄员相同的劳动任务：在严寒的1月，让小伙子们到田野里收集干草，把干草装到拖拉机的拖斗里，运到畜牧场。小伙子们认识到，这种劳动的目的并不是做练习，而是使奶牛多产奶，因为，没有干草就不会有牛奶……

如果一个人在少年期和青春期就学会了克服艰难困苦，那么他在自己的周围所看到的东西，是那些娇生惯养、游手好闲、养尊处优、弱不禁风的“妈妈的宠儿”永远也看不到的。

75. 要保护青少年内心的纯洁激情

每当谈到青少年的教育问题时，我总是再三提起公民的不安内心。这是我们整个共青团教育的核心。我年轻的朋友，您要像防火那样警惕冷漠无情的态度。冷漠无情是最可怕的毒素，它能使人变成对什么事情都漠不关心的庸人和小市民，而这样的人所遵循的是损人利己者的卑鄙信条："事不关己，高高挂起"，"我的事好比鸡打鸣，叫过了就算了，管它天亮不亮"。年轻人用自己的双手为别人做的好事越多，他的心灵就会变得越纯洁、越高尚。他就会同他人甘苦与共，与社会休戚与共。这个年轻的公民就会以探究的、寻根究底的目光观察周围世界，他的性格就会变得不安分，充满活力并且不满足于现状。高尚的心灵绝不容忍邪恶、对公共利益漠不关心的态度及对人格的侮辱。对于这些丑恶现象，青少年的心灵会奋起抗击、义愤填膺，会推动人们采取高尚和美好的行动，虽然有时可能有点激烈、冒失。

请您记住，对邪恶做出的最初反应、良心的呼声所提示的最初冲动，通常是最高尚的。不要压制良心的呼声，不要用逻辑思考和推理作为障眼法来束缚青少年高尚的激情。成熟的智慧、通情达理、三思而后行的能力，这一切随着时间的推移都会水到渠成。然而，只有在青年人对周围世界有了重大的发现，即用心灵对善恶有了复杂而痛苦的认识，感到惊惶不安的时刻，他心里才可能产生被邪恶激怒、打算把邪恶碾为粪土的火热的激情。但愿你们那里没有像鱼那样冷血的小伙子和姑娘。在评价好的行为时，千万不要轻率从事，要掌握好分寸。只要有一颗火热的心，就一定会有冷静的理性——这一点是不必担心的。

有时候，在生活中遇到的邪恶似乎没有直接的罪魁祸首，它似乎是命中注定不可避免的一劫。面对这种灾难，人们有时只不过同情地摇摇头说“唉，有什么办法呢”，然后就心安理得地一走了之。要竭力防止青少年在这种情况下可能产生的冷漠态度，要把这种态度看作灵魂最可耻的堕落。因为，这种冷漠态度本身隐藏着一种很大的危险。只要你有一两次冷漠地对待与你个人无关的灾难，你就会永远对别人的忧患置之不理。

恰恰是在祸端没有明显的肇事者时，应该引起青少年的警觉和关心。要在青少年的心中升腾起历久不衰的激情，让他自问：我必须做点什么，如果我视而不见，扬长而去，我就会成为一个可怜的利己主义者。这种激情的火花不是突然点燃的，受教育者对与自己无关的事情在道义上所感受到的关切和不安，是这种激情之火的燃料。

有一次，集体农庄的羊群遭遇了暴风雨，走失了20只羊羔。这些羊羔看来是被大雨驱赶到灌木丛中或芦苇丛中去了，也许它们陷进了暴雨后形成的淤泥湖中。关于这件不幸的事的消息传到了我们学校里。走吧，孩子们，让我们出发去寻找吧！要知道这是些多么小的羊羔啊……我们带上了够吃两三天的食物，出发到第聂伯河沿岸一带无边无际的洼地里去。当我们救出一只又一只羊羔时，我们充满了喜悦和自豪。疲惫不堪的我们回来了，身上到处是被蚊子叮咬的包，但我们感到很幸福，感到自己长大了。我把这种集体行为称为上“热心课”。这种活动能激发孩子心中对灾难、悲痛和忧虑的同情。假如不上这样的“热心课”，这类事情引起的反应就只会是一句冷冰冰的格言：没有我们一切也能按部就班。

我认为，“热心课”并不是什么脱离周围世界的孤立的事物。我年轻的朋友，这是公民的生活，是别林斯基对未来的命运怀着忧心忡忡的心情写到的那个公共利益的大世界。

76. 怎样教导共青团员关心公共利益

有一次，我听了一位主管校外活动的副校长的报告。他详细地谈了社会学教研室的情况：墙上挂了什么样的标语和图画，房间装饰得多么艺术。他们把共产主义建设者的道德规范写在一大张纸上，镶在一个漂亮的框子里，等等。至于怎样才能使伟大的马列主义科学真理深入青少年的心灵并在那里扎根，他却只字未提。当有人问到"在这方面"正在做些什么时，这位副校长竟然张口结舌。这是因为对社会学教研室是有严格指示的，而有关人的灵魂却没有任何指示。我认为，教育战线上这样一种人是害多益少的，他们唯上级命令是从，而不懂得没有灵魂、没有心灵，教育就等于零。我觉得，"热心课"在教育工作的所有环节和各种形式中是非常重要的一种活动。

有一天，我们整个和睦的大家庭（我们这样称呼自己的团组织）去挑选玉米果穗。我们把最好的玉米果穗装到给国家仓库运粮的汽车上，而把较差的运到做猪饲料的仓库里。有个人从一旁走过来，用诚恳的口吻建议我们：“你们把差一些的玉米果穗扔到车厢底部，上面盖上好的，运到仓库时只检查上面的；要知道，我们必须多交一些，总得完成计划嘛……”这时，我发现共青团员们你看着我，我瞧着你，他们感到羞愧。万尼亚气得满脸通红，季娜也垂下了眼睛。那个人走后，我的小伙子和姑娘们站在那儿发愣。我也站在那里，心里嘀咕着：你们该怎么办呢？刚刚开始的“热心课”给你们带来了什么教益？

“怎么可以这样？”舒拉瓮声瓮气地说。

大家也没再说什么，开始执拗地、玩命似的往车厢里扔最好的玉米果穗。那个建议我们投机取巧地“完成计划”的人几次走到我们面前，皱着眉头默默地看着共青团员干活，一句话也不敢说……凡是受到良心的启示去反对邪恶、欺骗和不公正现象的人，哪怕只受到过一次启示，就会对周围世界的各种现象非常敏感，视游手好闲和挥霍浪费为邪恶，绝不容忍不公正和欺骗。

要努力使一个人在青少年时代就关心集体和社会的财富。农业生产中有一些繁忙的周期，这时候任何一个青少年都不应该袖手旁观紧张的劳动，不应该置身于大家为之殚精竭虑的事情之外。

集体农庄在春天播种了几千公顷粮食作物、蔬菜和经济作物。如不及时除草，就会造成减产。这时农庄庄员们一心想的是，怎样把劳动组织得最合理，怎样用好每一分钟的工作时间。作为教育者的您，要设法使学生集体也受到这种紧张劳动气氛和社会积极性的感染。让青少年到那些对公共福利和经济成就起重大决定作用的生产领域参加劳动。不要使学生的劳动与成年人的劳动隔开，成为某种孤立的、特殊的劳动。要妥善处理自己的学生与成年劳动者的关系，使成年人热切地期待您的学生创造出物质财富，使儿童、少年、小伙子和姑娘们把自己的儿童劳动、学生劳动看作是成年人劳动。要使学生集体的劳动尽可能少一些死气沉沉和程式化，这是我们培养学生从小就关心公共利益所遵循的要求。

在教育工作实践中，我们力求使学生的劳动热情和干劲成为社会生产大厦上自成一体的砖瓦。例如，暑假期间，我们让年幼的学生，即一、二年级学生在田间参加几天集体劳动，为牛犊准备最有营养的、富含维生素的干草。孩子们收割牧草，把牧草晒干，然后堆成草垛。他们的劳动成果就是几十吨高质量的饲料。四、五年级的学生采集西红柿、甘蓝和黄瓜的种子。农庄里只有他们从事这项工作。学生们很好地懂得，如果他们不给社会生产的大厦添砖加瓦，这座大厦的建设进程就会迟滞。于是在他们的劳动生活刚一起步时，劳动就受到公共利益这一崇高精神的鼓舞。

年龄较大的少先队员和共青团员，担负更加重要的劳动任务。农庄每年拨给少先队和共青团 10—15 公顷土地，让他们培育小麦、玉米和其他作物的种子。在这里，农业劳动过程的全部环节，从第一次平整土地直到收割和入仓储存，完全是由学生自己完成的。

学生感到自己是与成年庄员一样的劳动者。共青团委书记和少先队大队长，像成年人生产队的队长一样，被邀请到农庄管理委员会的会议上汇报工作。生产活动和经济利益在学校集体的精神生活中占有重要地位。关心物质财富，使学校集体内的相互关系以及少先队员和共青团员的整个思想产生了新的特点。为培养青少年思想上的成熟性、成年性，我们不仅重视学生与成年劳动者在经济和生产业务方面的相互关系，而且也重视学校集体内部的这种关系。

77. 怎样建立学校内部的劳动关系

我年轻的朋友，我在这里要谈谈在集体的建立和培育中的一个特别重要的因素。我指的是物质关系，是责任心、领导、服从、相互帮助、合作和经验交流等概念的物质表现形式。如果没有对物质财富的明确责任，一切关于责任感的谈论都只不过是痴人说梦。如果集体成员之间的关系不洋溢着互助、合作以及同志式的思想交流和经验交流的精神，那就不可能有任何集体。

我校的少先队组织有一个小机械化作业队。作业队拥有一些机器和机械，在学校的教学试验田里和儿童综合技术课外小组里使用。队里有一台由教师和高年级学生装配起来的小型拖拉机，少先队员驾驶着这台拖拉机在教学试验田里和花园里耕作。队里有两辆小型汽车，供低年级教学使用，此外，还有两台播种机、一台割草机、一台脱粒机和几台簸谷机。所有这些机械都是在学校里制作出来的，并且是适合儿童劳动的。

共青团组织有一个青少年机械师作业队。作业队选出一名队长、两名副队长和两名技师。队里组织了一个电工小组。这个队拥有成人机器（少先队员和共青团员这样说）：一台拖拉机、两辆汽车、一台联合收割机、几台播种机和簸谷机。作业队授权队长和一名副队长掌管各种机器和一个修理站（修理站有电瓶充电装置和电焊设备）。他们指定青少年机械师定期完成各项工作。学生认为，能够在这个机械师作业队里工作是很荣耀的一件事。作业队的队长要对希望驾驶拖拉机的同学进行一系列考试（如要他在旋床上做一个机器零件，参加设计和安装一部新机器），然后才让合格者开拖拉机。在春季和夏季的田间劳动期间，由队长负责安排青少年机械师轮流在少先队田地里和农庄土地上的工作。

少先队和共青团组织还有两个作业队：青少年农艺师作业队和青少年园艺师作业队。这些劳动集体有自己的试验田、园地、校办养蜂场以及从事植物栽培和园艺的手工劳动工具。

经济、物质关系的经验，使少先队和共青团组织成为许多物质财富的主人。我们的少先队员和共青团员，掌管着学校内部经济账目上来自教学试验田、花园、果园和菜园收入的资金。学生把出售水果、蔬菜和树苗获得的钱记在进款项下，交会计室。一年能积蓄不少钱。团委会和少先队大队委员会用这些钱购买乐器和组织参观游览。这样的活动丰富了共青团员和少先队员的生活经验。

与劳动紧密相连的经营、物质、经济关系，是在一个集体内把不同年龄的学生团结在一起的一条纽带。

78. 不同年龄学生组成的集体不是凭空建立起来的

当然，物质、经济关系会派生出另一种关系——精神联系。构成经济关系实质的劳动越有趣，不同年龄学生之间的精神联系就可能越深刻。只有在同一集体中劳动的儿童和青少年操作着各种机器和机械，掌握复杂的实际技能和技巧，并且相互传授知识和经验的时候，即在他们之间有了精神联系的时候，劳动才是有趣的。没有对劳动的兴趣，没有对知识的渴求，没有以掌握比较复杂的技能和技巧为前提的共同活动，就不可能有作为教育工具的由不同年龄学生组成的集体。然而，如果您能成功地使不同年龄学生的劳动和精神生活水乳交融，那么您就拥有了一种能使集体有力地对个人施加影响的新的源泉。

这种教育作用的实质在于，儿童和青少年在兴趣、才能、爱好和志向方面的共同性使他们相互吸引。同时，个性的特点也在具体的活动中反映出来。由不同年龄学生组成的集体的教育效果表现为，在鲜明的积极榜样的影响下，儿童、少年认识到自己想要成为一个怎样的人，并产生了渴望实现自己的理想、达到榜样境界的愿望。如果没有引人入胜的有趣的劳动所产生的精神联系，想成为某种人的愿望通常就不会产生，更谈不上支配学生的思想了。

不同年龄学生组成的劳动集体（也可称为创造性集体）应是学生自愿参加的。绝不允许把一个学生和另一个学生生拉硬扯到一起。少先队员和共青团员对每个人的能力、爱好和志向是非常敏感的，他们绝不会挑选对某种劳动没有兴趣的人去参加相应的作业队——机械师作业队或农艺师作业队。

还有另一种由不同年龄学生组成的集体。暑假期间，我们的学生通常哪里也不去，因为村里的休息条件很好。在我们这里，每条街、每个“墙角”（乌克兰人的说法），都有民间教育学的发源地。这是我们对小型民间教育学校的称呼。这种学校的灵魂是热爱儿童的人：他们或者是退休的生产老手，或者是年轻的工人、农庄庄员或职员。与儿童在一起，给他们带来了欢乐，丰富了他们的精神生活。在我们的集体里，我们把这些人叫作民间教育学发源地的保护人。他们发挥了巨大的教育作用，因为美只能由美来创造，人也只能由人来建树。

三十多年的学校工作使我深信，教育别人和关心别人时，是一个人进行自我教育的最好时机。我们的教师集体力求使每个学生在少年时期就真诚地关心比自己小的孩子。对儿童的体贴、关心和担忧，是青少年集体崇高的情感基础。在行动中越积极地表现出这样的情感，男性青少年的心就会变得越温存、越勇敢，女性青少年心里的柔情就会越多。

79. 要使受教育者同时又是教育者

当我们的共青团组织为人们在草原上创建了一个“美丽角”的时候，一个名叫娜塔沙的小姑娘突然加入了我们这个和睦的大家庭。共青团员们都亲切地叫她娜塔洛奇卡。小姑娘住在村边，家里只有她和母亲两个人。娜塔洛奇卡 3 岁时生了一场重病，从此不能行走了。春天和夏天，妈妈就把她放在小车上，让她在枝繁叶茂的苹果树下待着。绿色的庭院、一棵苹果树、两只蜂箱、一口水井、养在板棚上的几只鹳、一条叫帕尔玛的狗和由它守护的一些家兔——这就是娜塔沙生活中的整个世界。她声音响亮，很爱说话，但同时又因疾病的折磨而愁绪满怀。小姑娘请求我们为她采一些她无法看到的野花。我们每个人都感到心痛：难道这个小姑娘真的就不能恢复健康了吗？给她治病的医生说，她不会很快痊愈，因为她的神经系统受到了严重损伤，双腿瘫痪了。我们怎样才能帮助你呀，小娜塔洛奇卡？

我们尽自己所能为她做了一切。我们把她那间宽敞的房间变成了一个真正的花园：栽种了小枞树和松树，从学校的温室里移来了正在开放的菊花。我们还在窗台下栽种了玫瑰。再过一年，小姑娘就该上学了，因此，我们开始教她识字和画画儿。她的房间整个冬天开满了鲜花。可是，小姑娘的面容仍然很苍白，身体羸弱；我看到，季娜和加利娅从娜塔洛奇卡那里回来时偷偷流眼泪。我们盼着春天快快来临。

春天，当核桃树刚长叶子，草原上开出了报春的花朵时，我们就把娜塔洛奇卡放在小车上，带她到“美丽角”去。小姑娘惊喜地看着周围世界，所有的一切对她来说都是新奇的：草原雾气在山丘的上空颤动，云雀在欢快地歌唱，大个儿的蝈蝈在跳跃……孩子们在“美丽角”搭起了窝棚。暑假期间，我们整天就在这儿度过。草原上有益于健康的空气、核桃树叶散发出来的香气、红艳艳的西红柿、甜美多汁的大西瓜、香甜清脆的苹果——所有这一切大概都成了娜塔洛奇卡的良药。她的脸颊逐渐红润起来，眼睛里闪烁着快乐的火花。两年之后，这个女孩终于站立起来了。医生说：能治病的不仅仅是药，还有愉快的心情。像娜塔洛奇卡的这种病，更是如此。

在两年半的时间里，孩子们对这个生病的小女孩的真诚、热心的照顾和关怀，是无与伦比的“热心课”。小伙子和姑娘们学会了用心灵去感受和认识那些往往看不出来的不幸、忧伤和焦虑。我相信，如果一个集体关怀孩子，那么，他们对人的最大不幸——孤独，也会是非常敏感并予以同情的。

80. 要教育年轻人对孤独者不要漠不关心

在娜塔洛奇卡还没能站立起来的时候，我的学生们又被新的不幸所震惊。有一天，我们从林子里回来时，遇见了一个妇女，她用沉思和悲伤的目光看着我们。在村子里，每逢遇见人，不管认识不认识，通常都要打个招呼。我们对她说："晚上好！"她回答说："祝你们健康，亲爱的。"她的声音听上去也是那么悲哀。

"她的眼睛为什么那样悲伤？"一个男孩子问道。

"她一定非常痛苦……可是，究竟为了什么呢？"

过了一天，我们得知了她的伤心事，大家都感到惊愕。她的三个儿子、她的丈夫和两个兄弟，都在伟大的卫国战争前线英勇牺牲了。不久前，她在这个世界上唯一的亲人——母亲，也去世了。现在，仅她一个人孤苦伶仃地过日子。

这位玛丽亚奶奶的痛苦，也成了我们心头的痛。我们的亲人，我们能帮您做些什么呢？科斯佳在知道了这位妇女的悲惨命运后说：

“我们愿把自己内心的全部温暖都献给您，只想博得您的笑容。”

有一天，玛丽亚奶奶终于冲着我们笑了。她是回想起了自己的儿子们时笑的，因为当时我们到她家里去，栽了六窝葡萄和六株玫瑰，以纪念她的三个儿子、丈夫和两个兄弟。她笑了，随后眼睛里涌出了热泪。我们也流泪了……因为我们从未见到过被如此巨大痛苦煎熬的母亲。

我们想尽量减轻她的痛苦。我们心里明白，不能丢下她一个人不管，因为孤独会使她更难受。我们的心灵还提示我们不要安慰她，也不要劝她忘记自己的痛苦。这种痛苦将会永远留在她心里，直到她与世长辞。

老妇人看着孩子们就笑了起来。我们每天都到她家去，在她美丽的花园里劳动。玫瑰花盛开了，一串串葡萄成熟了。我察看着小男孩和小女孩们的眼睛，倾听着他们叽叽喳喳的说话声，发现他们内心深处似乎有对这位老奶奶的负疚感。他们过着愉快的生活，互相嬉笑，高兴地望着伙伴，望着太阳和晴朗的天空，而老奶奶的儿子们却在战争中牺牲了。这就是男孩们和女孩们内心的感受。我心里想：这是好事还是坏事？应该说是好事。这种无法用语言表达的复杂情感，含有他们对那些为他们的幸福而牺牲的人们所负有的崇高的义务。

崇高的内心不安、纯洁高尚的激情澎湃，是宝贵的财富。如果到成年期才去开发这种财富，则是永远也得不到它的。要在少年时期发掘、创造这种财富。要把这种财富当作无价之宝加以爱惜、保护。

反复多次提出下面这条建议是有益的：您要教导自己的学生做到眼中有人。让他们每个人学会把别人当作镜子来观照自己。把这面镜子交给每个小伙子、每个姑娘，教他们学会观照自己——这是教育智慧的高峰之一。如果您想成为青少年真正的教育者，那就教他们学会在这面镜子里看出自己最细微、最隐秘、最不寻常的特征吧。

81. 要教导学生不说空话

我之所以特别关注这个问题，是因为说空话不但腐蚀一个人的灵魂，而且腐蚀整个集体。哪里有空话，哪里实际上就没有，也不可能有思想统一的集体。说空话，等于不负责任地炫耀武器，把武器变成玩具，等于使人在精神上解除武装。

与此同时，也要把谎言、虚伪当作最卑鄙的东西予以提防。要使诚实的品质在童年和少年时期就深深地扎根于孩子的心灵，成为他们的习惯，使直言不讳的习惯成为性格、成为天性。您要教育自己的学生绝不容忍多嘴饶舌、哗众取宠、夸夸其谈、自吹自擂的行为。

怎样才能在实践中贯彻这些宝贵的原则呢？这里我们就必然要谈到自我教育问题。教育青少年的多年经验使我确信，如果语言不是变成空洞无物的废话，而是活在人的心灵中，那它就有可能成为自我教育的强大武器。要教导男孩和女孩们不说空话，不随便乱说，不做只会说漂亮话的人。我常常对我的学生说：如果你想做一件事，却又没有把握做成，那么你千万不要说“我保证完成”。你最好说“我要尽力办成这件事，我要努力这样做”。这样说了，就要这样做。不管遇到什么困难，都要去实现自己提出的目标。哪怕重做十次，也不能在众人面前丢脸。

请您不要忘记，自我教育的过程任何时候都不是一帆风顺的。没有比战胜自己的弱点更为辉煌的胜利了。青少年的教育者们要记住：诚实，首先是对他人的诚实，同时也是对自己、对自己良心的诚实。要诚实地评价自己——我能做什么，还不能做什么，我怎样才能攀登上自我完善的高峰，从而在到达高峰时有权说：我是自己意志的主人。对这一切实事求是的评价，就是诚实和正直的奠基石。

诚实的镜子，能正确地反映生活，它是靠劳动打磨出来的。要努力用实际行动和劳动来激励自己的思想和言论。说到做到，踏踏实实。不妨再重复一次：在教育事业中所有的一切都是相互联系的。诚实、正直，以及不容忍撒谎和欺骗的品质，来自劳动的伟大真理。有句乌克兰古谚说得好：手上长着老茧的人，舌头吐出诚实的话语。劳动者的心憎恨谎言和欺骗，对此会奋起反击。真理的根源存在于谋求公众福利的劳动中，存在于为人们而创造所带来的快乐中，存在于克服困难的过程中。一切都是轻而易举、一帆风顺、唾手可得的人，其思想像蝴蝶那样飘忽不定、不着边际。然而，思想应该像挺拔的橡树一样强壮，像离弦的箭一样有力，像烈火一样明亮。正义的坚定性、真相的鲜明性和思想的不可动摇性，是从名叫困难的同一个泉源中涌出的泉水。青少年应该懂得什么是困难，而且应从亲身经历中懂得什么是困难。谁经历过困难，谁就会重诺言，就不能容忍废话、空话。

82. 怎样教学生自己教育自己

科学地构建共产主义教育过程所提出的最尖锐、最迫切的问题之一，是集体与个人在精神生活财富上的相互依赖关系问题。如果每个人都仅仅是消费者，那么集体精神生活怎么会丰富多彩呢？如果不严肃地厘清为集体精神财富的源泉补给活水的溪流来自何方，难道能说集体是个人的教育者吗？如果每个人不是每天都开诚布公地与同伴交往，这一群人就是乌合之众。个人与集体是一枚奖章的正反两面。没有对个人的教育，就谈不上集体的教育力量，而离开自我教育的个人教育则是不可思议的。我认为，广义的教育就是对集体的教育和对个人的教育的和谐统一，而在对个人的教育中，起主导作用的当属自我教育。

教育人，就是要培养他对自己有严格的要求。要做到这一点，就不能总是牵着他的手走路，还要让他独立行走，让他对自己负责，形成自己的生活态度。

怎样切实做到这一点呢?

要教导人从小就要正确认识自己并进行自我教育。伟大的思想家和艺术家陀思妥耶夫斯基说:"要自我认识、自我约束、自我克制。"[①]这句话是自我认识的箴言。陶冶自己的情感，训练自己的思想和意志，形成并稳定自己的性格——这一切都应在认识自己和掌握自己的同时自己去做。

自我教育需要有非常重要而强有力的促进因素——自尊心、自重、上进心。只有当一个人的心灵对良言、忠告、慈爱或者责备的目光这类极细腻的、纯人性的施加影响的手段非常敏感时，自我教育才是有可能的。如果一个人对粗暴习以为常，只对"强有力"的语言、吼叫和强制才有所反应，那就根本谈不上自我教育。实质上，自我教育的前提是人对人的信任，是对荣誉和人格的态度。为指导学生进行自我教育，首先必须建立起深信对方具有良好意愿的师生关系。

根据多年的经验，我可以向教师提出一条实际建议：您的学生的自我教育要求您有一定的教育风格。在您的集体中应洋溢着平静的气氛，不要出现大喊大叫和神经质的现象。如果教师时不时地对这个或那个学生发火，并让这种不良情绪"发泄"出来，表现为大声呵斥学生，一怒之下就随意地惩罚学生，力图狠狠地"收拾"一下学生，那就不可能有学生的自我教育。对一个人训斥、责骂、惩罚得越多，他对好言好语就越是听不进去，而他那种被列夫·托尔

---

① 引自陀思妥耶夫斯基:《卡拉马佐夫兄弟》，1970 年俄文版，第 32 页。

斯泰称为“好好思考”[1]的能力，就越难得到发展。

我坚信，绝对正常的教育是与惩罚无缘的。这一信念不是从书本中推理出来的结果，而是多年实践的总结。教师同志们，我要声明一下：我在这里谈的是儿童，谈的是对孩子的惩罚问题。凡是一切依靠惩罚的地方，就不会有自我教育，而没有自我教育，也就根本不可能有正常的教育，乃至根本就不可能有教育。这是因为惩罚已把学生从良心的责备中解脱出来，而良心则是自我教育的主要推动力。如果良心在沉睡，就不可能有自我教育。受到惩罚的学生就会想：我对自己的行为已经没什么可思考的了，我已经受到了应得的惩罚。

我校发生过这样一件事。三年级学生，9 岁的科斯佳用弹弓打麻雀。他打伤了一只，把它抓住并折磨它。教师因此事惩罚了他：三次不允许他和全班同学一起到森林里去玩。在孩子们期盼已久的第二次有趣的野游之前，科斯佳在课堂上垂头丧气地坐在座位上，牛头不对马嘴地回答教师的提问。全班同学都到森林里去了，而科斯佳独自留在学校里。他在一个草棚的屋檐下捉了几只还没有长出羽毛的可怜的小麻雀，并把它们放进教师的桌子里。过了一天（到森林野游是在休息日的前一天），教师打开桌子，发现那些小麻雀几乎都死了。

怎么解释这种残忍行为呢？为什么在惩罚之后孩子往往变得狠心了呢？这是因为“强力”影响手段使孩子不去动脑筋思考问题；

① 引自《托尔斯泰全集》第四十一卷，1957 年俄文版，第 559 页。

他感到难过的，不是自己干了不体面的事，而是自己所受到的惩罚。事实上，他正在淡忘自己干的坏事，而教育的逻辑则要求孩子好好思考自己的行为。结果却是，孩子想歪了。他觉得自己受委屈了，心里逐渐积累起怨恨。更何况如果惩罚要是稍有一丁点儿不公正，这种怨恨就势必像雪崩一样，其猛烈程度是教师始料未及的。

我认为正常的教育应是这样的：孩子没有严重的不良行为，而是犯了轻微的、无伤大雅的“过错”，他就会深深地感到内疚，把它放在心上，受到良心的责备——这一点是最重要的。教育的艺术在于防止发生严重的过失。怎样防止呢？首先要与孩子进行个别谈话。

83. 要掌握与学生个别谈话的艺术

您要仔细观察儿童的生活，认真思考他们的表现，思考他们对待彼此的态度以及他们对待父母和教师的态度，于是您就会确信，他们想向您倾吐情感和思想，向您敞开心扉，这是他们本能的需求。

但是，您必须懂得：只有您在任何时候都不请求或要求任何人来管束和束缚孩子，他才会坦诚地向您敞开心扉。例如，要是您希望学生的父母来迫使您的学生表现得像个好学生，而且孩子知道您怀有这种希望，或者您甚至故意让他明白您寄希望于什么，那么，就像俗话说的，肯定是没有指望了：不仅谈不上自我教育，而且您的班上连正常的秩序也都难以维持。找家长是应该的，同家长交谈也是应该的，但绝对不能使儿童产生这样的想法：教师正在把他最亲近的、最喜爱的人变成农田里用来吓唬飞鸟的稻草人。教育工作中绝对不允许使孩子把人看成是骇人的怪物。应教育孩子热爱父母和教师，而不是惧怕他们。要使他的确有自己喜爱的人。孩子发自肺腑地喜爱那个能消除他心中的不安和惶惑、给他安慰和帮助他确立自信心的人，能保护他的感情，首先是保护他的自尊心的人，因为儿童的感情很容易受到伤害，对轻率、粗暴的触犯非常敏感。

一个教育工作者如果不受孩子爱戴，却指望孩子对他信任、坦诚，我觉得这是奇谈怪论，真是不可思议。

我还想提一条建议：不要不理睬孩子的所谓的告状。不要认为孩子的所有告状都是说人坏话，也不要像我认识的一位教师所喜欢说的那样，把所有告状的孩子都说成是“好哭的诽谤者”。因为事实并非如此。要善于倾听孩子的诉苦。一般说来，善于倾听孩子，是一种了不起的教育艺术。没有这种艺术，就不可能有自我教育。

您要做到使学生乐意接近您，向您敞开心扉。您要懂得，必须温柔且极其谨慎地触摸儿童的心灵；只有温柔与谨慎才能使您与孩子的交谈产生激励他进行自我教育的作用。请记住，如果学校里气氛好，大家相互信任，那么，学生一旦心情不好，无法搞清楚自己心里的问题，不懂得道理在哪里和应该做什么，他就会来找您。请注意，从学生激动的诉说中，您可能听不出这类问题，但您必须善于听出言外之意。您要保守别人出于对您的信任而向您透露的秘密，这是教育学的一条基本规则，它关系到教育和自我教育两个方面。您要懂得，别人在向您敞开心扉时，可能会向您说出最难以启齿的、最复杂的问题。您可能从中得知一些不体面的行为，听到看来需要成年人立即予以干预的关于学生之间相互关系的问题。在这种情况下，您要有耐心，要善于用理智克制一时的情绪冲动，同时又要使自己的理智不乏火热的情感。与一个对您敞开心扉的学生谈话的结果，绝不应是惩罚——这一点您必须牢记。您要懂得，在集体面前抖搂青少年的隐私和心事，是一种最严重地伤害青少年心灵的惩罚。

我再说一遍，一个学生如果遇到了不幸、痛苦、伤心事，受到了委屈、不公平，或者心里惶惑、不知所措，他是很愿意向他所尊敬、爱戴和信赖的人倾吐自己的感情和思想的。凡是诚实而质朴的人，在这种情况下都是很局促拘谨的。因此，您要善于从学生的眼睛里看出其内心世界的细微活动，设法与他单独相处，从无数的词语中找到唯一恰当的词语，做到细致、巧妙、有分寸地诱导他向您吐露心声。

如果一个学生向您敞开了心扉，您的教育工作就取得了很大的成绩。但是以后的情况，在很大程度上取决于他怎样看待和感受您对他心灵所做的合乎人性的触动。

通俗点说，我敢拿脑袋担保：如果学生不愿意把自己的欢乐与痛苦告诉教师，不愿意向教师敞开自己的心扉，那么，谈论任何教育都是可笑的，任何教育都是不可能有的。受教育者向自己爱戴的教育者敞开心扉，是一个相互升华情感和思想的过程。当一个人用语言倾诉有关自己心灵的创伤、想法时，他首先是在升华自己的情感：原始的感情被更加细腻的、高尚的情感所代替。正如人们在这种情况下所说的，这个人在控制自己，而这恰恰就是一种促使他去进行自我教育的微妙的动力。因此，同教师推心置腹的交谈，能使人感到轻松、心情好转。与人分享欢乐，则欢乐增加一倍；与人分担痛苦，则痛苦减少一半。一个人敞开了自己的心扉，倾诉了自己的情感和思想，他就会相信自己能够改善自己的情绪，能够教育自己。

每当想到在我们的许多学校里还有一些学生在忍受着没人可以分担的痛苦，我就感到心疼。痛苦会使人的心变得麻木不仁，使人的灵魂变得空虚。每当我看到愁眉苦脸、落落寡欢的少年时，我的心头就发颤。对学生来说，最可怕的痛苦是自卑感：别人功课好，而我什么都不行，我是一个倒霉的人，这是我的命……这种痛苦日积月累，沉重地压在心头，无情地禁锢着灵魂。少年很想向别人诉说自己的痛苦，但又羞于开口，于是就默不作声。他在家里沉默寡言，在学校里也一言不发。年轻的朋友，您要仔细观察这样的学生，帮助他们摆脱这个不堪承受的重负。为此，首先要让他们高兴起来：要让他们看到自己的学习成绩，从而产生自豪感……

如果您与学生成了朋友，你们能够相互信任，您从来没有带给他们不幸、痛苦、难过，那么，您在道义上就有权指导他进行自我教育，而您的教导就会被看作是生活经验所产生的智慧。

自我教育还有一个不可或缺的条件。这个条件，形象地说，存在于教师的意志和受教育者的意志之间，似乎把教育和自我教育连成了一个统一的整体。这个条件就是要使受教育者意识到自己在成长，懂得并体验到今天的自己比昨天的自己有长进，人性美正在进入他的心灵，而人性美的进入，在很大程度上取决于他本人，取决于他的意志。自我尊重、体验到自尊心，是自我成长意识的最好的伴侣。只有在受教育者尊重自己的条件下，才可能有自我教育。学生的自尊感越深刻，他对您的道德教诲与关于应如何进行自我教育的指导就越敏感，越能接受。缺乏自尊的人，对您的教导和规劝则会充耳不闻。

自尊取决于什么？怎么培养？我年轻的朋友，请您记住，自尊是非常脆弱的，必须小心翼翼地对待它。就像采摘一朵露珠欲滴的玫瑰花那样小心翼翼，谨防抖搂掉花瓣上那颗闪耀着小太阳的透明露珠。培养自尊必须采用温柔细致的教育手段。自尊不能容忍粗暴的、“强有力的”“凭意志的”手段。我想把自尊称为儿童的文化修养。这是心灵最柔软的部分，再加上思想、动机和意图的纯洁性。在这里，我们接触到了学校中最有意思、非常值得重视但可惜很少研究的一个问题，我指的是儿童的脑力劳动，更确切地说，是这种劳动在情绪领域中的反映，也就是理智情感。自尊源自清醒的理智情感，源自认识所带来的快乐。儿童的文化修养的源泉，就在这种清醒的理智情感之中。如果一个人学习时心情郁闷，他就会对一切都觉得无所谓，似乎一切都与自己无关，那就无从谈起任何自我教育。教师作为教育者的极重要任务，就是保护青少年心中清醒的理智情感的火花，不让它熄灭，因为，火花一旦熄灭，就很难重新点燃。

总之，学生能尊重自己，珍惜您对他说的每句评语，这就表明播种自我教育种子的土地已经翻耕好了。这时，您就可以教他怎样进行自我教育，您的教导不会变成他的耳旁风。

自我教育包含道德、劳动、学习和体育几个方面。这些方面是相互关联的，因为自我教育的整个过程是头脑和心灵的复杂活动的统一，是情感和信念的统一。

84. 怎样激励学生在道德方面进行自我教育

要向学生灌输一种思想，即我们每个人都是作为个体生活在人们中间。这一思想是引导学生在道德方面进行自我教育的极重要的激励因子。周围的人们时时刻刻都在注视着我们。即使我们不在他们面前时，他们也能感觉到我们的存在。我们接触到的物质世界的每件东西，都留下了我们的印迹。但最鲜明的印迹，有时甚至是不可磨灭的印迹，留在与我们交往的人们的心中。一个真正的人对于别人对他的想法和评价是不会毫不在乎的。然而，不管我们干了什么，不管我们身处何地，你们都要记住，人们的眼睛总是在注视着我们。人生最卑鄙龌龊的东西，是道德上的不纯洁。试想一想：一个漂亮姑娘花费很多时间梳理自己的头发，是要使自己显得很美丽，而发型是立刻就能映入大家的眼帘的；然而她的脚很脏，没有洗，她却满不在乎，因为脚上穿着袜子。道德上的不纯洁正是如此：当着众人的面仪表堂堂，独自一人时猪狗不如——民间道德观就是这样评价这种卑鄙恶习的。

要教导学生在道德问题上严格要求自己，做到一丝不苟。您要教导自己的学生约束自己。从孩子来校的第一天起，我们就这样教育他：在你独自一人做事的时候，你要明白，此时此刻世界上最亲爱的人——你的妈妈正在想你。你若做了什么不好的事，希望谁都没有看见，那就错了。你的不良行为会让母亲心痛。即使你不在母亲身旁，她也能看到你。她即使人不在你身边，但她依然与你在一起。你回到家时，她能从你的眼睛里发现你做了不体面的事。因此，你最好立即说出自己的不体面的行为。当然，不干坏事更好。你要记住，母亲永远在看着你。

说到这里，我要再次指出，儿童对这些教导是否敏感、听得进去，取决于他的全部精神生活状态。首先，要使热诚、体贴、对母亲的无微不至的关怀，成为儿童精神世界的特点。要使儿童进行自我教育，要使他的良心警觉地为他的行为站岗放哨，就必须使他有一颗精细的心灵。我们是从最基本的道德修养开始进行道德的自我教育的。例如，您的学生胆怯地四下瞥了一眼，然后从玫瑰花丛中摘了一朵花。这是道德上的愚昧无知。他从一个啼哭的小孩身旁走过却不问一下：小朋友，能帮到你什么吗？这就更糟糕了，这是道德上的厚颜无耻。经过多年的努力，我们的教师集体制订了一个道德修养的自我教育大纲。这一大纲是学生在同其他人的道德关系中应遵守的许多要求，现列举如下。

（1）要记住，世界上有些东西是无与伦比的。这首先是我们的苏维埃祖国，是给了你生命并抚育你成长的祖国大地。

（2）要记住，你生活在人们中间。你不是你自己所想的那样，而是别人认为的那样。如果你自以为很了不起，而在别人眼里你却很渺小，那你就是渺小的。要善于勇敢地让自己承认这一点，克服自己身上浅薄的、微不足道的、毫无意义的东西，学会做一个真正的人。

（3）一个人独处时不做丑事、龌龊事、卑鄙事，这样的人才是真正的人。在你一人独处的任何时候，让你的良心成为对你的行为有很高要求的严厉的见证人。让这个见证人是公正的、严厉的和铁面无私的。

（4）为别人做好事，你就得到了最宝贵的财富。活着是为别人谋福利的人，是最富有、最幸福的人。要记住，世界上只有人才是衡量财富、美与伟大的唯一尺度。提升别人的同时也在提升你自己。要记住，人生下来总有一死，如果说他死后会有什么东西留在大地上的话，那就是他为人们所做的好事。

（5）人性美的最高体现是妇女。女孩、姑娘不仅仅是你的朋友，她是未来的母亲。爱护她的美、珍惜她的健康，这就是关怀整个人类的美和伟大。如果为了帮助一个妇女甚至需要你赴死，那你就去死，不要偏离人类忘我精神的正道。

（6）人身上可能沾染许多恶习，其中有 20 种是最为可怕的，它们是：面对善恶无动于衷、懒惰、口是心非、谄媚、奴颜婢膝、缺乏主见、默许不公正、坚持错误、妄自尊大、爱说空话、好撒谎、独自一人时行为不端、背弃正遭到大家反对的朋友、不相信人的善良本质、虚伪、幸灾乐祸、对弱者和无力自卫者残忍、嘴馋、暴饮暴食、吝啬。要记住，其中的每种恶习，都是从很小一点点开始逐渐发展到极为严重的地步的。首先，要对自己身上表现出来的人类恶习，采取绝不容忍的态度。要学着去做别人做的让你感到钦佩的事情，永远不做别人做的令你憎恶、鄙视的事情。要爱护自己的长处，憎恨自己的恶习。要明白，脓疮永远是脓疮，即使长在你身上；只有自私自利的人才喜欢自己身上的毛病。

（7）如果你在自己身上发现了恶习的苗头，就要善于对自己毫不留情。要连根拔除恶习：用劳动去清除懒惰；用同情和人道的担忧去清除对善恶的无动于衷；用原则性去清除口是心非；用正直坦率清除谄媚；为了清除奴颜婢膝，哪怕人们都反对你，也要敢于坚持真理；用独立思考去清除缺乏主见；要对不公正进行无畏的斗争，从而清除对不公正的默许；勇敢地承认自己的错误，成为那些坚持真理、同你的错误做斗争的人的志同道合者，从而清除坚持错误的恶习；用谦虚，不必要时只字不提自己去清除妄自尊大；用朴实、自尊去清除目空一切。这是马克思最珍视的人的优秀品质。[①]用珍惜语言的能力去清除爱说空话；用不容忍谎言，做丁是丁卯是卯的诚实人去清除好撒谎；接受作为最无情的审判官的自己的良心的审判，从而清除独自一人时的行为不端；做好用自己的胸膛挡住射向朋友的子弹的准备，从而清除对朋友的背弃这一恶习；用对人性美的伟大与力量的无限信任去清除对人的善良本质的不相信；用坦率与诚实去清除虚伪；用同情心去清除幸灾乐祸；用人道主义精神去清除

① 参见《马克思恩格斯全集》第三十一卷，俄文第二版，第 491 页。

对弱者和无力自卫者的残忍；用节制去清除嘴馋、暴饮暴食；用慷慨大度去清除吝啬。

（8）如果你目击了邪恶，而在你的意识深处却蠕动着一个念头“这关我什么事？”，那么，你就要明白，这是兽性本能发出的声音，叫你只顾自己。不要放纵自己的本能，要驱除它们，要无情地对待这种只顾自己的兽性召唤。

要记住你是人。哪怕你只有一次对丑恶视而不见，你就会永远对丑恶视而不见，于是，你就会变成一只可怜虫。

（9）人类有许多高尚品质，但有一种高尚的品质是人性的顶峰，这就是自尊心。

无论是你在为真理的斗争中胜出时，还是在你不得不承认错误时，你都要昂首挺胸。

（10）世界上有些东西是无与伦比的。这首先是我们的苏维埃祖国，是给了你生命、为你命名并给了你作为人的尊严的祖国大地。当你遇到困难而束手无策时，当你感到困惑不解时，当你不知道该怎么办时，你要想一想，在这种情况下祖国要求你怎样做。祖国怎样要求，你就怎样做。

道德的自我教育的实质是什么呢？

除了要有上进的愿望和高度敏感细腻的心灵，还有一点也极其重要，我把它称为对人的认识。一个人在认识周围世界的同时，从童年时代起就应该认识人——认识人的思想、感情、心灵的细微复杂活动、志趣和激情。教育与自我教育的统一开始于：一个人在认识人时，也就是在认识自己，他在学习从旁人的角度观察自己。我们的教育教学艺术中一项最复杂的本领，就是教师讲关于人的故事。我向每一届小学生都讲一个英勇无畏的苏联军人的故事，在伟大的卫国战争期间他在敌占区用自己的胸膛掩护了一个小姑娘，拯救了她的生命。我也讲关于我们的两位同乡的故事，他们是英勇的、年轻的游击队员，在落入法西斯魔掌后，受尽了敌人的残酷折磨，但始终没有泄露游击队的秘密，没有出卖自己的朋友。最后，敌人把他们活埋了。我还对学生讲了尼古拉·加斯捷洛、卓娅·科斯莫捷米扬斯卡娅、亚历山大·马特洛索夫的故事，讲那些在我们的土地上劳动了50年、60年甚至70年的杰出劳动者的故事。

我坚信，用头脑和心灵认识德行，不仅应包括对美的赞赏，还应包括对邪恶的愤怒。我从世界文学的不朽名著中选择一些人物形象，艺术天才们通过这些形象刻画了人类的恶习。通过讲述亚戈和伊乌杜什克·戈洛夫列夫、戈勃谢克和泼留希金的故事，我在孩子们的心中唤起了他们个人对邪恶的深恶痛绝的情感。对人的认识一天也不能间断，要经常地进行，这能促使一个人从童年时代起就体会到在日常生活中形成的状况和相互关系在道德上的意义。孩子在深入思考时，就很想有好行为；好行为能带给他巨大的道德满足，使他内心充满快乐。这种感情反过来又会使孩子对善恶更加敏感，对一切贬低人的行为绝不容忍。使一个人从小就能在同丑恶现象的斗争中表现自己，显示自己的原则性，感觉到善的胜利，理解并体验到自己对这一胜利的参与，因而自己也获取了胜利，并感到非常愉快——这对于教育和自我教育都是非常重要的。

我的朋友，请您记住，要想启发学生进行自我教育，教师要用语言非常细致地触动学生最隐秘的心弦——荣誉、尊严和高尚气度。要善于了解和观察学生的心灵需要这种触动的时机。这种时机的到来，一般是在幼小的人面前出现两条道路时：走第一条道路，就要默许邪恶的存在，漠然置之；走第二条道路，就要投入对邪恶的斗争。选择第二条道路，往往要求学生精神高度紧张，付出很大的道德力量，尽管从成人的观点看来实际情况并不太复杂。

85. 怎样激励学生在劳动和学习中进行自我教育

为此，首先必须使学生无论在学校还是在家中都置身于劳动的氛围中。不管是在课堂上还是在家里，如果学生无所事事，那么关于通过劳动进行自我教育的极宝贵的教导就会变成空洞的说教。

有些一般性的教导，对各种年龄的人都是同样宝贵的。在我们的教师集体里，这些教导可以表述为以下观点。

（1）要记住：人不劳动就会退化，变成卑鄙的、令人厌恶的生物。

（2）民间谚语说得好：看一个人种植的麦穗，就可以了解这个人。你的劳动反映出你的人品。你亲手种植的一棵树，就是你这个人的象征，代表着你对劳动的热爱和你的本领。你的工作笔记本，就代表你，代表着你的劳动、你对父母应尽的义务。

（3）在学校上学期间，你从长辈那里借用了你生活所必需的物质财富。母亲和父亲供你吃，供你穿，给你买书和直观教具，是要你好好学习，为将来从事劳动做好准备。你的义务是尽早开始参加生产劳动，帮助家庭，挣钱给自己购买衣服、鞋子和教科书。

（4）要懂得，劳动不是一种轻松的事。劳动（труд）与困难（трудно）是同根词，这并非偶然。不付出汗水、疲劳、体力和精力的紧张的劳动，是不可思议的。劳动不可能像游戏、娱乐和消遣那样有趣。劳动的趣味在另一方面：一个人把自己的智慧和力量投入工作，能做出有用的、美好的东西——创造生活和美，并通过这些东西来表现自己的才能，劳动的乐趣就在于此。一个人的一生能活七八十岁，他亲手栽种的橡树则能活七百年，甚至一千年。在劳动中留下你的成绩吧，这样，你就是幸福的。

（5）要学会在一开始劳动时就预见到它的结果。不要害怕单调，不可因为今天、明天甚至连续一个月都要做同样的工作而被吓退了。劳动就像攀登一座高山，不在崎岖的、布满碎石的小路上疲惫不堪地跋涉，就无法到达光辉的顶峰。

（6）劳动使人变得成熟和勇敢。最好从 6 岁起就开始做一件需要几年才能完成的工作。要这样安排自己的生活：到 10 岁时回顾一下过去，你可以看到自己亲手创造的成果，例如，你种的一棵树结了果子，你把不毛之地改造成了良田沃土。只有当你用双手劳动，懂得什么是滴滴汗水，了解什么是劳累和老茧时，科学的智慧和知识的光辉才会真正展现在你面前。

（7）只有当你学会把双手的技巧同头脑的智慧结合在一起克服工作中的困难时，对你来说，学习才会成为劳动，而你才能够在掌握知识的过程中得心应手。只有在工作中善于动脑筋的人，才能通晓思想活动的秘密。要知道，很少有人生下来就有牛顿或爱因斯坦那样的天赋。要做最不利即天赋不高的打算。你要用劳动和创造来培养和发展自己的能力。

（8）开始了的事情绝不要半途而废，要有始有终。假如你养成了半途而废、挑肥拣瘦的习惯，你就会变成一个游手好闲的人，一个不学无术的人。

（9）要懂得，学无止境。同样一件工作可以反复做几十次，而且一次要比一次做得更好。要把自己培养成为能手，学会不满足于已取得的成绩。专业有成百上千种，你永远不可能全都掌握。你要掌握其中的一种，做到在此专业领域内能游刃有余。

这些教导只有在一定的条件下才能被学生所接受。要是学校里缺乏愉快的劳动气氛，这些教导就会成为空洞的说教，学生甚至听不懂，好像你在用他们听不懂的语言同他们讲话似的。学校里应当洋溢着劳动的欢乐气氛。劳动的欢乐是什么？劳动的欢乐就是在劳动中的自我表现。这是一种复杂的精神状态，处于这种状态中的人，既惊奇且赞叹地看到了自己双手的创造物，并从中发现了自己的才能，也看到了自己付出的努力及单调的、平平常常的劳动所花费的时间。要把劳动变成自我教育的一个领域（没有劳动中的自我教育，也就根本不可能有自我教育），就应该使每个学生感到劳动的快乐，使劳动成为他的一种创造活动。在劳动中开始对自我的探索，这一过程会持续若干年，直到志向确定时为止。

劳动的欢乐、劳动的创造和发现自己的才能，所有这一切只有当个性在劳动中得以展现时才能实现。劳动中的自我教育，并非单纯是收获土豆、收集废铜烂铁，而是深入地认识自己，使智力和双手的技巧相结合，自觉地提出目标和克服困难。我再次强调指出，没有紧张的思想活动，没有智力的创造活动，不阅读课外书，不超出基本教学大纲的范围（超出这一范围，学生的志向才能开始形成），则劳动中的自我教育是不可能的。如果课堂教学了无生趣，学生在课堂上从教师激昂的言语中听不到鼓舞他们去浩瀚无垠的知识海洋中遨游的召唤，或者学生对这一召唤置之不理，那么，劳动中的自我教育是无从谈起的。如果教师没有爱好自己所教科目的学生，或者教师没有通过自己对科学的深深的热爱使学生受到感染，劳动中的自我教育也是不可能的。

如果这一切条件都具备，就可以安排学生完成这样一种劳动任务，它能够激起他们的兴趣，振奋他们的精神，使其产生不断增长知识的愿望。例如，您的某个学生对土壤学实验有浓厚的兴趣。当您讲解土壤中发生的复杂的生化反应时，您发现他的眼睛里燃起了好奇的火光。您的学校里有生物研究室和温室。您可以拨给这个学生一个角落，让他对实验产生兴趣：一块没有生气的泥土可以变成充满活力的土壤。您同他一起把有益的微生物植入土壤中。在您的指导下，您的学生为微生物的生命活动创造了有利条件。这就开始了自我教育：这个少年与实验角已经难舍难分。他长时间地坐在盛着土壤的箱子旁，观察试管和显微镜，读书，直到深夜。这时已经不再需要任何激励，因为他已经激情澎湃了。现在，要防止您的学生心头的热火劲儿冷下来。为此，教师必须细致而有分寸地撩拨学生的兴趣之火，使之持之以恒。

86. 怎样在脑力劳动中培养自律

我们的以下建议是针对七年级以上的高年级学生的。这些建议涉及学生精神生活中非常重要的一个方面，如读书、思考、解决智力上的任务。这些建议的效果如何，取决于许多条件和前提，其中最主要的是：在学校里，首先是在教师集体中，要有浓厚的文化知识兴趣，要使课堂教学以多方面的智力生活为依托；教师的知识要远远超过教学的需要，要使每个学生都有自己的智力爱好。如果做到这一切，学生就很容易接受有关脑力劳动中的自律的教导。在这些教导中，我们认为以下建议是最为要紧的。

（1）如果你想有足够的时间，那么你就要每天读书。每天至少要阅读两页你所喜爱的学科（即你的选修课）的科学著作。你阅读到的一切，就是你的学识的智力背景。这个背景越雄厚，你学习起来就越轻松。你每天读的书越多，你储备的时间就越多。这是因为，你阅读的东西与你在课堂上所学的内容有成千上万个接触点。我们称这些接触点为记忆之锚。记忆之锚把必须掌握的知识引入人类知识的汪洋大海中。你要迫使自己每天阅读，不要今天拖到明天。今天丧失的东西，明天是绝对无法补回来的。

（2）你要善于听教师讲课。九、十年级的学生对于重要题材的讲课，不管教科书里有无这些材料，都要做摘记。做摘记能够训练你的思维，并检查你的知识。要学会在课堂上就思考自己所做的摘记，每天至少花半小时去整理笔记。我建议把摘记分成两栏（即两行）：第一栏记听课的摘要，第二栏记必须思考的问题，包括关键性的、主要的问题。摘记好比是大厦的构架，把一门科目的全部知识联结起来。要每天对这种构架性问题进行思考，并把这种思考同每天阅读科学著作结合起来。如果所有的科目你都按这一建议去做，你就不需要搞“突击日”了。在准备考试时，你也就不必反复阅读和背诵全部摘记。科目的构架就是一种独特的提纲，在它的基础上可以回想起全部教材。

（3）要在早晨六点钟左右开始一天的学习。五点半起床，做早操，喝一杯牛奶，吃点面包，然后就开始学习。上课前从事脑力劳动的一个半到两个小时，是黄金时间。在早晨的这个时段内你要从事最复杂的、富有创造性的脑力劳动，思考关键性的理论问题，阅读和钻研难懂的文章，编写文摘。如果你要从事的脑力劳动具有研究性质，就应该把它放在早晨进行，这样你就无须熬到半夜。作息制度应保证你在十二点以前至少能睡两个小时。这是最有益于健康的睡眠。

（4）要善于安排自己的脑力劳动。我指的是要分清主次。在时间的分配上，不要让次要事情挤占主要事情的时间。主要的事情每天都要做。要确定对形成你的才能与素质有决定意义的若干最重要的科学问题，这些问题在你早晨的脑力劳动中要占第一位。要善于按照主要科学问题去选择需要长时间阅读的书籍和科学著作。

（5）要善于为自己创造内在的动力。脑力劳动中有许多工作并非那么有趣，使人乐意去干。唯一的动力往往仅仅是“应该”。你的脑力劳动正是应该从这种不那么有趣的工作开始。你要专心去钻研这些问题的理论细节，使“应该”渐渐转变成“我想”。要把最有趣的部分留在工作收尾时做。

（6）要置身于书籍的海洋之中。你要严格选择打算阅读的书籍和杂志。求知欲旺盛和好奇心强的人，什么都想读。然而，什么都读是不可能的。你要善于限制阅读范围，剔除一切可能打乱学习制度的书籍。但同时要记住，随时都有可能需要读一本不在计划之内的新书。为此，就需要富余的时间。富余的时间是靠巧妙的脑力劳动赢得的，即通过在课堂上认真听讲、善于做摘记和杜绝“突击日”来赢得。

（7）要善于对自己说“不”。你要做的事情很多。有业余文娱活动小组、体育活动小组、跳舞晚会。这些活动都是很有诱惑力的，但也可能给你带来危害，因此，你要善于当机立断。娱乐和休息都是需要的，但不应忘记主要的东西：你是一个劳动者，国家为你花很多钱，应该放在第一位的是劳动，而不是跳舞和休息。我建议高年级学生休息时下国际象棋和阅读文艺书籍。在十分安静的环境中聚精会神地下国际象棋，是增强神经系统和训练思维的极好手段。

（8）不要把时间花在琐碎的事情上。不要“扯闲篇”，不要说空话、大话，不要游手好闲地虚度时光。常有这样的情形：几个小伙子凑在一起，就像乌克兰语中常说的在“扯闲篇”。一个钟头过去了，什么也没干，什么聪明思想也没有从这样的“扯闲篇”中产生，而时间却一去不复返。要善于把与同学交谈也变成使自己精神富足的源泉。

（9）要学会减轻自己将来的脑力劳动，也就是为将来储备时间。为此，要养成做笔记的习惯。我现在就有大约40本笔记本。每一本都用来记录鲜明的、似乎是转瞬即逝的思想（这样的思想“习惯于”在头脑中出现一次后就不复返了）。我把阅读过的最有趣的东西，也记在这些笔记本里。这一切在将来都会有用，会减轻你的脑力劳动。要建立一套笔记，爱惜你从书本中吸取的一切知识。

（10）做任何一件事，都要寻找最合理的脑力劳动方式。要避免老一套和刻板公式。要不惜花费时间去深入地理解你所接触的事实、现象和规律的实质。你思考得越深刻，记忆就越牢靠。在理解之前，不要死记，因为这会白费时间。已熟知的东西不必重读，只要浏览一下即可。对于还没理解的东西，切忌一知半解地扫几眼。任何不求甚解的态度，都会使你将来不得不多次重新研究某些事实、现象和规律。

（11）在受到干扰的情况下进行脑力劳动是不会有成效的。在专心致志从事脑力劳动时，每个人都应完全独立地工作。最好在大家都严格遵守制度的阅览室（读书室）里学习。

（12）脑力劳动要求抽象思维和形象思维交替进行。要穿插阅读科学书籍和轻松读物。

（13）要克服不良习惯（例如，必须先坐 15 分钟才能开始学习，毫无必要地翻阅并不打算读的书籍；睡醒后还躺在床上；等等）。

（14）作为托词的明天是勤劳最危险的敌人。任何时候都不要把今天应完成的工作留一部分拖到明天去做。要养成今天去完成明天应做的一部分工作的习惯。这会成为你有效的内在动力，并将决定你的整个未来。

（15）任何时候都不要停止脑力劳动。夏天也不要丢掉书本。每天都要增加一些宝贵的文化知识——这是你将来脑力劳动所需时间的一个来源。你要记住，你知道的东西越多，你就越容易掌握新的知识。

87. 怎样激励学生在体育方面进行自我教育

对体育、智育、情感教育、美育和劳动教育的考察，应该看到它们的统一性和相互依赖性。体育是使人的精神生活充实和文化知识丰富的最基本的条件。同时，体育也使人的其他一切方面变得高尚。

体育中教育与自我教育相统一的思想，像一根红线那样贯穿在我校教师集体的工作中。假如不让学生从小就成为我们的帮手，我们甚至无法设想他们能够成为身心健全的人。

我们坚信，体育中教育与自我教育的统一是从幼年就开始的，并且与民间教育学的以下思想有联系。民间教育学认为，当孩子刚刚学会用手拿起汤匙从盘子里取食物送到口中时，就要让他劳动。我们努力做到使孩子边干活边思考、边思考边干活。只有这样，他才能懂得体育的意义，感觉到自己的全部力量，认识到健全的精神取决于健康的体格，学会有意识地增强自己的体力。如果我们的学生不是从小就劳动，他们就会听不进去在体育方面进行自我教育的任何教导。但我们的学生是劳动者，所以他们就非常敏感地、兴致勃勃地听从我们的教导，遵照我们的建议去做。下面是我们就体育方面的自我教育提出的几条建议。

（1）健康意味着精神生活充实、情绪愉快和头脑清醒。你的健康取决于你自己。

（2）健康的极重要源泉是我们周围的自然界——空气、阳光、水、夏天的炎热和冬天的严寒、凉爽的小树林和鲜花盛开的三叶草原野。你要到大自然中去生活和劳动。要在日出之前就起床。夏天太阳起得很早，而你要比太阳起得更早。要走到原野上，呼吸新鲜空气，用露水洗洗手、洗洗脸，这种露水真正是童话中所说的活水。空气中散发出正在开花或正在成熟的庄稼香味，这对健康是有益的。谁在夏天呼吸这样的空气，谁就永远不会患肺病。

（3）要给自己立一条规矩：每天早晨刚一醒来就去做早操。夏天最好睡在院子里，睡在干草上或者新鲜的谷草上（刚刚脱完粒的谷草上）。干草和新鲜谷草分泌出来的植物杀菌素，能预防流行性感冒。

（4）坚持每天早晨用冷水擦身。尽量坚持在池塘里洗澡，一直坚持到秋天出现冰冻为止。冬天用雪擦脚和腿（至膝部），擦得从脚跟到膝部发热为止。要勇敢地赤着脚到雪地里去走几分钟，这对脚部和全身都是很好的锻炼。

（5）一天也不要间断体力劳动。劳动能强壮体魄。每天坚持劳动，能使人延年益寿。从幼年到暮年从不脱离劳动的人，直到他生命的最后日子，仍然是一个完好的人：能保持自己的体力，有清醒的头脑、丰富的知觉和情感。

（6）每天行走三千米（年幼者）到一万米。要养成在树林、草地和田野上散步的习惯。如果你上学要走两三千米的路，并且经过草地，这是你的福气。夏季，每天要在正在开花或正在成熟的庄稼和野草的田地里（特别是在小麦田、大麦田、燕麦田和长着三叶草的田地里）行走几千米，使之成为习惯。

（7）要把朴素、适可而止和节制作为你的座右铭。在童年期不要吃过多的甜食。最好完全不吃纯碳水化合物。不要贪吃，不要吃得过饱。你离开餐桌时，最好感到还有点没吃饱。

88. 在怎样的条件下集体才能有效地发挥教育个人的作用

这条建议是在一定的理论概括基础上提出的，对于实际工作很有用。首先，了解各种教育措施的基本原则及其复杂的相互依存关系是很重要的。这一点，对于建立集体和个人之间的和谐一致尤其重要。

那么，集体的教育力量来自哪里呢？在什么条件下集体才能顺利地、有效地发挥教育个人的作用呢？我们总结一下前面许多建议所说的内容，就可以得出结论，其中最重要的是以下诸条。

（1）每个人都应懂得和体会到这样一个真理：人是在一起生活和劳动的（我想把这一条件称为“对人的体会”），他有欢乐与忧愁，应以人道主义的态度对待他，理解并体会到他的精神世界和他此时此刻的状态。如果每个人都不善于用自己的理智与心灵在茫茫人海中辨明方向，那就不可能有集体，不可能有对集体中每个成员的尊重，也不可能有自我尊重。

（2）每个人都要善于节制自己的欲望，善于把自己的欲望同别人的欲望加以对比、衡量，从而放弃自己的某些欲望。这一重要品德，是通过前面讲过的“热心课”“人性课”来培养的。这些课的宗旨可归结为：教育每个人在用自己的心灵去认识他人的精神世界的同时，要去帮助他人，为他人出力，把自己留在他人的心中。善于为他人的利益而克制自己的欲望，具体表现为通常所说的谦让精神。假如人们不具备这种精神，生活就会变成遭罪。倘若每个人都为所欲为，生活也会变成遭罪。

（3）要持续不断地发展人的道德、情绪、智力、审美和创造精神。集体，只有当它在精神上不断成长时，才是真正的集体，并由此才能产生巨大的教育力量。而这一点，只有在每个人一天比一天变得更聪明、更有见识、心胸更宽阔时，才可能做到。这里谈的是集体要在精神上持续地、不间断地进行自我丰富，也就是说，集体要像一个正在塑造新人的雕刻家，坚持不懈地雕琢着自身的形象，在这个形象上刻出越来越多的精细条纹。

（4）要有高度发展的自尊心、个人的自我尊重感。我们发展、保护、珍惜每个人的自我尊重感，培养心灵对良言和美的敏感性，从而提高集体的教育作用。五六岁至八九岁在人的精神生活中是一个完整的阶段，我把它称为参加集体生活的准备阶段。在这几年里，成人尤其不可粗暴地、冷漠地和毫无同情心地对待儿童，因为这种态度是对儿童娇嫩心灵的打击，儿童心灵受到这样的打击后会变得像水牛皮一样坚硬并失去感觉。在这一时期，教师要警惕地保护儿童敏感的心灵。您要懂得，如果您在一个学生年幼时使他的心变得麻木不仁了，那么他成长为少年时，就会讥笑您的那种以“收拾”他、触及其痛处为目的的教育花招。一个人在幼年时受到的惩罚越少，他对良言的反应就越敏锐，他良心的守卫者——心灵——就越忠诚，一个由这样的个人组成的集体就越坚强。

（5）要使儿童、学生有上进心，使他们渴望别人对自己产生好印象。这是集体的教育力量最使人神清气爽的源泉之一。这个源泉里充满了丰富的道德关系和鼓舞集体活动的思想。当一个人看到了同学的长处，对美德有惊奇、赞叹的感受时，他本人也会产生向善的愿望。只有在受到崇高思想鼓舞的集体劳动中，才能开始形成一个人的自我尊重感，而这种自我尊重感决定着一个人的整个精神面貌和他对别人的态度。教育的智慧与艺术就在于使学生眼中有人，并用崇高的劳动目标鼓舞整个集体。

（6）不可在集体面前抖搂孩子的种种弱点，不可“揭人心事”。一个人不应害怕集体，而应因集体看到他的长处、对他有好评而感到高兴。集体对个人的权威，应建立在非常精细的人际关系的基础上。只有当集体看到每个人的长处大大多于短处时，集体的权威才会发生效力。

（7）集体成员的兴趣、爱好与活动要多样化。如果学生没有个性，那就不会有集体。只有当每个人都有独特的面孔，都在用自己的方式丰富同学之间的相互关系时，集体才会拥有教育力量。

（8）集体要有社会积极性。集体的教育力量及其对个人的权威性，取决于这个集体表现社会思想的鲜明程度如何。学校集体应经常参加社会活动，参加建立和巩固共产主义物质技术基础的工作，参加能使人变得高尚的活动。

（9）集体内要有经济关系。如果一个人不是通过自己的亲身经历认识到自己对集体财富所负有的责任，那么，关于义务、责任、自觉服从、个人利益与公共利益相结合等一些极重要的道理，就只能是美好的愿望而已。多年的经验使我深信，集体内的领导与服从这种组织依从关系的道德经验，正是始于这种责任感。

（10）在集体中不可以划分积极分子和消极分子，以致让有的人觉得自己注定是消极的、无所作为的，他的命运只是服从别人。一个集体成员的积极性如何，不仅决定于这个成员是否善于提出要求和领导别人。积极性应该是多方面的。要让集体的每个成员在能够最充分地显露其天资、才能与爱好的活动领域里发挥自己的积极性。没有个人的全面发展，现代学校中个人的社会积极性是不可想象的。集体中不应有任何一个消极的、无个性的、在任何方面都没有突出表现的学生。集体中也不应有只对领导别人有积极性的人。领导别人的权力，应来自在创造性的劳动与活动中由于有天赋、能力、才干和做出表率而产生的积极性。在学校集体中当领导，首先意味着要在劳动中做出表率。

（11）要有各种各样的集体。只有当一个人积极参加几个有不同任务的组织时，集体的教育力量才能发挥出来。要有相互交错的兴趣、爱好和各种活动，要使学生能够发现自己的本领，并自觉地发展自己的天资、能力和才干，只有这样，才会有集体精神和个人的和谐一致。没有多样化的集体，就不能使所有的学生一个不落地都有积极性。如果学生的生活仅局限于一个基层集体的范围内，这个集体就会“枯萎”，就必然会出现消极者。

（12）要使儿童、少年、小伙子和姑娘去关心别人，特别是关心幼儿。只有当每个人都真心诚意地为别人操心、关心别人时，集体才能成为有效的教育力量。在观点、信念与生活理想正在形成的时期，这样的关心具有特别大的教育作用。

（13）集体的培育者——教师，要聪明能干。毫无疑问，集体是教师创造的，它不可能凭空产生，也不可能自发地存在。没有聪明能干的教师，就没有集体。因此，对于不要班主任、集体完全自主之类的“革新”建议，完全不可以当真。这就像让病人替自己治病一样是不可能的。教师的聪明才智，表现为让学生感觉不到教师事无巨细的看护和形式上的监管，还表现为让学生把教师的意图当作自己的意图提出来并予以贯彻。一个真正的教育能手，永远也不会让孩子们感到自己是一个发号施令的人。但是，孩子们的年龄越大，他们对教师的要求就越高。少年已明白，教师应该是他们集体的榜样、典范与良心。因此，青少年的教育者要对生活和人有特别深刻的认识。集体的培育者就是集体的精神发展——道德、智力、情感和审美发展——赖以持续进行的力量。为使这种发展成为现实，教师必须每天都触动学生的理智与心灵，必须经常向他们展示日新月异的现实生活和人的精神世界。

89. 在学校集体中什么可以讨论和什么不可以讨论

多年的教育工作经验使我深信，并非与学生言谈举止有关的一切，都可以拿到学校集体中来讨论。以下各项不可在集体内讨论。

（1）因家庭中明显的或隐蔽的不正常现象，如家长的反社会行为、父母的争吵、丑事与不和所引起的儿童或青少年的不良行为，不能讨论。在这种情况下，小伙子和姑娘们的不良行为尤其不能讨论。他们非常清楚自己的行为与家庭生活的相互联系，暴露这种生活的阴暗面会使他们感到压抑。

（2）如果孩子精神沮丧的原因是得知父亲或母亲不是生父或生母，由此造成的不良举止也不能讨论。不管学生多么严重地破坏纪律，如果他没有父亲或母亲，就不应在集体中分析他的行为。

（3）如果孩子的行为或某些举动在客观上是对父母或包括教师在内的某个成人的粗暴与专横的抗议，这种行为与举动不应讨论。这一点之所以重要，与其说是为了维护成年人的威信，不如说是为了学生本人的利益。既然学生是通过不良行为来表达抗议，那么，他就会感到对他的行为进行探讨是不公平的。

（4）由教师的错误而造成的儿童不良行为，不能讨论。在分析学生的错误行为时，教师绝对不可以说：“现在谈的是你，而不是教师；教师的事，与你无关。”在讨论学生的错误时，同样也不可讨论教师的错误。

（5）教师不能客观地评价学生的知识所引起的学生不良行为，不应讨论。正像在其他许多情况下一样，我们这里碰到的是孩子的委屈。委屈心理是非常脆弱的、怪诞的创伤：你越是为它不安，越近距离地触摸它，它就越痛得厉害。对于这种委屈心理的创伤，最好是不管它。一般说来，有些事情不值得在集体中谈论，这并不是因为孩子们没有能力辨别好坏（有时他们的这种分辨能力不比成人差），而是因为没有必要揭开伤口。在许多情况下，设法避免出现新的委屈心理创伤，则更为有益。

（6）有的学生学习成绩差是因为他智力发展异常，或虽然他已很努力了，但某些教材他依然理解不了，这种情况不应讨论。教师必须永远把懒惰、懈怠与对所学的东西不理解和能力差区别开来。做不到这一点的教师，不能算是教育者。在集体面前把完全是另一码事的东西当作懒惰与懈怠，只能带来危害、痛苦和委屈。

（7）如果学生解释自己不好的、错误的行为时，必须涉及他与同龄伙伴或者年长或年幼朋友之间深具私人友谊性质的关系，这种行为也不应在集体中讨论。在这种情况下鼓励学生坦率，会让他感到是要他背叛、出卖朋友……学生之间的相互关系并不像乍看起来那样简单。孩子们对荣辱有自己的理解和信念，对此应予以尊重。

（8）家庭中存在特殊关系（这种关系让儿童知道还为时尚早，而且也不能向他们解释）所引起的孩子不良行为，也不应讨论。应该妥善地、不事声张地平息这类事端。

还有许许多多不能公之于众、公开讨论、大肆声张的不良行为。这些行为很难归纳，很难找到可以通用的千篇一律的尺子和包罗万象的标准。

有一天，正当我写这些条条时，六年级出了这样一件事。

一个叫尤尔科的学生似乎“无缘无故”地骂他的同桌同学弗拉基米尔“没良心”。我们的少年学生都非常清楚这个词的含义。假如尤尔科没有任何根据就发起责难，弗拉基米尔一定会感到气恼。可是，恰恰相反，他感到的却是良心的责备，觉得自己有错。到底发生了什么事呢？情况原来是这样的。尤尔科是近视眼，而他的那副眼镜很糟糕，戴眼镜看东西时，物体就像离开了原来的地方。上绘画课时，弗拉基米尔对尤尔科开了一个玩笑：他把颜料放在尤尔科面前，尤尔科刚一埋头画画，他就把颜料盒移开了几厘米，于是尤尔科用错了颜色。尤尔科发现了这一恶作剧的玩笑之后，非常生气，在回家的路上放声大哭。全班同学都听到了“没良心”这个词，但没有人知道弗拉基米尔所搞的把戏。事情过去两天后，我才知道真相，但不是从尤尔科那里得知的，而是弗拉基米尔自己来承认错误时告诉我的。过了三天，尤尔科来找我，请求不要把弗拉基米尔的行为告诉任何人……

多年的工作经验使我深信不疑，在我们这项困难的、有时很折磨人的事业中，必须遵守一条十分重要的规则：如果学生能够自己理解并处理他们之间的复杂关系，就不必安排集体处理。

读者可能会提出一个问题：什么事情该由集体处理呢？我的回答是：没有任何事情。

我来说得明确一些：如果是过错，那就根本不应进行分析、讨论。第一，真正的共产主义教育是要使不正常的、不体面的行为不发生，或尽可能少发生；第二，作为教育力量的集体，它的存在和对个人的影响，并非借助于处理各种各样的过错；第三，集体处理的各种冲突越少，其教育效力就越大。

共产主义教育还有一条极为重要的规则：对于冲突，要善于防微杜渐，息事宁人，不要煽风点火，不要使火星燃成熊熊大火，而要在它刚刚露出苗头时就把它扑灭。

人们可能会说："您主张'无冲突教育'？"是的，我主张对孩子们（正是孩子们）实施没有严厉申斥、大发雷霆的强硬教育措施，因为这些办法不会带来任何好处。不能把"成人"社会学的概念和规律生搬硬套到儿童世界中。在儿童教育中，震惊、冲突与发怒并不是客观必要的。因此，最好不要采用令人震惊的手段。

90. 什么是集体的自主精神

不是精神生活的丰富取决于自主精神，而是相反，集体的自主精神是充实而丰富的精神生活的结果。在一个集体内，心目中有别人这种情感发展得越强烈，每个人给他的同志带来的精神财富越多，每个人在别人面前表现出的内在美越鲜明，在造福大家的共同劳动中这种内在美被认识得越充分，那么，这个集体就越是能真正关心其每个成员的命运，影响人与人的相互关系，力求使这种关系成为人道主义的关系，并对“我想干什么就干什么”的放纵任性态度表现出高度的共产主义原则性，要求严格，绝不妥协。

我年轻的朋友，您要尽力培养一种相互关系的准则，使之成为集体自主精神的基础，在这样的相互关系中，集体对个人的每项要求同时也是集体对个人的关怀与保护。我想扼要地谈谈学校中集体主义相互关系的准则，它反映出对人的严格要求与对人的关怀的和谐一致。

（1）班集体（从四年级开始）每一学季选出一名学生，让他负责登记考勤和家庭作业完成的情况。每个学生一到教室，就要向这名教师助手报告是否完成了作业；如没完成，要说明原因。教师助手把检查家庭作业的情况加以总结，然后向教师汇报（比如，有三个同学没理解习题的要求，一个同学不会做算术四则运算题）。教师在每个班内都有一个他所教科目的辅导员（也可以有几个）。这个辅导员是学习最好的学生，他通常走在教学大纲的前面，其知识水平远高于优秀成绩评分标准。教师听完助手关于家庭作业完成情况的汇报后，就立即委托辅导员，请他帮助某些同学学习，向他们讲解某些问题，完成某项实际工作。必要时，教师也亲自补课。给学生补课和辅导只能在上课前进行，课后不做任何补课。要让所有的学生放学后立刻回家，不要留下任何学生补课。谁愿意补课就在上课之前来补。正是由于学校的全部工作贯穿着相互信任的精神，由于把学习建立在尊重人的基础上，所以每个人都能做到首先对自己严格要求。需要帮助的学生，总是一大早就来补课或接受辅导。

（2）由集体选出一名学生，负责登记公益劳动的情况。我校各班轮流在学校的教学试验田或集体农庄里劳动。每天都有一个或两个班参加劳动（视需要而定，但全年不间断）。

组织这种公益劳动的学生，负责记录每个人的劳动情况。如果某个同学因正当理由今天不能来干活，他可以请求公益劳动的组织者把他安排到明天或后天与别的班级的同学一起劳动。如果生病，就在病愈之后再劳动。没有也不可能有任何正当理由可以使任何人免除劳动。

（3）从二年级开始，每个班里都有一个学生负责管理本班的财物（图书、直观教具、作业本、画册、颜料、打扫教室的扫帚和抹布、在体育馆里上体育课用的软底便鞋、粉笔），并负责安排教室的值日。每天有两名值日生。他们佩戴印着字的臂章。值日生的职责范围很广。他们要在上课前15分钟来到教室，用湿抹布擦干净黑板和课桌；在教室门口铺上潮湿的小地毡，不让一粒灰尘落入教室中，因为呼吸有尘土的空气是有害的。放学以后，还要用湿抹布擦一遍黑板和课桌。

（4）每个班集体每年选举一名学生，负责同学们的健康状况。他负责登记在家里做早操的情况，每星期六，健康负责人要查问，谁没有做早操，哪怕仅一天没做也得讲清楚。班主任随后要与这些没有做操的学生进行关于自我教育的谈话。健康负责人还要把感到身体不舒服的学生记下来，向教师汇报。然后，教师让生病的学生去找医生看病。

（5）从三年级开始，每个班集体选出一名学生，负责关注记日志的情况。教师记入成绩册里的分数，要由学生本人记入自己的日志本里。在日志上签名的不是教师，而是负责检查日志的学生。我们非常重视学生集体的这种自主活动，它反映出集体中洋溢着信任气氛。在这里我要说明一下：如果一个学生还不能完成某项学习，就不要给他评任何分数。分数只能表示学习的肯定结果；没有分数，说明劳动得还不够。这样做可以避免负责日志的学生与班集体在相互关系方面出现不正常现象：一个学生任何时候都不可以把不及格分数记在另一个学生的日志里；如果一个学生的日志里没有一门科目（比如语法课）的分数，这个事实对学生的父母来说就是拉响了警报。他们会明白：儿子（或者女儿）学得不怎么好。

（6）从四年级开始，由班集体在每学季和每学年结束之前决定，哪个学生的操行分数应降低。这个对学生非常重要的问题，要在教师（班主任）和学生有同样表决权的会议上做出决定。学校里还有一条规则：如果班集体在评定操行分数的问题上意见不一致，就把问题提交到校务会议做最后决定。但我校从未发生过必须把问题提交到校务会议解决的情况。操行分数不需要校务会议通过。

（7）共青团委员会和少先队大队委员会，掌管学校从教学试验田、果园和养蜂场收入的钱财。这种收入每年不少于两千卢布。共青团员和少先队员有权决定怎样支配这些收入。可以用这些钱对有困难的同学进行物质上的帮助；学生家里如发生什么不幸事故，他可以向同学们提出申请，他们会给予帮助。这些钱还可以用来组织参观游览、购买乐器，为来自其他共和国的客人筹备礼物。

以上就是在集体内部从组织方面和日常物质生活方面历练自主精神的基本内容。这是建立在集体自主精神基础上的社会政治关系和精神道德关系的必要条件。我们力求在精神生活中，尤其在社会政治生活中鲜明地表现自主精神。这对于青少年的社会成熟和道德成熟具有决定性意义。我在前面谈到了有关各学科小组、为居民举办的自然科学知识晚会、不同年龄的学生组成的集体等，都是生动活泼、富有创造精神的自主活动。

91. 什么是课堂上的思想教育

在教育教学工作的实践中，有一种广泛流行的观点认为：学生在掌握知识的同时就在道德上受到了教育；掌握知识本身就是道德发展的过程。这种道德教育观在很多教师的意识中根深蒂固，他们很难摒弃这种僵化的信念。他们认为，由于学生在课堂上获得知识，课堂上也就在自然而然地进行着思想教育。“通过教学的教育”“通过知识的道德教育”——这些建立在错误的教育观基础上的信念，实际上导致的是一种宽容和自我安慰。

生活告诉我们，掌握知识，懂得自然科学规律和社会学规律，能很好地回答问题以及获得很好的分数——这一切本身并不等于道德教育。只有在知识转变、转化为信念时，才是教育的开始。只有在关于真理的知识触及一个人的灵魂，使其心情激动，促使他以自己的活动切实地予以证明，并通过行动切实地捍卫他认为神圣和宝贵的真理时，才谈得上信念。要掌握知识，珍重信念。缺乏某种具体知识，并不说明一个人缺乏道德教养。而缺乏信念，即使有知识，也说明一个人在道德上面目不清。

我对青年教师的建议是：如果您想成为真正的教育者，首先要善于看到知识与信念之间的区别。要善于为信念奠定基础，促使道德的热血——坚定的信念——赖以沸腾的那根神经生机勃勃地工作。

您要懂得，关于自然界和社会的事实知识，是形成科学思想、社会思想、政治思想和道德思想的基础。事实知识与信念之间有一座桥梁，那就是思想。知识通过思想变成信念。思想已不单纯是知识。思想中已含有“一小块灵魂”——一个人对他知道的事物所持的个人态度。可以详尽地、不放过任何细枝末节地了解尤利乌斯·伏契克悲剧性英雄的一生和斗争，然而，事实知识并不是思想。当读者在内心里成为这位英雄的热情的追随者时，思想才会产生。如果您的学生准备与英雄并肩战斗，愿意为这位英勇的共产党员为之献身的事业贡献出自己的生命，那么，在这种情况下，您作为教育者就是在与思想打交道。思想的特点是，在理解具体事实的基础上得出结论，进行归纳；由于一个人对事件、现象和事实有他自己的态度，因而这些结论和概括具有鲜明的感情色彩。

事实知识转化为思想时，就产生了信念。教师的任务是要让这种转化能鲜明地表现出来，不让学生成为冷漠的“知识需求者”，而成为与真理和正义的胜利有切身利害关系的人。

任何科学知识都是进行思想教育的材料吗？不，并非任何知识都是。有的知识在思想上是中性的（当然，这并不是说在学习这种知识的课堂上没有教育）。在学习简易乘法公式时，科学真理与道德的关系，在资本主义国家的学校里和在社会主义国家的学校里是相同的。然而，即使是自然科学类的科目，也有很大一部分知识本身包含着激烈的思想斗争与冲突。许多科学真理的获得是付出了昂贵的代价的——很多杰出的思想家为之献出了生命。我的朋友，我建议您要特别关注对这种真理的研究。在讲述太阳系的时候，您的言语要洋溢着对那些思想家的神圣的崇敬之情，这些思想家奋起反抗因循守旧、愚昧无知和对人民的精神奴役。您要描绘出为真理而斗争的思想家的鲜明形象，使青少年的头脑中产生这样一个想法：凡是真理，都是革命的。

您在物理、化学、生物学、数学等科目的课上讲授教材时，请不要只是毫无感情地阐述真理，而是要引导青少年在为真理而斗争的崇高动机鼓舞下，在布满艰难险阻的科学道路上进行一场富有探索精神的旅行。您在讲授自然科学类科目（物理、化学、生物学、数学、天文学）时，要使对学科知识的认识、理解与领会，变成在青少年的理智和心灵中进行的一场内在斗争，这是反对烦琐哲学、愚昧无知和那种使人盲目相信教条、禁止人们敢想敢干的宗教毒素的斗争。人们的求知精神、追求真理与知识的火热激情是不可抑制、不可扑灭的，要让这一思想贯穿您的全部课堂教学。

勤于思考的教师，特别注意研究自然科学类科目的教学大纲中可能有新发现的部分，以及科学尚未考察或尚未充分解释的部分。他在讲解空间与时间的相互关系，物质与能量的实质，光、粒子和反粒子的本性，重力作用等概念时，善于用智慧取胜的思想使这些概念洋溢着崇高的精神。教师在课堂上向学生展示宇宙的宏伟浩瀚景象和世界在空间与时间上的无限性，而学生下课后却感到自己是一粒细小的微尘，这样的状况是绝不允许出现的。

在讲授人文类科目的课堂上，没有也不可能有思想上的中性材料。我的朋友，如果您是教历史的，您的教育任务首先是要看到，在您的课堂上听讲的不是什么抽象的学生（这样的学生是不存在的）。您应该看到，在您面前是具体的、活生生的、独特的一个个人——科利亚和尼娜、瓦利娅和谢尔盖……这些人都有自己的思想、情感、抱负和激情。这一点极为重要，因为只有当人们有了活生生的个性时，思想的热血才能沸腾起来。思想只能存活于具体的人的精神世界里，存活于人的思维、行为与斗争中。不管您向学生讲述什么——斯巴达克领导的奴隶起义、反对俄国沙皇保罗的宫廷阴谋、策划第二次世界大战的秘密勾当或者英勇的斯大林格勒（今伏尔加格勒）大会战，您总是直接面对着具体的一个个青少年的精神世界。您一刻也不要忘记，面前的是科利亚和尼娜、瓦利娅和谢尔盖，思想只存在于他们的心灵和头脑里。我的朋友，您要记住这一点。因此，作为人文类科目的教师，您应该操心的是使科利亚和尼娜、瓦利娅和谢尔盖不变成冷漠的知识需求者，而应使他们感到自己好像是事件的真实参加者。人类社会的历史，始终是斗争的历史。在有剥削阶级的社会里，是进步与反动的斗争；在无阶级的社会主义社会里，是人为了驾驭自然界，为了建成共产主义而进行的斗争。历史科目的教育教学技艺的奥秘就在于，用战士的心灵去激励正在掌握知识的人。

怎样才能使青少年听了您的讲课后成为战士呢？这取决于两个

条件。而这两个条件又取决于您这位作为教育者的教师，取决于教师集体，取决于整个学校的精神生活，取决于学校参加社会生活的积极性。

第一个条件是，在学校和集体生活中，在教学和公益劳动中洋溢的时代精神。只有当一个人理解和感觉到我们时代的意义时，他才有可能决定自己的立场，并在掌握知识的过程中始终站在进步的、先进的一边。只有青少年的头脑与心灵理解并感觉到我们的时代是英雄的时代，伟大的创举正在我们眼前实现，课堂教学才可能具有思想性。只有通过时代的透镜，才能正确地看到和理解任何历史事件的意义。使学生理解时代精神，这是学校最困难的任务之一。

第二个条件是，教师的思想与个性和谐一致。赋予事实以思想意义，把事实知识转化为信念，离开教师的个性所有这一切都是不可想象的。思想存活于书籍的字里行间，有的书籍像火红的铁块那样灼热，像阳光那样灿烂。学校中是否洋溢着共产主义思想的精神，取决于您是否经常接触这些火热的书籍，接触时怀着什么思想与意图，这种接触激发您采取什么行动，从事什么活动。对于教师来说，要向青少年灌输思想，仅仅掌握深刻的知识是不够的。您还必须思考知识，要思考您从人类财富的宝库中吸取的一切，以及向您的学生所灌输的一切。我深信，并非每个深谙本学科的教师都具有思考知识的宝贵才能。思考知识，就是要了解、预见和估计每条道理会触动人的心灵的哪个角落，将引起什么思想、问题与疑团。思考知识，就是要设身处地为青少年着想，善于分享他们的观点。如果教师善于思考知识，他们的学生就会有一种少见的宝贵品质：在领会教材时，他们好像能超脱于教材，从思考教材进而思考自己，思考自己的未来。

教学的思想性，是激发求知欲的极重要因素之一。学生越是鲜明地确定自己的思想立场，越是深信人类追求真理的愿望不可遏制，他就越想知道得更多。凡在课堂教学中体现出很强思想性的学校，书本就会成为青少年形影不离的伙伴。读书、独立思考所读的内容，是思想性源源不断的源泉。思想与信念的本质是，人总是相信和看重通过自己的劳动、自己的深思熟虑所获得的东西。如果您希望您的学生把自己所掌握的知识转化为强烈的共产主义信念，就要像防火一样避免死记硬背、死啃书本，避免不假思索地“生吞活剥”现成的大道理。请认真想一想谢·拉佐说得非常好的一段话：“信念要通过磨难才能获得，要检验信念的生命力，要与别人的信念切磋……一个人应做到，与其背弃自己的信念，不如牺牲自己的生命。”[①] 要深入思考知识，恰恰就应该与别人的信念进行“切磋”。不能把关于自然界和社会的知识当作不容反驳的真理灌输给学生，而要作为不同意见斗争和冲突的结果传授给他们，并让这种斗争和冲突在课后的阅读过程中能继续进行。您要为学生选择适当的书籍，其中所讲的道理不是现成的、永不熄灭的火花，而是由那些为真理而斗争并取得胜利的人们用心灵之火点燃的耀眼的火炬。

① 引自《拉佐日记和书信集》，1959 年俄文版，第 94—95 页。

92. 怎样把时代精神送到青少年的心坎里

极重要的时代思想例如有：我国的共产主义建设决定着世界的命运。世界上正在进行着尖锐的、不可调和的思想斗争和政治斗争。资本家豢养成千上万资产阶级思想家来抹黑我国，几百家电台每时每刻都在散布无数谎言，其目的是要从精神上腐蚀我们的青年一代，企图使他们相信没有任何思想是值得他们为之奋斗的。资产阶级“自由”生活方式的鼓吹者与卫道士，暗暗寄希望于我国的青年相信有思想的生活是一种幻想，相信无论在资本主义国家里，还是在社会主义国家里，人的最高目的都是物质享受，而不是什么“昙花一现”的思想。使苏联青年离开共产主义思想，正是资产阶级宣传的主要目的。

我们要以崇高的共产主义思想来对抗这些居心叵测的企图。我们的小伙子和姑娘们应该懂得和感觉到，在我国，在他们周围，父母、兄弟姐妹和他们自己正在用双手实现世界上最伟大的正义事业：

建设新的、世界上最公正最民主的社会——共产主义社会。体会到共产主义的公正、伟大与美好，是时代思想的核心。青年人的思想、希望与抱负，应该围绕着这个核心。不积极参加我们前面已经论述过的共产主义劳动却要激发这种体验，则是不可想象的。但这只是教育工作的一个方面。要把时代精神送到青少年的心坎里，在他们心里确立共产主义信念，就必须使劳动与思想相结合，使他们每个人都经历思想斗争，自觉地认识这一斗争并确定自己的立场。

我们在高年级（九、十年级）做政治时事报告时，鲜明地、生动地讲述思想斗争。所有高年级学生每周集合起来听一次政治时事报告，由校长简明扼要地讲述国内外形势。资产阶级思想家关于我们的言论，以及他们的谎言怎样被我国的社会主义现实所揭穿，在政治时事报告中占不少篇幅。资产阶级思想家的一些论调引起青年人哄堂大笑：这种论调太笨拙了。随着一次又一次地听报告，小伙子和姑娘们就越来越深信真理在共产主义思想一边。

我们的时代，是人类精神伟大而美好的时代。在我们这里，思想活跃在人们的活动、命运和行为之中。高年级学生每周集合一次，我向他们讲述一些简简单单的、乍看起来十分平常无奇的事情，但如果深入思考这些事情的含义，就会发现这些事情能够震撼人心，激发我们的自豪感，因为我们是那些以自己的生活为青年人指明道路的人们的同胞和同时代人，虽然他们的生活在我们的社会中是平平常常的。

我的报告之一，是讲一位俄罗斯妇女的故事，她名叫叶皮斯季尼娅·费奥多罗夫娜·斯捷潘诺娃。她养大了9个儿子，9个儿子全都在争取我们伟大祖国的自由与独立的斗争中牺牲了。这位母亲曾说:“战士们都回到了自己母亲的身边。我逢人便问,我的儿子们在哪里……我日日盼他们,夜夜想他们。”没有一个少年在听到她的这番话时心情是平静的。我重复这位母亲的话,让学生们看她的照片:她体现了整个人类的美、人类的伟大与智慧。我尽力把这一事实以令人震撼的悲怆的声音送达每个年轻人的心灵,使母亲这个词成为那些没有从战场上回来的人们的安魂曲,使我的每个学生都能向自己提出一个问题:谁应对母亲的神圣眼泪负责?我这样做,是为了使每个人在人生的初期就受到崇高的公民感的激励,使每个人对祖国的敌人更加仇恨。

我还讲述了两位英勇无畏的拖拉机手的故事,他们用自己的生命把国营农场的几千公顷小麦从一场火灾中拯救出来。我讲这个故事时想到的教育目的是:使每个青少年学生在英雄被烧死的熊熊大火的火光下,看到自己心灵最隐秘的角落。我说:“我年轻的朋友们,你们知道,在我们社会里没有什么是比人更宝贵的。但是,如果一个人遵照自己心灵的吩咐愿意为某种事物献出生命,那就是说,有某种事物是我们每个人的生命所不能比拟、不能相提并论的,是神圣不可侵犯的,这就是我们的祖国。”

每天、每个星期,在我们英雄时代的活生生历史上都会揭开新的,就像上述两个英雄事迹一样光辉的一页。我的朋友,您要善于为青少年打开这本书。您应当这样打开它,使这本感人肺腑的书没有一页不被读到。

93. 要善于使美德富有感召力

既然 17 岁的孩子们向往光明，那么，就要使我们的伦理和道德的最崇高原则变得光彩夺目。有的教师认为，我们的道德原则本身就已经相当美好，因此，不需要什么特殊的传授形式，也不需要什么“装饰”。事实上并非如此。原则越高尚，揭示这一原则的活动就应越光彩照人，越有表现力。如果我们只是没完没了地重复说，要正直、诚实，绝不容忍虚伪，也不与之妥协，那么，这些话就会变成令学生讨厌的说教，学生对之就会像对待鱼肝油一样。鱼肝油虽然有益于健康，味道却令人作呕。正直、诚实和不容忍欺骗言行，应成为一种激动人心的、有感召力的、有吸引力的品质（我们在此指出，行动与美德的融合、统一，是实践教育学的主要问题之一）。我们做到了这样一点：小伙子和姑娘们在做需要独立完成的作业时不抄袭、不偷看课本，否则，他们自己会感到羞耻。假如我们无休止地重复说，学习靠自己，是好样的，抄书、剽窃别人的劳动，是不好的，那么，这些向善的教诲就会变成令人讨厌的说教。我们激励学生从事能显示美德的美和感召力的活动。我们的学生从幼年起，每个暑假都在蓝天下的学校里生活几天。我们把供孩子们在炎热的夏天野营用的草棚，或用树枝搭成的窝棚，叫作蓝天下的学校。在这里，不仅要自己料理一切，而且要自备所有必需的食品。在去蓝天下的学校之前，孩子们把装在纸袋和金属罐里的食品送到秘密储藏室（要使一切具有浪漫色彩）。这里没有任何登记，每个人到秘密储藏室送食品时，没有任何人在场。从未发生过坑蒙拐骗的事情，这种现象是不可想象的。孩子们在这里会感到，他们是在用自己的劳动和心血为集体创造欢乐。要是有人产生了欺骗集体的念头，大家就会认为，这是企图偷窃集体的欢乐。

孩子在童年和少年时期拥有自己的物质财富——集体的藏书。班集体升级时，就把这些图书转交给低年级的同学。在个别情况下，也可以把图书赠送给低年级的某个同学。这种事会使小伙子和姑娘们心潮澎湃，终生难忘。

我们的小伙子和姑娘们力图为那些丧失劳动能力的人和鳏寡孤独者带去快乐。每年春天，高年级学生都要为孤寡老人拾掇出几个花坛。这种劳动置于美德的浪漫光环中。在这样的时刻，年轻人心中萦回着这样的念头：我们所有人都会变老，比我们更年轻的一代将来也会来关心我们所有人。使学生在青少年时代就有这种想法是很有必要的。这种想法使小伙子变得高尚，使他成为真正的男子汉。这种想法使姑娘去为履行做母亲的伟大使命做准备。这种表达对老年人关心的劳动是浪漫的、富有吸引力的，这种劳动是最需要的、最高尚的活动。我的朋友，您不要放过任何可能触动儿童心灵的某个隐秘角落中隐藏着的对老年的思虑和不安的机会。关心老年人，是最令人感动的对人之爱。对老年人冷漠无情，是对社会的残酷报复：铁石心肠的人长大了。

94. 教师的权威是什么，应该表现在哪里

这是教育领域中最微妙而又研究得最少的一个教育问题，是一个人对另一个人的权威问题，是年长者对年轻者的权威问题。在教师所拥有的所有教育手段中，对孩子们的权威是最必需的、最通常的、无所不包的，同时又是最锐利的、最不安全的手段。这是一把手术刀，使用它可以进行最精细的、难以觉察的手术，但它又可能触痛伤口。这是一把不安全的，但同时又是不可或缺的刀子。这是考验教师的意志与克制精神、培养勇气与智慧的工具，但同时它也可能败坏、扭曲学生的心灵。总之，一切取决于如何使用这一工具，以及怀着怎样的动机去对待人。斗转星移，我越来越相信，对学生的权威是对教师的一个最困难的考验，是他教育工作水平的标志，表明他的教育工作水准。

我的朋友，当您跨进学校的大门，决心把自己的一生献给塑造人的崇高事业时，您要记住，您有可能会陷入情绪变化无常、难以

控制的危险之中。您要像一条大河那样，流淌着融为一体的火热的感情与冷静的理智，绝不可匆忙地、贸然地做出决定。这是教育技艺永不干涸的源泉之一。假如这一源泉枯竭了，教育学的一切书本知识都将化为乌有。

当一个人无限信任另一个人时，他在某种程度上就是不设防的。我在自己一辈子的教育工作生涯中，始终在思考这个道理。孩子对一位好老师的信任恰恰是无限的。当一个孩子跨进学校的大门成为您的学生时，他无限信任您，您的每句话对他而言都是神圣的真理，在他的眼里，您就是智慧、理智与道德的典范。您要珍惜这份信任，也就是说，您要珍惜孩子的这种不设防状态。我希望这种教育智慧成为您的自我修养的一条准则。如果教师由于自己的局限性而企图把孩子的不设防变成鸟笼，把小鸟关进鸟笼并任意捉弄这只小鸟，那么，这就是教育工作上的愚昧无知。不理解儿童的不设防，是那些最终丧失对儿童的权威的教师境况不佳的主要原因之一。要知道，人是不能像小鸟那样被关在笼子里的。

只有在您理解并体会到孩子对您的无限信任，以及由此而必然产生的不设防状态，而且在这种信任与不设防状态的基础上建立起对孩子的权威时，您才有资格做一名导师与教育者。此时您应该深入思考，用心去倾听并理解这种无限信任究竟是怎么回事。也许，孩子盲目地信任您这位老师，有意识地放弃了个人的一切，他这样做也可能只是在放弃个人的娱乐和快乐。

不，事情根本不是这样的。孩子的信任，不管是多么无限，依然是人的信任，这个人追求精神财富和个人生活的多样性，追求丰富的印象、思想和美的享受，以及与他人丰富多彩的交往。儿童希望有一个年长的、睿智的、有生活经验的人关心他的利益。您要像爱护无价之宝那样爱护儿童的这种愿望。只要他有这种愿望，通往他心灵的道路就向您敞开着。儿童向善的源泉也可以说就在这里，因此，要珍惜儿童希望您成为他的朋友和导师的愿望。

由于对教师的无限信任，孩子心里认为他的这位年长的朋友有办法帮他摆脱任何困境。

一个珍惜孩子的无限信任的教师，应该成为孩子睿智的、有爱心的保护者，这样才能使教师与孩子之间永远保持和谐的、有人情味的、真诚的、相互关心的关系。教师对学生的权威必须是明智的——您须臾不能忘记，学生也是与您一样的人。要爱护学生对您的信任，因为这种信任正是学生对教师的爱，而这种爱恰恰就是教师对学生所拥有的明智的权威的核心。正是这种信任，支持着孩子想要从教师那里寻找并得到保护的愿望。您要像爱护无价之宝那样爱护儿童的这种愿望。只要孩子对您寄予希望并且相信您，您就是一个真正的教育者、指导者，您就是生活的导师，您就是权威，是生活智慧的生动化身，是朋友和同志。您要记住，这一切是很脆弱的，很容易被打碎。一旦您把这一切打碎了，您作为一个教育者也就做到头了。到那时，您只是一个监护人，而不是一位教育者。

95. 怎样珍惜孩子的信任

在这个极其微妙的教育领域中，最主要的是要深刻地理解，更确切地说，是要用心灵去感受儿童的世界，感受童年。

童年、儿童的世界，是一个特殊的世界。儿童对善与恶、好与坏，有自己的概念，他们有自己的审美标准，他们甚至对时间也有自己的计量尺度：在童年时代，一天好像是一年，而一年简直就是永恒。要想进入这座名叫“童年”的神奇宫殿，您必须变成另一个人，即在某种程度上变成一个孩子。只有这样，您才有资格对人——孩子——拥有明智的权威。

我的朋友，您不要以为我把儿童的世界理想化了。我很清楚地知道，童年是由我们成人留在自己孩子身上的影响形成的。然而，正因为孩子是将会长成高大树木的娇嫩幼苗，所以就需要特别尊重童年。教师明智的权威首先就是理解一切的无限能力。这种能力不应有任何限制。您要知道，孩子是不会故意做坏事的。如果一个教育者硬是认为孩子有做坏事的意图，是故意做出不体面的行为，这就是教育上的无知。这样的教师在竭力“砍掉劣根”的同时，把所有的根子都砍掉了，于是生机勃勃的童年幼芽枯萎了。指责孩子蓄意干坏事、懒惰、懈怠，而事实上孩子并没有这样的毛病，孩子就会感到莫大的不公正，进而与教师疏远，不再信任教师。破坏了孩子对您的信任，您就是在推动孩子去开始用执拗任性、故意不听话、想方设法违背您的要求、采取与您对着干的办法等来保护自己。请您记住，只要儿童对您的信任有了裂痕，这种现象就会出现。

孩子的各种各样的轻率行为，其中有许多并不是孩子故意干的坏事，而更多的是由于一时糊涂、无知或者误解而做出的，对待这样的行为必须采取特别睿智的教育态度。在这样的情况下，您千万不要当众谴责孩子的行为，仅您一人知道这件事即可。您拥有理解一切、了解一切的巨大而明智的权威。您应该明白，为什么一个一年级学生从同学的漂亮的铅笔盒中取出几支彩色铅笔，摆弄一阵之后悄悄塞进自己的口袋里。您不必大惊小怪——这不是偷窃。您应懂得：为什么上课铃响了，小家伙们不向教室奔去，而想在草地上再玩“一小会儿，一分钟”；为什么费佳不认真听教师说明题目的条件，而屏住呼吸瞧那只飞进教室里来的蜜蜂；为什么奥克桑卡不同大家一起读书，而在吸墨纸上画一朵小花；为什么三个不安分的学生米科尔卡、皮利普科和彼特里克在树林里游玩时故意脱离班集体，偷偷躲进树丛中……

为什么，为什么，为什么……成百上千的“为什么”，成百上千次的冲突，教师与孩子之间的冲突，是一种不懂教育的极端表现。

这种现象的出现，是由于教师缺乏父亲般的博大胸怀、母亲般的睿智和强大的教育权威，不懂得他是在与儿童的行为、思想和看法打交道。绝对不能把儿童与成人相比照，既能衡量成人，又能衡量儿童的统一尺度是没有的。

我记得有一个名叫德米特里克的小家伙。事情发生在三年级……您可以设想一下，正在上语法课。您在黑板前讲解语法规则，大家都在听讲，抄写例句。德米特里克似乎也在记笔记，但您却在为这个孩子担心。他的眼珠在滴溜溜地转动，正在忙着看课桌里的什么东西，有点顾不上听您讲语法。您悄悄走近这个小男孩，看到了摆在他面前的一只半开的火柴盒，里面有个东西在蠕动。德米特里克全神贯注地盯着盒子，他的视线和思想都集中在那里。您仔细一瞧，盒子里装的是一只不寻常的小甲虫，小甲虫长着一只锯形的角，这个小东西正在锯着火柴盒，却无力锯开自己的牢笼之门。

当然，您可以发火，可以把这个男孩弄哭，要他认错，而自己气得发抖，可是，这又有什么用呢？您能够得到的唯一结果是白白浪费时间，小甲虫会成为全班的娱乐，孩子们会羡慕德米特里克，嘲笑您发脾气。

在这样的时刻，您最好想一想：孩子呀，你心里到底在想什么？为什么你就不能把小甲虫搁置一边半个小时，先去理解语法规则？想到这儿，您拿起火柴盒，把它合上，放进自己的口袋里，用手抚摸一下德米特里克的头，再次讲解语法规则。此时，这个小男孩记着笔记，看来，他听懂了。确实常有这样的学生：虽然他一只眼瞅着一只角的小甲虫，另一只眼瞧着黑板，但脑子里还是听进去了一些东西。

下课后，德米特里克走到您的桌旁，低着头一声不吭。长长的睫毛下，一对黑眼珠还在闪闪发光。但是他眼中的淘气神情瞒不了您。您把小甲虫还给德米特里克并要他告诉您，他是在哪里找到这么奇异的小东西的，他是怎样成功地迫使小甲虫“锯”牢房门的，他还打算拿这个小甲虫做些什么。德米特里克很乐意告诉您这一切，他扯着您的衣袖把您带到灌木丛中，据他说，这样的小甲虫在这里每三年才爬出来一次，而且还会飞。

在这类故事中，通常能听得出教育者的如下暗示：在这种场合下对孩子和善，是从教育智慧高峰降下来，俯就孩子的兴趣。孩子们是不能容忍这种宽容态度的。真正的教育，教师不是从高峰降至地面，而是登上童年微妙的真相之巅。是登上，而不是降下。不要娇纵孩子，不要迁就孩子兴趣的“局限性”（如果我们自己不去限制孩子的兴趣，就不会有这种局限性），应该做一个睿智的导师。

一个人对另一个人尤其是成人对儿童行使权威的智慧，是一种重大的创造性活动，需要深入地、真诚地渗透进儿童的思想和情感世界中，这是一种懂得儿童语言的能力，是使自己既童心未泯又不把自己和儿童等同起来的能力。有的教师，身为成人并当了父亲，竟把五年级的男孩带到教员休息室里来盘问：“说说吧，你为什么老是在上课时笑？你要笑到什么时候才是个头？难道一个少先队员有权这样做吗？”当我看到此情此景时，我就感到这位教师一下子投入儿童的游戏中去了，然而他却不明白这是一种游戏。那个男孩子沉默不语，他也说不出什么来。假如这个五年级学生突然也以教师向他提问的那种态度来回答教师，那倒是很令人吃惊的。学生往往不知道自己为什么笑，教师则不应该不知道。他无权不知道学生为什么做出这种或那种举动。结果却是互不理解：教师不理解学生，学生不理解教师。有时，瞧着这样的教师与学生，不禁会使人产生疑问：难道他们说的是不同的语言吗？

要知道，儿童尤其是少年喜欢“显摆”，喜欢表现自己的意志、智慧、机灵和灵敏。这样一个充满活力的生命，在您的帮助下认识世界，逐渐长大成一个具有自己的个性的人。在这一困难的成长过程中，教师要特别谨慎地行使自己的权威，因为长者的意志容易变成专横，有时甚至变成对别人的摧残。对孩子内心的精神力量，不要压制和摧毁，而要扶持和支持；不要使他失去个性，而要养成他的自尊心。只有这样来行使自己对孩子的权威，也只有这样，您的权威才可能是明智的。在学生做错了什么时，不可采取“强力的”“强制意志的”手段对他施加影响。不要让拳头敲击桌子的声音和责骂声闯进您那复杂的人道主义实验室里来。但愿您不想看到一个活泼好动、爱笑爱闹、永远也不安分的小淘气，变成一个垂头丧气、惶惶不安、双目忧伤无神、弯腰驼背、可怜巴巴的人，但愿这种很不好的前景对您没有吸引力。要把人的自豪感与儿童不可侵犯的个人荣誉当作最高珍品加以保护。您应该懂得，对任何事情都有自己的想法、有自己的观点的小淘气，是作为教育者的您的幸福；而那种优柔寡断的像影子一样的学生，他们自己的思想被您的“强力”手段从大脑中驱逐了出去，他们对您总是逆来顺受、俯首帖耳、唯命是从，这样的学生则是您的不幸。您要知道，难以驾驭的淘气鬼和“爱惹事”的学生，在紧要关头可能表现为一个善良的、诚挚的人，而那种优柔寡断的、唯唯诺诺的学生，则往往是麻木不仁、冷酷无情的（他自己对此却不知道），甚至会为了自己的幸福而不顾亲人的痛苦。摧毁学生意志的那些“强力的”和“强制意志的”教育手段，会把学生变成一个冷酷无情的人。

96. 要用书籍、理智和信念控制孩子的心灵

我有个名叫尤拉的学生，他很聪明，但又很执拗。尤拉对真相与谎言、诚实与虚伪极其敏感，就像纤细的芦苇秆对丝丝微风那样敏感。

有一天，我给思想室送去了几本描写遥远的异国和自然风光的小书。尤拉看到一本描写海洋深处的封面鲜艳漂亮的书时眼睛发光。他想借阅这本书。当我给他书时，他激动地问："我读完这本，您还给我别的书吗？"

"当然，"我回答，"即使每天读一本也行。"

可是，我冒失地说了大话，因为当时我拥有的描写远方国家、深海、热带森林、沉寂的北极地带和各种奇遇的书籍，不够他每天读一本。尤拉刚好过了一天就来还书了，并请求再借一本新的。就这样不知不觉地过去了几个星期，书架上能让尤拉感兴趣的书不多了。"一个星期后怎么办呢？"终于有一天这个念头让我不得安

宁。因为这个五年级的男孩子尤拉根本不可能想到我的藏书会一下子被他读完了。要是他将此理解为我在欺骗他，那该怎么办呢？问题不仅在于我们的友谊会破裂，我在这个小小的“思想室”里将不再看到这个孩子充满信任的目光，不再听到他问我：“您还有很多书吗？”（隔壁是我的图书室，当时很小，我没有让尤拉进去过，担心他会立即对我失望）。问题还在于，我对这个执拗的孩子的心灵会失去权威，我深信他具有独特的性格：他愿意接近那些在小事上也能言行一致的人们。

于是，我从我所在的遥远村落出发，前往哈尔科夫、波尔塔瓦和基辅三个城市。我花费了自己两个月的工资，但回来时是非常愉快的。我费劲地带回来了几大包书，心里嘀咕着，可别撞上尤拉。

过了三年，尤拉念完七年级，毕业了（那时的学校是七年制）。在那三年里，我每天都在想，我要让他读一本什么样的有趣的书。我感到，这个男孩思考的不仅是他所读书籍的内容，他似乎在通过书籍对读这些书的人做出判断。他爱思考问题，对人要求严格，在那几年里他是我的法官。他读过的书的意义越深刻，我们的交谈越有趣，他就对我越亲近，交谈的时刻给我带来的快乐也越多。

对我来说，这三年是一个真正的考验。从那时起，我每年都有几个像尤拉这样聪明好学而又心灵敏感的学生。如果没有书籍，我是无力影响他们的意志的。由于读书，青少年的兴趣的火炬被点燃了。我觉得自己一直处在学生的严格监督之下。我在书的世界里的积极活动哪怕只停止一天，我对学生心灵的权威就会失去，就会成为他们不需要的人，因为我再也不能给他们提供什么。而一个再也不能给学生提供什么的教师，就会成为令学生懊恼的监护人，对于这样的人学生只是尽可能地忍着，但没有尊敬。

亲爱的朋友！我想建议您：您要影响学生的头脑。再没有比左右学生的思想更为有力的手段来左右学生的意志了。然而，只有当您在书的世界里享有丰富而充实的生活时，您才能影响学生的思想。只要办法得当，最敏感的、个性最独特的、最执拗的、“最叛逆的”和桀骜不驯的学生，也能变成读书迷。请您用书籍和理智去驯服他们吧！

97. 怎样制订教育工作计划

关于这个问题，不可能有任何刻板公式和现成处方。任何使教师脱离直接的教育工作的说教，任何装腔作势的官样文章，都是完全没有用的东西。但是，制订教育工作计划不属于这种情况，因为这是教育工作的组成部分。如果没有计划，我无法想象会有完全合格的教育工作，尤其无法想象教育工作的那些我认为难以捉摸的组成部分。

要制订教育工作计划，首先要明确教育的目标。教育者对于送到他的工作室里来加工的“大理石料”，应做成什么样的东西，必须心中有数。教师对此的认识清晰到什么程度，决定着教师对教育工作的本质和做计划的必要性的理解程度。

您刚刚开始做一年级的工作（有时您的教育工作是从学前儿童开始的）。您的任务是教三年级以下的孩子们，但您必须考虑教育工作的全过程，直到学生中学毕业，迈出独立劳动的最初步伐，完全长大成人并成为母亲或父亲。要对今后10—15年必须进行的工作（不仅在学校里，而且毕业以后）订出计划，以便使您的学生成为头脑清醒、智力发达、求知欲强、心地善良同时又有一双巧手的人。您首先要编制一个书单，列入属于世界文化宝库的书籍。您的学生在学校学习的十年时间内应读完这些书。我们还要编制一个“后备”书单，列入学生毕业后独立劳动期间应该阅读的书籍。怎样才能使学生在毕业后仍是我们的学生，并且阅读那些应该阅读的书籍呢？关于这一点，写一整本书也是不够的，因为这是一个很大、很重要的问题。

然后，您要思考下面这个问题并写成文字：为了成为真正的人，懂得什么是劳动、荣誉、尊严、友谊和对人的关怀，学生从入学的第一天起到进入成年期，应该为自己的母亲、父亲和其他人做些什么。接着，您要制订您的学生应该参加的公益劳动的计划，作为公民教育的第一课。此外，我还建议您编制一个关于杰出人物的书单，这些杰出人物应该成为少年、小伙子和姑娘们学习的榜样。如果学生不参加公益劳动，仅阅读这些书籍，是不会带来任何好处的。

随后，在大体上明白了学校的育人目标后，您应该制订自己做学生工作的整个期间更加具体的、详尽的计划。例如，小学各年级的教师应制订三年计划，九、十年级的班主任应制订本班整个时期的工作计划。在此，我建议要特别关心儿童和少年。9—10岁的孩子和13—14岁的少年在回顾过去时，应看得到自己亲手创造出来的成果。他应知道什么是劳动的茧子、劳动的报酬，什么是疲惫和休息，什么是困难。

学生受学校教育期间的一般性计划和一位教师任教阶段的具体计划——这两个计划在某种程度上就是教师要为之奋斗的目标。根据这一目标，应订出为期较短的具体教育工作计划。这是多长时间的计划，应根据每个人的情况而定，可以是周计划，也可以是月计划。有人制订季度计划，这也很好。但要永远记住，教育工作是生动活泼、不断变化和发展的工作，学生也是处在持续的成长过程中。制订短期教育工作计划，可经常不断地检查和比较为了实现既定目标每天所做的工作。

计划首先是由实际生活决定的。当您的学生刚迈进学校的大门时，您并不知道他的个性将如何发展。个性是在活动、劳动和日常的相互关系中开始形成的。生活本身时时刻刻提示您怎样做计划，例如，要让学生集体读什么书，要吸引学生参加什么劳动，要与万尼亚和科利亚谈点什么才能让他们去阅读应该读的书。

教育工作计划包括学生各种各样的活动，也包括对家长的工作。如果制订计划时对各项活动的道德意义和目的性都深思熟虑过，这种计划毫无疑问对教师大有裨益。因此，继承和发扬已取得的成绩，是制订计划和进行实际工作都必须具备的特点。可以说，教育的秘诀之一就在于经常做同一件事，却又不让学生觉察到他们是在做同一件事。例如，为培养人道主义精神、敏感、同情心和热忱，必须要求学生经常为别人做好事，但这种活动不应是单调乏味的。读者可能会想：要是作者指出怎样具体地制订周计划或月计划，那就好了。我是有意回避这样做的。因为，传播经验就是传播一种思想，借鉴经验，就是个人根据某种思想进行创造。

98. 怎样与集体进行教育谈话

每一次教育谈话都是有目的的。有时候目的是普遍性的，关系到所有的学生。有时候进行谈话是为了对整个集体施加影响，同时也对个别学生施加特殊的影响。

在思考集体的精神生活和分析每个学生的思想、情感和行为时，在拟定教育谈话的内容时，您时刻都不能忘记，语言是您用来施加影响的主要手段，您是通过语言打动学生的理智与心灵的。然而，语言可能是强有力的、锐利的、火热的，也可能是软弱无力的，这完全取决于您的谈话是否有一个极为重要的特点——是否洋溢崇高的精神，是否催人奋发。为培养儿童和青少年的坚强信念和激励他们进行自我教育，教育谈话所具有的这种热情奋发的特点是教育中最神圣的东西。请您记住，您通过语言不仅向学生传达您所讲内容的意义，而且，形象地说，也把自己的一部分心灵交给了他。

要使您的教育谈话起到鼓舞和激励作用，首先要深信您所说的和用整个心灵的力量所捍卫的一切是正确的。只有当您在捍卫某种东西和为了某种东西而斗争时，才会产生鼓舞力量。

例如，您在学生集体中发现了某些冷漠的表现，根纳季病了，在家里躺了两天，然而，谁也没有去探望他。每个人都指望其他某个人会去探望他。维克托的奶奶生病住院了，两个星期里他只看望了一次奶奶，虽然医院近在咫尺。这些事实使您感到不安。于是，您打算进行一次教育谈话。但您并不打算谈这些事实。教育和自我教育有一条极其重要的规律：道德审判（对自己的行为进行道德评价，实质上是一种道德审判）的力量取决于谁是法官——是教师还是有过失的学生本人。如果有过失的学生本人只是听候宣判，教师的话所起的教育作用就会大大减弱。人应该成为自己的法官。我认为同学生谈话的教育技艺，是使犯有过失的学生，不需要我提醒就能自己思考和反省自己的行为。

为此，在进行教育谈话时，还必须遵守一条非常重要的规则：必须在现实生活中，在人与人的相互关系中，找到能体现您所讲述的思想的鲜明事实。您的教育谈话的力量就在于使思想找到通往维克托心灵的途径，通往那些住得距根纳季家不远的同学的心灵的途径。您选择的事实是否鲜明，实际上就决定着您的谈话是否具有鼓舞和激励人心的力量，因为，只有您的话语是从美好而崇高的思想中流淌出来的，您才能把自己的一部分心灵传达给另一个人。要选择使您感到惊讶和赞叹的事实作为教育谈话的素材。下面，我举一个例子。在我们州的一个村子里，有一个年轻的拖拉机手在战争结束不久受了重伤。他打了四年仗，安然无恙，可是，回到家乡后刚开始驾驶拖拉机，却被地雷炸伤了。这个年轻的拖拉机手很沮丧。要不是他的妻子是个忠实的伴侣、勇敢的妇女和慈爱的母亲，他未必能振作起来。这个失去了双腿和左臂的人，终于又站立起来了：他学会了用假肢走路，并且又能开拖拉机了。您一听到这个动人的故事，就会被这一可怕的灾难中所表现出来的英勇、刚毅、坚强和忠诚的精神所感动。您就是要把自己所受到的鼓舞传达给学生。

教育，就是促使人去思考自己。您在讲述令您惊叹的故事时，直接面对的是维克托和尼古拉、亚历山大和尤里，面对的是那些不知为什么已在心中播下对别人冷漠的种子并发了芽的学生。在您面前的，不是某个抽象的学生——这种学生在自然界是不存在的；在您面前的是具体的维克托和尼古拉、亚历山大和尤里。您知道他们此时此刻在想些什么。您的话首先是说给他们听的。您竭力使他们也像您自己一样，受到在生活中真实发生的事情中所表现出的人的忠诚精神的震撼，使少年能超脱于事实去思索其中的思想。只有当一个人思考的对象是思想时，他才会开始联想到自己。

谈话时不能对学生说：你们要联想自己的生活，想一想你们自己……思维逻辑之中应包含号召。只有当少年联想到自己时，才能在他们心中唤起灵感，也就是把您的灵感传达给他们。灵感，是指一个人在进行思维和创造性活动的过程中力量和才能的高度发挥。用理智与心灵去认识人，这才是真正的创造性活动。力量和才能得到高度发挥时的特点是，头脑清醒，思想、形象与志向喷涌而出。教育谈话最终是要激励学生个人对周围世界，首先是对自己产生源源不断的想法。学生可能会忘掉您所讲述的事实，但只要这种谈话确实有教育作用，它所留下的情感印迹是永远不会被忘记的。您越是用崇高的思想（在上面这个例子的情境中，就是人对人的忠诚、富于同情心与热忱）感染自己的学生，您就越能激励他们进行自我教育与自我分析。您的目光在一瞬间与维克托的目光相遇（您不要用眼睛去寻求目光的相遇，而要使你们的目光像是偶然相遇似的）。您在自己极为熟悉的这个少年的眼睛里发现了两种神情：渴望了解自己与惶惑不安。这表明您的话说到他的心里去了。一种复杂的内心活动、复杂的理智与情感活动开始了。让这个少年心慌意乱地离开您，需要的正是这样。让他连续几天一直处在您讲述的一切所产生的印象之中，让人们在您点燃的明亮思想火光中，看见自己心灵深处别人看不见的角落里隐藏着的是什么。

谈话，只是一个约定俗成的说法。这实际上并不是谈话，而是学生在听教师讲话。在任何情况下都不应该，也不可以对学生说："好吧，你们来谈谈对这个为自己的亲人奋斗了十年的妇女有什么想法。"遗憾的是，个别教师有时会这样做。如果这样来结束自己的谈话，就会前功尽弃。教育，并不是要把教师所念的和所说的内容复述一遍。教育的技艺，首先是要使人产生向善的愿望，为此他就必须认识并感悟到自己究竟是个怎样的人。

有时会发生这样的情况：一个男孩子（或者一个男青年）惹出了乱子，教师就以此作为谈话的内容，从这个学生谈起，在谈话中流露出嫌弃的情绪。有一位我认识的教师说，这是"充分发挥事实的作用"。这种办法乍一看好像很诱人的，因为这样可以狠狠地"斥责"学生，给他"留下深刻印象"。我们可以打个什么比方来说明这种办法呢？假设您的上衣沾满了灰尘，为了掸掉衣服上的灰尘，有人拿起棍子来敲打你的脊背。这样做当然会有用处，上衣的灰尘没有了。然而，未必有人会赞同这样的“除尘法”。最好还是把上衣脱下来，好好地把灰尘清理掉……教育不应是惩罚，不应变为惩罚。您应使教育技艺渐入佳境。

假如您认为与集体进行教育谈话的意义仅在于谴责不良行为，那么您从事的根本就不是教育。要知道您是在与一个集体谈话，而不良行为、缺点、毛病并不是整个集体所固有的。那些不懂得处理人的缺点、毛病必须十分谨慎、把握好分寸的教师，往往在这个问题上犯错误。何况我们是在与儿童、少年打交道，是与青春期的人打交道，而这个年龄段的人是脆弱的、敏感的……不要企图一蹴而就地清除缺点，不要期望用说几句激烈的、怒火中烧的话就能去掉毛病。您要知道，集体对待有缺点的人，就像对待穷困潦倒的人一样，如果您以为只要号召集体把所有的怒火倾泻到至今还未能克服缺点的学生身上，对他群起而攻之就会达到预期的目的，那就错了。您所能得到的不是集体的愤怒，而是集体对那个处于困境中的人的同情。这完全是合乎规律的。因此，您不要企图顷刻之间就把脓疮连根挖掉，那样做的话只会造成一个血淋淋的伤口。教育就像一门十分精细的医术，它要医治并完全治愈脓疮，但不承认挖除是个好办法。在任何情况下，都不要让人带着流血的伤口离开您的教育谈话。否则的话会让集体感到震惊，但绝不是您所期望的那种震惊。

同集体进行教育谈话时，恰恰是要寄希望于集体对待道德上的缺点就像对待痛苦与不幸那样（确切地说，要这样考虑问题）。不仅如此，还要加深集体对处于困境中的人的同情。要把集体的这种感情发展成一种愿望，希望看到自己的同学成为具有美好道德的、摒弃了缺点的人。

99. 怎样与懒惰做斗争

我在本书临近结尾时才提出这一问题，并不是偶然的。为了不出现懒汉，就得做好前面 98 条建议所谈到的事情。治愈懒惰不是一件轻而易举的事。预防懒惰并不比治愈懒惰容易，然而，把预防懒惰变为热爱劳动，比治好懒惰后所产生的对劳动的热爱要宝贵千倍。因此，我年轻的朋友，让我们先研究一下如何预防懒惰的问题。为此，必须知道懒惰的根源。

懒惰是游手好闲、虚度光阴的产物。懒惰的人往往在幼年时，宠爱他的家长对他有求必应，而孩子自己只需发号施令和率性胡为。在一个人可以轻松获取一切、不知道什么是困难的地方，就会产生懒汉。无忧无虑、一帆风顺的童年环境，是使一个好端端的孩子变成懒汉的最合适的土壤。在这样的环境中，孩子会误以为童年是永恒的。于是，父母通常会有一天恍然大悟：这是怎么搞的，在我们不知不觉中孩子已经长大成人了！昨天他还害怕天黑后出去，今天已经在讨好姑娘，在外边游逛到半夜……懒惰，是无忧无虑的波浪泛起的泡沫。这是一种严重的精神现象，其根源就隐藏在心灵的空虚中。对什么事物都漠不关心的人，就会变成懒人。

懒惰的人通常缺乏自尊心，他毫不在乎别人怎么看他。

游手好闲的人，一般说来，总是在浪费别人创造的财富。然而，一个人拥有很多可供他消费的财富，形象地说，有条件当寄生虫，并不表明他有丰富的精神生活。懒汉在精神上是贫乏的，是精神乞丐。懒惰的主要根子之一是精神空虚、兴趣贫乏。懒汉首先让人感到可怜，而根治懒惰的办法之一，是使那些不幸变成懒汉的人能够正视自己，看到自己的不幸，并从内心感受到这种不幸。不要忘记，我们在这里所谈的是儿童的懒惰。

消除游手好闲和虚度时光的现象，是预防懒惰的极重要条件。在一个人的精神生活中，不应有一事无成的时期。有的成人专门为孩子创造游手好闲、无所事事的条件，并把这种游手好闲称为“儿童的夏季休息”，这是很荒唐的。休息只应是积极的休息，也就是变换活动的性质。可以把孩子们从闷热的城市送到农村去，让他们在田间和草地上从事一些力所能及的活动，锻炼自己的力量。

节制欲望，是预防懒惰的有力手段。要让孩子从童年时代起就通过亲身的体验懂得“不可以”“应该”“可以”这些概念的实质。要同家长一起努力使孩子从小就能在生活上自理。

要使人从幼年起就经历一些困难的磨砺，要让他付出一定的体力和精神力量去克服困难。体力与意志力的结合，有助于培养热爱劳动、精力充沛和意志坚强的人。

如果家长把孩子看成未来的成年人，把他想象为成年人，并考虑到，假如孩子把懒惰、懈怠、害怕困难这些毛病带到青年和成年时期，他将怎么生活，那么，懒惰就不会渗透到孩子的心灵里去。使孩子有成年人那样的操心事，也是预防懒惰的有效手段。如果一个人在进入青春期之前，还没有亲身体会到用自己的双手为自己挣得吃穿用的物品是人生最重要的因素，那就不可能真正培养出热爱劳动的品质。

懒惰，不仅是手脚懒，也是思想懒。当你让别人提供现成的思想，而且不经过任何努力就接受这些思想时，思想上的懒惰就会控制人的心灵。正如不假思索地消费别人的劳动所创造的物质财富，会使人手脚懒惰一样，生吞活剥地接受现成的思想，也会使人的思想懒惰。促使人努力求得知识，就是预防思想懒惰。

精神需求的富足，是预防懒惰的途径。一个人在童年时代，特别是在少年时代，就要养成乐于劳动、读书、与别人交往、从事创造性活动的精神需要。只有这样，他才能获得预防懒惰的免疫力。积极地培养这样的需求，并把它们当作个人极其宝贵的精神财富，这是教育学理论与实践的一个非常有意义的问题。

您可能会问：如果一个人已经变成懒汉，又该怎么办呢？例如，五年级学生斯捷帕的妈妈来到学校，两手一摊说：“我该拿这孩子怎么办？他回到家里就把书本一丢，吃完了饭就玩，一玩就玩到晚上。”

在这种情况下怎么办呢？

要挽救这个孩子。我们向这位母亲建议：“既然您培养了一个小懒汉，那么就请您下决心把他改造过来吧！要强迫他坐下来做两个小时的功课。他会习惯起来的，完成作业会使他感到快乐。不要吼叫，也用不着惩罚，因为您是为了他好，而不是出于恶意。孩子完成作业之后，可以让他干一两个小时的体力活儿。清晨5点钟您就叫他起床，对他说：妈妈给全家做早饭，妈妈在劳动；你去准备功课，也是劳动。在这样做时，不要喊叫，对您的儿子只字不提‘懒汉’一词。从他清晨5点钟起床并一直学习到7点钟的那天起，他就不再是懒汉了，那时就应该表扬他热爱劳动了。”

用这种简单的办法改造不了人的事例是没有的。改造懒汉的唯一障碍可能是家长的懒惰。

我并非无缘无故地谈起在家庭中对懒孩子进行再教育的问题。因为懒惰首先是在家庭中产生并得到根除的。如果家庭中缺乏热爱劳动的气氛，仅仅依靠学校是不可能取得良好效果的。我们在家长学校的各分部研究这样一个问题：懒惰的起源在哪里？我们用教育心理学的方法对老少两代人的行为、劳动、学习和相互关系进行分析。预防懒惰，是需要学校和家庭共同努力解决的极重要课题之一。

100. 最后的建议——保密……

我在本书中提出的所有建议，教师知道就可以了，不必让您的学生知道。学生对教育门儿清，“水平高”，通常是有害而无益的。这是因为在非故意制造的环境中施加教育影响，是使这种影响产生最好效果的条件之一。换句话说，学生不应该在每个具体场合下知道教师是在教育他。教育意图要隐蔽在友好和无拘束的相互关系气氛中。

为什么一个人不应知道或感觉到别人正在教育他？因为真正的教育是自我教育。教师和学生之间应该建立起这样一种交往关系：教师针对青少年的理智与心灵所说的每一句话，都能激发他们内在的精神力量，促使他们的头脑和心灵产生旨在进行自我认识与自我完善的内在的活动。如果一个人时时处处都感到并知道别人在教育他，他的自我认识与自我完善的能力就会衰退，他就会产生这样一种想法：我应成为怎样的人，应做些什么事，成年人会替我考虑，我只需要等待建议和指示就行了。

杰出的苏联教育家马卡连柯不止一次地说过，不向学生表明他们在经受某种专门的教育程序，这对于教师是非常重要的。[①] 这个道理，我向我的这位导师学习了一辈子。我坚信，把自己的教育意图隐蔽起来，是教育技艺十分重要的因素之一。

我年轻的朋友，教育儿童、热爱和尊重儿童、严格要求他们、同他们交朋友——所有这一切应该成为您的精神生活的本质。

① 参见马卡连柯:《教育过程的组织方法》，载《马卡连柯全集》第五卷，1951年俄文版，第93页。